U0560327

本书为教育部人文社会科学研究青年基金项目"读者评价视域下麦家小说在英语世界的译介与接受研究"（批准号19YJC740051）成果

广东外语外贸大学翻译学研究中心2017年度招标项目
（编号CTS201712B）资助

Evaluations from Translators and Readers
on the English Translation of Mai Jia's Novels

麦家小说英译的译者及读者评价研究

缪 佳 著

ZHEJIANG UNIVERSITY PRESS
浙江大学出版社
·杭州·

图书在版编目(CIP)数据

　　麦家小说英译的译者及读者评价研究 / 缪佳著. —
杭州:浙江大学出版社,2024.4
　　ISBN 978-7-308-24813-6

　　Ⅰ.①麦… Ⅱ.①缪… Ⅲ.①小说－英语－文学翻译
－研究－中国 Ⅳ.①H315.9②I207.4

　　中国国家版本馆 CIP 数据核字(2024)第 071700 号

麦家小说英译的译者及读者评价研究

缪　佳　著

责任编辑	胡　畔	
责任校对	赵　静	
封面设计	周　灵	
出版发行	浙江大学出版社	
	（杭州市天目山路 148 号　邮政编码 310007)	
	（网址:http://www.zjupress.com)	
排　　版	浙江大千时代文化传媒有限公司	
印　　刷	杭州宏雅印刷有限公司	
开　　本	710mm×1000mm　1/16	
印　　张	16	
字　　数	230 千	
版 印 次	2024 年 4 月第 1 版　2024 年 4 月第 1 次印刷	
书　　号	ISBN 978-7-308-24813-6	
定　　价	88.00 元	

版权所有 侵权必究　印装差错 负责调换

浙江大学出版社市场运营中心联系方式　(0571)88925591;http://zjdxcbs.tmall.com

序言　中国文学海外传播研究的主体学路径

　　青年学者缪佳的学术专著《麦家小说英译的译者及读者评价研究》付印之际，嘱我写序。接到这个任务，我感到非常荣幸，在此向缪佳女士表示热烈的祝贺。这部学术著作视角独特，材料翔实，观点新颖，是近年来麦家研究领域的重要收获。随着中国当代文学输出的持续升温，麦家及其创作越来越受到批评界和学术界的关注，研究成果亦颇丰硕。然而从研究现状来看，麦家作品中文版与外文版、文本内因素与文本外因素存在不均衡问题，还有很多有待拓展的学术空间。缪佳直面麦家研究的难点问题，在英语译者、海外读者等主体研究方面多有开拓，为深化麦家小说海外传播研究提供了诸多参照和启示。

麦家研究现状、问题与学术空间

　　由于影视改编及其传播，麦家谍战系列小说在国内几乎家喻户晓。长篇小说《解密》《暗算》《风声》等作品，奠定了麦家作为"中国谍战之父"的显赫地位，在文坛内外产生了广泛影响。麦家小说因此越来越受到读者关注。

　　关于麦家小说及其影视改编的研究成果可谓丰硕，除了大量作家作品论在学术期刊发表，不少研究生还以麦家小说作为选题对象，写成硕士论文。迄今为止，研究麦家的学术专著已有两部：一是笔者所著的《极限叙事与黑暗写作——麦家小说论》（作家出版社 2015 年版）；一是陈培浩所著的《麦家论》（作家出版社 2023 年版）。这些研究主要在两个方面展开：一是关于麦家小说文本的解读，研究者从创作观念、叙事艺术与接受效果等角度来分析麦家创作的特殊性及其意义;二是在前者的基础上做文体延伸研究,探讨麦家小说的影视改编模式与传播效果。总的来说,这些成果属于麦家研究的基本层面,为一种新的小说类型的发现与探讨提供了阐释的维度。然而,麦家研究的另一方面似乎被忽略,也就是麦家小说的海外传播,事实上没有受到应有的关注。

2012年以来,麦家小说被译介到海外,在100多个国家和地区出版发行。然而,作为麦家研究的重要领域,海外译介、传播与接受方面的研究仍处在起步阶段。我以为,这种尴尬局面形成的原因,很大程度上在于研究者对麦家小说特殊性的认识不够。我曾在一篇文章中提到,麦家的写作具有非同常规的"先锋性",是"遵读者的写作"。从文学雅俗角度来看,麦家谍战系列小说与精英主义文学保持距离的同时,又区分于一般意义上的通俗文本,某种意义上沟通了现代文学中张爱玲的叙事传统。正是由于麦家小说在雅俗互动意义上的"综合性"特征,从文学接受的主体学视角进入文本,展开跨学科、跨语种的文学传播研究,就显得相当必要了。也正是因为麦家的写作是直接面向读者的审美实践,从文学消费的角度进入创作理念、文本策略、审美思维与话语风格的探究,正可谓切中了这种写作范式的核心。对读者主体以及话语的探讨,可以为麦家小说海外传播研究提供多元的学术向度和广阔的学术空间。

从主体学视野来看,中国文学海外输出过程中,需要面对的主体是多方面的。首先是译者主体。作为"第一读者",译者主体是中国文学文本海外之旅的开启者,在译本的传播与接受中起到十分关键的作用。其次是媒介主体。媒介主体的角色功能一般是及时推出书评,主动介入和积极引导文学传播,影响接受效果。最后是读者主体。这里所提到的读者主体当然是指异域环境中的译本读者。这个主体范围很大,事实上是最广大的文学接受主体,具体可以划分为专业读者和普通读者,其中,专业读者在数量上较少,但其评价却是指导性的,而普通读者数量庞大,是中国文学海外传播的"端点",其评价反映了市场的需求。因此,从主体学视角考察中国文学输出过程,是拓展海外文学传播研究视野的有效路径。在此意义上,缪佳所著《麦家小说英译的译者及读者评价研究》是开创性的。缪佳意识到麦家小说的独特价值,从文学接受的角度来观察麦家小说海外译介与传播中的读者评价问题,这无疑是一个全新的学术领域,它在研究视角、研究方法和研究范围等方面拓展了麦家研究的学术空间。

作为特殊读者的翻译主体及其"干预"功能

就接受主体而言,文学读者是多层次的,其阅读视角是多元化的,在讨论读者评价时需要加以细分。因此,缪佳在书中所提到的"读者评价"是特定读者的评价,确切地说是英语世界中读者对麦家及其小说文本的评价。值得注意的是,在实际论述中,缪佳把译者也纳入了"读者系统"来进行分析,这是文学接受研究的创新,是根据文学跨语种传播中读者结构的特殊性所做出的技术选择。作为麦家小说的翻译主体,译者并非通常意义上的目标读者,而是充当着传播中介的角色,也是目标语世界中的首位读者。作为角色颇为特殊的读者,译者对麦家小说原著的阅读是其海外传播环节中的第一步,如何读、读得如何,也是相当关键的,在很大程度上决定着文学海外传播的深度、广度及效果。因此,把译者纳入"读者系统"来考察读者评价问题,显示了研究者敏锐的战略眼光和开阔的学术视野。译者作为双重主体地位的确立,一定程度上丰富了以读者主体为核心的对象体系,拓展了读者评价的内容、方法与范畴。

显而易见的是,缪佳对文学读者群体的细分主要基于主体"评价"功能的差异性。文学传播的运作机制由复杂的功能系统所构成。作者、读者、译者、媒介等要素,在文学传播中的主体功能不乏差异性。从缪佳所确认的学术逻辑来看,麦家小说海外传播是在一股"合力"作用下完成的。译者主体与读者主体当然是这股"合力"中的重要组成部分,与创作主体、媒介主体一起推动麦家小说在英语世界的翻译、传播和接受。从其功能上讲,译者主体对其翻译过程的评价在文学传播中起到先导作用。对此,缪佳引用语言学理论家芒迪的观点,认为译者决策的"关键之处"是"翻译中最容易受到价值操纵,最富于变化,最具有解释余地和评价潜势,以及最能够体现译者价值观"的部分。译者决策充分体现了翻译过程中技术处理的个人化和多样化,尤其是译者需要根据目标语语境来做出干预性的阐释,而且这种阐释蕴藏多种可能性,是在多种范式共处的竞争机制下完成的。事实上,即使是对原著语境中部分要素作出保留处理,也无疑包含了译者主体的文化立场和价值观,属于一种潜在的评价。作为第一读者评价,这种阐释在跨文化、跨语言文学传播中具有决定性的作用。

译者作为译介主体的评价活动,决定了海外文学传播中对象主体的基本面貌,也影响到中国文学输出对策研究的学术向度。麦家小说的译者顺理成章地成为文学传播中首要的评价主体,作为学术探讨的主体对象进入缪佳的研究视野。某种意义上,翻译也是创作。译者选择什么样的文本及其翻译过程,立足于主体的情感体验和审美自觉,有如作家选材及其对素材的处理。就《解密》的翻译来看,译者米欧敏选择麦家小说的原因在于,她被这部小说中"悲剧天才"的塑造及其命运所打动。进入翻译过程后,中西方文学接受语境的差异成为米欧敏所考量的重要因素,也是影响其干预性决策的关键一环。那么,译者的翻译理念是什么?如何处理两种文化语境的差异?缪佳发现,米欧敏的翻译理念主要立足于两点,一方面,译者根据传播语境的差异,结合西方读者的思维特征和审美习惯,试图去寻找"合适的信息呈现方式"。这是从翻译修辞意义上讲的。译者所思考的问题是,选择怎样的表达方式,才能让麦家小说抵达英语读者的内心。另一方面,译者从接受效果的角度来确定翻译中的信息传达模式。用她的原话说,就是"用自己理解后的英语方式描述出来",而其预期的接受效果是"让读者在阅读时感觉是麦家自己在用英文写作"。细加思考,不难发现这种翻译评价,是出于译者主体对中国语境中写作主体的尊重。换句话说,是为了保留中国文化元素,以便让读者感受到中国文学的原汁原味。

两个读者主体:"激活文本"与作为文学输出"端点"

如果说译者评价作为读者评价体系中的译介策略,伴随着文本翻译的整个过程,从源头上决定了文学传播的方式、范围与效果,那么,麦家作品在英语世界出版和发行之后,专业读者评价作为文学接受过程中的重要引导,具有权威性和相对的客观性,成为麦家小说海外传播链条中的关键环节。与此对应,缪佳的学术视角发生了位移,即从"翻译过程"的评价研究转向"翻译产品"本身的评价研究。根据读者主体的不同类型,缪佳把译者的主体评价所形成的成果称为有"被激活"潜质的"可激活"文本,而把专业读者评价对传播效果的影响称为"译本"在异域语境中的"被激活"。很显然,功能项的命名很直观地显示了不同主体在文学传播与接受中的不同作用。这是建立在跨学科研究视野之上的,应该是研究主体基于传播学理论获得的启发。在译者评价中,翻译策略的选择出于文学传播的需要,但传播学在文本翻译中的应用及其功能是潜在的,是一种无声的评价在文本"再造"中的媒介塑形。而专业读者评价是作用于现实读者的,对文学接受的范围、程度和深度都产生一定影响。

如果说跨语言、跨文化的学术视野是译者评价研究的主要特征,那么,跨学科、跨专业的研究路径则是专业读者评价研究的方法论。从全书框架以及论述中,我们不难看出缪佳深厚的学术积淀和显著的专业优势,这与其跨专业、跨学科的学术视野和知识结构有关。从专业优势来看,缪佳长期在高校从事英国语言文学的教学与研究,在交叉学科领域成果丰硕,而这往往是我们中国现当代文学研究者的短板,是亟待加强和拓展的学术地带。因此,就中国文学海外译介与传播研究而言,其他学科领域具有相关学术背景的学者加盟,有利于在中国当代文学输出模式及其对策研究空间的拓展,在多学科碰撞中产生新的活力和学术生长点,同时也为交叉学科优势的发挥开辟广阔的学术空间。

从文学传播方式来讲,包括译者在内的专业读者在文学评价中的角色功能,是通过与普通读者对话的方式来实现的。译者与普通读者的对话属于潜对话,而批评家、书评人及中文教师则是直接面对普通读者发声,通过专业评价话语对其阅读方法、理解模式进行引导。一般来说,专业评价话语是对译本的全面、深刻的解读,具有权威性和指导性。因此,专业读者评价对译本在目标语环境中的传播产生深远影响。缪佳通过《解密》《暗算》《风声》英译作者、专业读者及其评价的个案分析,破解了麦家小说风靡英语世界的传播学密码。

与译者及专业读者评价话语的发布渠道不同,普通读者评价的发布以网络为主要阵地。进入 21 世纪以来,图书网购已在全球普及,是大众读者购书的主要方式,也是图书公司市场营销的主渠道。网购平台发布读者评价,是实现图书评价大众化的重要途径。缪佳以美国亚马逊购书网站为例,细致梳理揭示普通读者的评价话语特征和规律。亚马逊是世界上最具代表性和影响力的网站之一,把它作为个案来统计和分析普通读者评价数据,在很大程度上可以反映英语世界普通读者评价状况。在收集大量数据并对之进行整合分析的基础上,缪佳发现,首先,普通读者最关切的是容金珍、小黎黎等天才人物,以及与破译密码、容氏家族等有关的故事。其次,作者麦家的写作才华,译者米欧敏、佩恩的翻译能力,也是英语世界普通读者所关注的重要因素。最后,评价词语的使用次数也显示了在非母语环境中普通读者对译著的态度。不妨试举一例,从亚马逊网站上读者对麦家《解密》的评价中可以发现,"well written"一词的使用频率为 12 次,这足以说明麦家小说在西方英语读者中的受欢迎程度。

主体学视野中"细分"策略与"系统"路径

在中国文学输出研究中引入主体化学术视野可以发现,文学输出的过程是多个主体共同作用的结果。从"文本"传播中"人"的因素入手,展开中国文学输出体系的主体建构与资源整合,很大程度上可以把译介、传播与接受研究引向纵深。从技术上来看,"主体"研究的对象是可以细分的,对文学传播中主体评价对象做出系统化的分类处理,是中国文学输出及其对策研究的重要路径。就评价对象来看,缪佳按照英美"新批评"的划分方式,把读者评价的对象体系分为"文本内因素"和"文本外因素"。不难看出,这是对读者评价的视角与特征的细分,而这种分类在麦家小说传播学意义上的合法性,既有从文学内部作理论阐释的逻辑支持,也有基于文学输出对策分析的考虑。

从这种划分的有效性来讲,针对两类因素的统计分析,不但有利于推动创作主体合理调整写作向度,而且对中国文学输出对策的研究与制定产生影响。根据统计数据,缪佳在书中指出,无论是专业读者还是普通读者,对"文本内因素"的关注度和评价意义正面性均高于"文本外因素"。而就后者而言,两种读者评价中的关注度和评价意义正面性也都十分靠前,尤其专业读者,其评价意义全部为正面性。在评价对象与评价主体的关系分析中,缪佳得出这样的结论:原创性、异域性、共通性等文本"内部因素"与作为文本"外部因素"的作者才干,是麦家小说赢得目标读者青睐的关键因素。这个统计结果昭示出一个道理,要让作品真正走进英语世界,汉语作家的写作才华是必不可少的。其次,创作主体要充分重视作品的原创性,同时把小说的审美视点投向人类共同的生命体验和情感经验,以此赋予文本与海外读者沟通的潜在特质。最后,异域色彩是文本吸引非母语环境中的读者的重要元素。这对中国当代作家是一个重要的提醒。20 世纪 90 年代以来,汉语写作的本土化策略越来越受到关注,但我以为,这种写作路线上的调整力度还是非常不够的,至于如何调整,从哪些方面着手,其中又存在哪些可能的陷阱,这些问题依然值得深讨。

从方法论角度来看,将评价理论态度系统引入读者评价研究,为译介文本的接受分析提供了重要的理论支撑。20 世纪 90 年代,澳大利亚悉尼大学语言学家马丁(James R. Martin)就着手评价资源的体系化构建。2005 年,他与怀特(P. White)的合著《评价语言——英语的评价系统》(*The Language of Evaluation:Appraisal in English*)使评价理论进入规范化和系统化的轨道。评价理论由三大子系统构成:态度系统、介入系统和极差系统。其中,态度系统是评价系统的核心,包括三个评价范畴:情感、判断和鉴赏。从理论范畴的辐射面来看,三大评价范畴囊括了接受心理、评价视角、评价态度,大体涉及构成子范畴的语言资源的"规范""才干""韧性""平衡性"和"复杂性"以及情感范畴中的高兴与否、安全与否、满意与否等。某种意义上,态度评价系统是姚斯的文学接受理论在译介研究中的延伸。缪佳把评价理论态度系统引入麦家小说读者评价研究,从理论上解决了读者评价研究中评价视角和评价范畴的问题,为廓清麦家小说在英语世界的传播与接受程度提供了重要刻度。

综合来看,缪佳对麦家小说在英语世界的读者评价研究,属于文学传播学领域的重要分支,通过文本接受心理、接受方式与接受态度等方面的评价话语考察,揭示了英语世界读者的阅读期待与审美需求。然而,缪佳读者评价研究的意义,又不止于文学传播中读者范畴,更在于通过读者评价分析,掌握了中国文学输出与传播的密码,找到了创作主体与接受主体有效对话的通道。无论如何,中国文学输出的关键依然是优质的文本,而面向读者的翻译选择、创作主体的在场跟踪等,都是中国文学实现有效输出的重要方面。由此我想到,如果说缪佳的麦家研究所昭示的,是一种学术视野的拓展,抑或一种学术范式的创新,据以找到了麦家小说海外传播研究的学术密码,那么,它主要体现在,研究主体在跨专业、跨学科的视野中探索麦家小说研究的"主

体学"路径,这在中国文学输出对策研究方面具有普遍的理论意义和
实践意义。

王　迅

2024 年 4 月 15 日于杭州

　　(作者系浙江大学文学博士、批评家,中国现代文学馆特聘研究员,
浙江财经大学"优秀青年学者")

目　录

第一章 引 言

1.1 选题背景

中国当代作家麦家成功走出国门的长篇小说有三部,即《解密》《暗算》和《风声》。《解密》是麦家创作的首部长篇小说,于 2002 年在国内出版,获第六届中国国家图书奖,中国小说学会 2002 年长篇小说排行榜第一名。2014 年,其英译本 *Decoded: A Novel* 由英国汉学家米欧敏(Olivia Milburn)与佩恩(Christopher Payne)合作完成,由英国企鹅兰登图书公司旗下的 Allen Lane 出版社和美国 FSG(Farrar, Straus, and Giroux)出版公司联合出版,在 21 个英语国家和地区同步发行。《解密》英译本上市后,创造了中国作家在海外销售的最好成绩。上市当天"20 小时内销量闯入美英亚马逊前 10000 名(同期位居第二的中国作品排名为 49502 位)。之后名次一直上升,进入英美图书总榜文学书前 50 名,这是中国作家在海外销售的最好成绩。其版税不仅远高于一般中国作家海外出版的 6%—7%,而且已达到欧美畅销书作家才有的 15%"(张稚丹,2014)。《解密》在国外热销,两年内被陆续翻译成土耳其语、西班牙语、加泰罗尼亚语、希伯来语、捷克语、波兰语、法语、意大利语、塞尔维亚语、荷兰语、德语、葡萄牙语、丹麦语、匈牙利语、阿拉伯语、芬兰语、罗马尼亚语、韩语等 33 种语言文字,行销 100 多个国家。截至 2022 年底,《解密》英译本全球拥有馆藏的图书馆数量为 785 家①。此外,《解密》英译本还被收入"企鹅经典"文库。《解密》英译本

---

① 麦家小说英译本全球馆藏情况详见附录 A。

出版以来,得到了《经济学人》《金融时报》《纽约时报》《华尔街日报》等数十家国际重要媒体的关注和好评。英国《经济学人》将其评为 2014 年度"全球十佳小说"(Anon.,2014)。2015 年,《解密》获美国华人图书馆协会(Chinese American Librarians Association,简称 CALA)最佳图书奖。2017 年,英国《每日电讯报》评选《解密》为"全球史上最杰出的 20 部间谍小说"之一(Kerridge,2017)。

自《解密》之后,麦家的另外两部长篇小说《暗算》和《风声》也相继由米欧敏和佩恩合作翻译成英文在国外出版。至 2022 年底,这两部作品英译本全球拥有馆藏的图书馆数量分别为 78 家和 128 家。《暗算》创作于 2003 年,获第七届茅盾文学奖,其电视剧本获第 13 届上海电视节白玉兰最佳编剧奖。《暗算》英译本于 2015 年由英国企鹅兰登公司出版,此后被翻译成土耳其语、俄罗斯语、西班牙语、法语、德语、泰语等多种语言。和《解密》一样,《暗算》也由"企鹅经典"文库收入。《风声》于 2007 年首次发表于《人民文学》(10 月刊)上,这也是《人民文学》创刊以来首次整本刊物只刊登一部作品。同年,《风声》成书出版。自此,该小说获得了文学界、评论界、读书界等专家学者和普通读者的赞誉,斩获了人民文学最佳长篇小说奖、华语文学传媒大奖年度小说家奖等奖项。此外,《风声》被改编成影视作品,在国内掀起了一股谍战影视剧高潮。2020 年,《风声》英译本由英国最佳独立出版社宙斯之首(Head of Zeus)出版社出版,该出版社曾负责出版了刘慈欣的《三体》英译本,其出版总监帕尔马(Laura Palmer)对《风声》充满信心,他说:"感谢麦家相信我们的出版社,我的同事已经成功将中国的《三体》打造出一个科幻市场,我擅长的是间谍悬疑类小说,而很幸运的是我等到了麦家的《风声》,我一定不会输给我的同事。"(张杰,2018)2020 年 3 月,《泰晤士报》评选出了五部"月度最优秀间谍小说新作",《风声》入选(Duns,2020)。次月,在《金融时报》举办的一场题为"我们的间谍小说"的活动中,《风声》被评选为"危机时期最值得阅读的间谍小说新作"(Lebor,2020)。

麦家小说在英语世界的译介获得了极大的成功。王颖冲(2018：139-141)认为，要判断一部作品在目标语世界中译介是否成功，其主要考察指标包括"译本的印数和销量、海外图书馆的馆藏、国际获奖、书评和媒体报道"等，而且这些指标可以反映出"不同读者群体的接受度"，国际获奖代表了"文学界、学术界的认可"，海外图书馆的馆藏体现了"大学图书馆和公共图书馆的数据，兼具专业读者和大众读者"，而市场销量则主要是大众读者接受程度的体现。从以上对麦家小说译介情况的梳理可知，无论在专业读者群体抑或普通读者群体中，麦家小说都具有较好的接受程度。但相对来说，中国文学海外译介的整体情况并不乐观。英国汉学家蓝诗玲曾这样描述中国文学海外出版状况："2009年，全美国只出版了8本中国小说"，此外，"在英国剑桥大学城最好的学术书店，中国文学古今所有图书也不过占据了书架的一层，其长度不足一米"。可见，"中国文学的翻译作品对母语为英语的大众来说始终缺乏市场，大多数作品只是在某些院校、研究机构的赞助下出版的，并没有真正进入书店"。"个别作家的'走出去'就是'找个人翻译一下印个二三百本就完事了'。"(张稚丹，2014)虽然近年来，国家相继推出了"中国当代文学百部精品译介工程""中国图书对外推广计划""中国文学海外传播工程"等中国当代文学对外译介项目，但令人遗憾的是，这些译介作品的接受度不够理想，能够真正获得传播效果的译作屈指可数，大部分作品读者数量十分有限，且限于对中国文学与文化感兴趣的读者群或相关领域研究者。从中国文学译本的海外收藏情况来看，其收藏主体为大学图书馆，中国文学远未能真正进入普通读者群体。

在这种大背景下，从读者评价的角度对麦家小说在英语世界成功译介的原因展开研究，能为中国文学国际传播提供有益的启示和有效的借鉴。读者评价包括翻译过程评价和翻译产品评价，其中译者是翻译过程的评价主体，专业读者和普通读者是翻译产品的评价主体。从译者评价来看，译者是文学译介过程中的首要读者。麦家小说国际传播能够获得成功,译者功不可没。研究麦家小说的译者评价,能够在译者翻译过程中"进行的综合评价"以及"最终做出的选择"(魏建刚,2013:53)和麦家小说在英语读者中的接受程度之间找到某种联系,从而为中国文学翻译提供启示。从专业读者评价来看,麦家小说一经在英语世界出版,便吸引了数十家英美媒体的关注并公开发表图书评论,这些书评一般由学者、评论家等专业读者撰写,反映了专业读者的洞见。此外,从普通读者评价来看,随着互联网技术的发展,有越来越多的普通读者通过网络平台发表个人的读书感受,直接反映出大众的接受程度。"这些资源亟待挖掘和利用,以便我们全面认识中国当代小说英译'走出去'后的境遇和反响,了解不同类型读者的评价,正视文学对外传播中的挑战与机遇。"(王颖冲,2018:141)为使麦家小说的读者评价研究更具科学性和系统性,本书以马丁和怀特(Martin & White,2005)提出的评价理论为评价范畴,旨在通过研究麦家小说的译者评价以及译作读者评价,探索不同评价主体在评价理论各子范畴中对麦家小说的评价意义及其在麦家小说国际传播中的作用。

1.2 国内外研究述评与研究问题

1.2.1 学术史梳理及研究动态

随着中国文化"走出去"战略的实施,越来越多的学者开始关注中国传统文化经典与中国现当代文学在西方的译介与接受状况。麦家小说作为中国当代文学"走出去"的成功典范,深受学界青睐,他们从不同角度研究了麦家小说海外成功译介与传播的原因以及对中国当代文学"走出去"的启示,主要包括以下几方面。

其一,学者从文学本体出发,探索了麦家小说吸引西方读者的文本因素。胡燕春(2014)从汉学家对中国文学"走出去"这一议题的视角、观点和阐释范式的角度,探索了提升当代文学域外传播有效性的文学本体因素。她认为,中国文学"走出去"要辩证地看待中外文化的异同,努力呈现出自身独特的思想意义与文学价值。王迅(2015a)通过考察中国当代文学输出中潜在因素的影响,研究了中国文学与外国文学寻求平等对话的可能,探索了中国文学走向世界的文本诉求。王迅(2015b:213)通过对西方重要媒体上发表的《解密》评论的分析,探讨了《解密》走红于西方的重要文本因素。王迅(2018)以《解密》为例,从"世界文学"的角度探讨了何为世界文学写作以及当代写作如何与世界接轨的命题。秦烨(2019)分析了麦家写作在叙事、结构、隐喻等层面的特色,认为麦家成功运用世界文学中的重要的密码母题,将本土性与国际性、传统性与现代性相结合,因而其文本极具可读性。

其二,学者通过对麦家小说原文与译文的对比分析,探索了译者的翻译策略与翻译效果。陈月红和代晨(2016)对《解密》英译本进行研究,认为译者既遵循忠实的翻译原则,同时又从译入语读者出发,在译者、读者和作者的三重身份间灵活穿梭,其译本极具可读性。乔媛(2020)以叙述视角和认知视角为理论基础,从家族叙述、元叙述、对话叙述三个层面对《解密》的原文和译文进行比较研究,从而对《解密》英译本是否再现了原著的叙事视角这一问题进行了考察,并认为《解密》英译本在翻译中对叙述进行了再视角化。郭恋东(2020)从曼塔利(Justa Holz Mänttäri)的翻译行为理论视角,对《风声》的英译进行了考察,认为《风声》英译本在语言转换和跨文化层面都有效实现了翻译文本在目标语文化中的功能。

其三,学者从出版、版权代理人和宣传推介等角度对麦家小说海外成功译介的非文本因素进行了研究。缪立平(2013)从版权代理人的角度对目前华文圈的出版经纪人市场状况、版权经纪人的素养以及版权经纪人行业的发展前景等问题进行了探讨。沈利娜(2014)从出版的角度,对如何借力和参与海外出版社的商业营销活动进行了探讨,认为这是中国出版"走出去"的新课题。沈利娜(2015)提出,无论对于出版社还是对于政府而言,中国图书的对外推广要依靠外方。对外推广的本土化应该成为一种战略,各种推广资助要更多地面向海外出版机构,最大限度地提高资金的利用率。刘丹(2016)以麦家的《解密》为例,分析了中国现当代文学英译本版权代理的过程以及版权代理人在中国现当代小说英译本出版中的作用,并对如何培养中国作家的版权代理人以及如何加强与海外图书版权代理人的合作进行了探寻。滕梅和左丽婷(2018)从出版和宣传两个角度,在译者、出版社、文学代理人、大众传播媒介和推介活动等五个方面分析了《解密》的译介途径。

其四,学者围绕麦家小说在英语世界的译介与传播中相关各方的合力作用展开研究。饶翔(2014)认为,《解密》成功的秘诀在于"超级畅销书作家"与世界性的写作题材。陈香和闻亦(2014)指出,《解密》所体现的"麦家的英雄主义"及其全球营销模式促成了"麦家现象"。张稚丹(2014)认为,《解密》的成功在于"麦家写了一个好故事,碰到了一个好翻译,搭上了国际出版界的豪门",但更重要的是中国经济的崛起,吸引了世界的目光。白烨(2014)认为,译者、出版者,包括媒体、读者,以接力的方式联袂发现了麦家,这是一个当代版的"伯乐相马"的故事。肖家鑫、巩育华、李昌禹等(2014)对"麦家热"能否复制的问题进行了探索,并提出了解决方案,即加大汉学家、版权营销人才培养力度,丰富宣传推广路径,不拘一格选好书。李强和姜波(2014)从小说的内容、市场化运作方式及翻译质量等方面探讨了《解密》在海外的成功对中国文学"走出去"的启示。吴越(2014)认为世界性的畅销题材加上恰到好处的中国特色是《解密》成功走进海外市场的关键。张淑卿(2015)对鲁迅、莫言与麦家的作品传播进行了研究,并从作家、评论家和译者三方面对中国文学译介研究得出了启示。季进和臧晴(2016)从世界文学的角度分析了《解密》成功的启示,他们指出,真正能够推动当代文学"走出去"的,也许应该还是文学程式、阅读习惯、地方经验、翻译实践等各种因素的合力作用。吴赟(2016)从译出路径与文本因素两方面探讨了麦家和《解密》在海外走红的启示。从译出路径来看,译者、文学经纪人、出版社等文学场域的各方参与者有效协作保证了译作域外传播的成功。从文本因素来看,中国文学创作必须拥有适合自己的写作谱系和艺术特色。时贵仁(2017)认为,麦家作品在海外市场的成功能够为我国文学作品的海外推介提供宝贵经验,即"通过原著与国外文学作品中的文学元素的共鸣来激发海外读者的兴趣,通过良好有效的译介过程来使作品迅速地为海外读者所理解,再通过利用社会、经济因素迅速扩大作品在海外市场的影响力"。钱秀金(2017)对麦家《解密》域外成功传播的原因进行总结,认为要实现中国"文学梦",作者、译者、学者、出版社以及其他多方媒介需合力参与,共同推广当代佳作。焦丹和贺玲玲(2021)以《解密》《暗算》《风声》为研究对象,从译介学视角剖析了麦家小说译介主体、途径、内容、受众和效果五要素,探究了麦家小说海外译介的翻译与传播过程中的现象与问题。王捷(2021)通过对《解密》译介主体、传播途径、受众反馈以及文本翻译策略的解析,对如何平衡归化与异化翻译以实现语言互译的"相解"目的,如何达成中国文学与文化信息最大效度的传播,如何保障有效输出与可持续性交流等问题进行了探讨。

其五,有学者基于麦家小说的海外热销现象,分析了欧美对于中国作家作品的接受态度,并提出中国文学出版界和文学批评界应该采取的应对措施。何明星(2014)指出,欧美舆论对中国文学一贯表现出意识形态化缺陷,并长期戴"有色眼镜",因此中国学者以及相关研究机构要有自己的观点和声音。此外,中国主流对外传播媒体的传播能力也必须得到锤炼和提升。这是麦家《解密》的海外热销给予中国文学出版界和文学批评界的重要提醒。

国内学者除对麦家小说在英语世界的译介和传播进行研究外,还对麦家小说在英语世界之外的其他国家和地区的译介和传播进行了研究。张伟劼(2015)对西语世界主流媒体上有关《解密》的报道以及文学评论界的反响进行了分析,从文本翻译、传播策略和西语世界的接受三方面探讨了麦家及其作品的西语世界之行为中国文学海外译介提供的有益启示。程弋洋(2020)从出版定位、文类标签和网络书评角度考察了《解密》西译本的接受情况,揭示了该作品在西班牙语世界的译介和传播效果。张海燕等(2021)对《解密》拉美传播过程中的问题与挑战进行了分析,为中国当代文学走进拉美提出了多种策略,包括多元主体参与、与跨国出版集团及拉美本土知名出版社合作、基于市场需求构建中拉翻译合作机制、培养中国文学阅读"意见领袖"等。

与国内对麦家小说译介研究的数量和规模相比,国外在该领域的研究基本尚未展开。零星的翻译评论散布于英语世界主流媒体的书评之中。一方面,这些有关译文质量和风格的评论大部分是正面评论,认为译文精湛、通顺,对麦家小说在英语世界的顺利传播和接受起到了重要作用。如《泰晤士文学增刊》(Wood,2014)认为"米欧敏和佩恩的译文通顺、流畅"。《纽约时报》(Tatlow,2014)也认为《解密》的英译文"极为通顺"。《卫报》(Aw,2014)指出"米欧敏精湛、优雅的译文让作者和读者都大大受益"。《独立报》(Wilson,2014)认为"米欧敏的译文绝对是质量上乘的典范,完全保留了汉语的味道","米欧敏对格言警句的翻译既简练又优雅"。另一方面,也有少数媒体书评看到了翻译中的问题,如《纽约时报》(Link,2014)在书评中具体地指出了翻译中欠准确之处。

1.2.2 文献述评与研究问题

综观研究现状可以发现,国外对麦家小说译介和传播的系统研究尚未起步,而国内学者主要从作品的叙述视角、艺术创作等文本因素,出版商、媒体的市场运作等非文本因素,以及国际传播中相关因素的合力作用等方面分析了麦家小说在国外走红的原因。尽管这些研究从不同视角推动了麦家小说对外译介和传播的研究进展,但主要采取的是定性分析的方法,带有一定的主观性。而以定性与定量相结合的方法,从读者评价的角度,对麦家小说的译者评价和海外读者评价及其在推动麦家小说"走出去"过程中的合力作用的研究尚未展开,对目标受众阅读后的真实想法、感受、评价等还缺乏有理有据的探讨。究其原因,笔者认为可能与语言评价功能本身的复杂性和多样性有关。此外,书评的收集、整理和动态追踪工作亦是一项较庞大的工程。

然而,"翻译的目的和任务是促成操不同语言的双方实现切实有效的交流、达成交际双方相互之间切实有效的理解和沟通,这才是翻译的本质"(谢天振,2014:6)。因此中国文学翻译只有在目标读者的接受中才能实现其文学交流的目的,而目标受众的评价对译介作品在域外的有效激活与活跃存在具有重要意义。目前越来越多的学者意识到文学译介中读者评价研究的不足,及其对于中国文学译介与接受这一宏大课题所具有的重大意义。尽管司显柱(2018:94)在论及评价理论之于翻译研究和实践的价值时指出,评价理论"为识别和发掘原文语篇蕴含的评价意义从而在译文里再现提供了新的路径",但芒迪(Munday,2012:160)认为目前的译者评价研究尚有一些需要解答的问题。如我们需要对读者反馈(reader response)进行调查,从而探索译者的价值选择及其所带来的效果对目标读者产生了怎样的影响等问题。此外,刘亚猛和朱纯深(2015:5)指出了专业读者评价研究的重要意义,认为专业读者评价对中国文学译作在域外的"生存境遇"有着举足轻重的重要性,因此如何有效"探索域外涉华译评的生成机制"成为中国译学研究的当务之急。而王颖冲(2018:136)则指出了普通读者评价研究的不足。她认为,相比于中国文学翻译研究的其他方面,如译者研究、译本研究等,"中国文学英译的传播与接受研究比较滞后",因而"无法看清中国文学英译接受的全景"。此外,现有研究"对大众读者接受方面还有待挖掘和探析,对大众读者的反馈还缺乏定性和定量相结合的有力研究"。为弥补这一不足,她提出了具体可行的方法,"对于宏观层面的接受研究来说,亚马逊、goodreads等网站上真实的读者评价有待利用。除了进行数量和褒贬的统计,还可以留意评论中的关键词、高频词,并对其具体内容进行文本分析"(王颖冲,2018:158)。因此,对翻译文学作品在译语文化语境中译介与接受的实际效果进行考察,译语读者对该作品的评价是非常重要的参数指标。对读者评价进行研究,既可以从宏观上较为直观地整体把握译语读者对该翻译文学作品的褒贬程度和价值立场,亦能够从微观上条分缕析地考察该文学作品吸引译语读者的具体因素和引起读者产生"排异反应"的具体原因。

本书对麦家小说的译者评价以及译作读者评价展开研究,主要研究问题包括三方面:首先,从译者评价的角度,通过研究译者对麦家小说中评价意义丰富的"关键之处"(critical point)(Munday,2012:2)进行的价值判断以及基于这种价值判断所采取的翻译策略和翻译方法,探索译者评价在麦家小说译介与接受中的作用,即译者评价如何使麦家小说成为译语文化语境中的"可激活"文本,从而为回答如何有效翻译中国当代文学作品等问题提供借鉴。其次,从专业读者评价和普通读者评价的角度,考察这两种书评中的评价因素和评价范畴的关注度与评价意义正面性,探索具体评价因素所涉及的评价范畴以及各评价范畴中的具体评价意义,从而在一定程度上揭示目标受众读者具体的阅读期待、价值判断标准、着眼点、阅读动机等。最后,将译者对翻译过程的评价与专业读者和普通读者对翻译产品的评价结合起来,考察译者评价、专业读者评价与普通读者评价在麦家小说国际传播中分别发挥的作用以及三种读者评价所构建的合力关系。

1.3 研究的价值与意义

"目标受众的接受程度决定译介作品在目标语文化中的生存价值或生存状态已成为译界共识。"(崔莹辉,2017:104)本书对麦家小说的译者评价以及译作读者评价展开研究,属于翻译个案研究。通过考察译者对翻译过程的评价以及专业读者和普通读者对麦家小说英译本的评价,试图对目标受众阅读麦家小说后的真实感受以及评价进行有理有据的考察。同时,将翻译过程评价与翻译产品评价关联起来,探讨不同读者评价在麦家小说翻译、传播与接受中的作用以及所建构的合力关系。

本书的学术价值主要包括两方面：首先，本书既关注译者对翻译过程的评价，又关注接受文学体系中的专业读者和普通读者对翻译产品的评价，以读者评价为切入点，将翻译过程评价与翻译产品评价结合起来，考察译者评价、专业读者评价和普通读者评价在麦家小说国际传播过程中的合力关系网络，为探索读者评价在中国当代文学国际传播中所起的作用提供依据。其次，本书突破传统文学译介研究范式，将目标受众接受研究建立在真实的语言材料基础之上，通过自建"专业读者书评"语料库和"普通读者书评"语料库，从中挖掘数据，体现了研究的客观性和科学性。

本书的应用价值主要有两点：首先，本书能够在翻译文本的选择以及翻译策略和方法的选取等方面为中国当代文学译本如何成为目标受众语境中的"可激活"文本提供启示。从读者评价的视角考察麦家小说的翻译以及英译本的评价与接受，将评价因素的关注度与评价意义正面性、评价范畴的关注度与评价意义正面性以及具体评价因素所涉及的评价范畴以及评价意义作为读者评价研究的考察指标，探索英语读者对待麦家小说的真实心态、评价标准和阅读期待等，将麦家小说译介后必然面对的真实的"国际读者"的阅读喜好和期待得以还原，使文化间的理解和碰撞更加显豁，从而能为中国当代文学"走出去"研究中如何选择翻译原本，采取何种翻译策略和方法，翻译文本应该体现怎样的语言特征，"走出去"的中国文学译本如何能够对目标读者的渴望、需求、焦虑、期待、兴趣等有所呼应等问题提供启示。其次，本书能够吸引更多对中国文学翻译、译介和接受研究感兴趣的学者关注读者评价，从而将读者评价研究引向深入。

1.4 研究内容概述

本书以麦家在英语世界成功译介的三部小说《解密》《暗算》和《风声》为研究对象。这三部作品的英译都是由英国汉学家米欧敏与翻译家佩恩合作完成,分别于 2014 年、2015 年和 2020 年在英美出版。《解密》作为麦家第一部被翻译成英语出版的作品,在英语世界产生了良好的影响。无论是从英美主流媒体上发表的《解密》书评数量,还是从亚马逊等图书网站上普通读者留下的关于《解密》的评论数量来看,《解密》在英语读者中的关注度和影响度都令人瞩目。《解密》的成功为紧随其后走入英语世界的两部作品《暗算》和《风声》奠定了良好的基础。《暗算》和《解密》一样,入选了英国"企鹅经典"文库,体现了英国企鹅出版公司对其文学价值的高度肯定。《风声》在英国上市的当月就吸引了《金融时报》《泰晤士报》等多家英国知名媒体的关注和好评,登上"月度最优秀间谍小说新作""危机时期最值得阅读的间谍小说新作"等榜单,因此也成功地吸引了其他主流媒体的关注和好评。

本书对麦家小说的译者评价以及译作读者评价进行研究,由七章构成。除第一章引言部分和第七章结语部分外,中间五章是本书的主体部分。引言部分包括选题背景、国内外研究述评与研究问题、研究的价值与意义、研究内容概述、基本思路与研究方法等内容。结语部分对本书进行了总结。

本书主体部分,首先笔者从评价主体和评价范畴两方面构建了本书的理论框架。麦家小说的译者评价和译作读者评价研究旨在探索"谁"在哪些"评价范畴"对麦家小说英译文进行了评价,因此评价主体和评价范畴是本书框架的核心。翻译评价包括对翻译过程和翻译产品的评价,因而本书的评价主体包括译者、专业读者和普通读者这三种类型,其中译者是原作的首要读者,译者评价是对翻译过程的评价,而专业读者和普通读者是中国文学作品译介后必然面对的两种异域读者类型,他们的评价是对翻译产品的评价。此外,在评价范畴方面,本书以加拿大语言学家马丁(James R. Martin)和澳大利亚语言学家怀特(Peter R. R. White)(2005)提出的评价理论为评价范畴,包括态度、介入和级差三大系统及其各子系统。

其次,笔者对译者评价展开研究,重点考察译者对麦家小说中评价意义丰富的"关键之处"进行的评价,译者评价背后所体现的译者立场、价值观念等影响因素,以及译者评价在麦家小说海外传播和接受中的作用。译者是文学译介过程中的首要读者,麦家小说国际传播的成功,译者首先功不可没。他们基于自己的文学理念和价值判断,对小说中富含评价意义的词句和语法形式进行评价,通过采取恰当的翻译策略和方法,使译作在很大程度上与英语读者的阅读习惯与期待相吻合,从而使译本具有了在目标文化语境中被激活的潜质,形成了"可激活"文本。这说明中国当代小说要想被成功译介和被目标读者接受,译文达到所谓准确、流畅的"好"翻译是不够的,还要能体现出目标读者对译文需求的有效翻译,从而让译作在接受文学体系中具备"可激活"的潜质,这是译者评价在小说域外传播与接受中作用的体现。

再次,第四章和第五章分别对麦家小说的专业读者评价和普通读者评价进行研究,旨在探索接受文学体系中的这两类读者对麦家小说中的哪些因素、在哪些评价范畴、进行了怎样的评价、肯定程度如何等问题。英语世界读者对麦家小说译作的评价主要体现于各类书评之中,书评是一种特殊的评价性文本,是书评人"揭示图书内容的基本形式之一",亦是书评人运用各种语言手段,对图书的"思想观点、科学价值和实际意义等方面"做出评价(王绍平等,1990:160-161)。书评的"评价性"实质与态度系统的内核相吻合,态度系统是指"态度主体心理受到外界诱发条件的影响后对他人行为以及其他事物所做的评判与评价"(毛现桩 2018:43)。换言之,就是"说话者对自己、他人、情感和事物的态度立场与价值判断"(段亚男、綦甲福,2021:38)。因此,本书中专业读者和普通读者评价研究主要以态度系统中的各子系统为评价范畴。该部分研究中,笔者分别按照如下三步骤进行:第一步,探究书评中的评价因素及其关注度与评价意义正面性,从而考察读者关注的是作品中的哪些因素,他们对不同评价因素的关注程度和褒贬程度如何,哪些评价因素获得了读者较高的关注度和肯定评价。第二步,探究书评中评价范畴的关注度与评价意义正面性,旨在考察读者对不同评价范畴的关注程度和褒贬程度如何,哪些评价范畴获得了专业读者较高的关注度和肯定评价。第三步,探索具体评价因素所涉及的评价范畴,以及各评价范畴中的具体评价意义,从而考察英语读书界这一具体接受体系内不同层次的文学作品读者的情趣、见解、判断和阅读期待。

最后,笔者对译者评价、专业读者评价以及普通读者评价在麦家小说传播与接受中的作用与共同构建的合力关系进行考察。译者评价、专业读者评价和普通读者评价,在麦家小说国际传播过程中发挥了不尽相同的作用。一方面,译者基于对原作的正确理解和对译语读者阅读期待的充分考虑,在翻译过程中采用灵活的翻译策略,对原作中文化信息丰富的语言进行了译者评价,从而使译本成为接受文化语境中的"可激活"文本。另一方面,专业读者评价和普通读者评价在麦家小说国际传播中亦发挥着不同的作用。通过对这两种读者评价的不同性质和特点进行研究,考察其在麦家小说在接受文学语境中"被激活"并"活跃存在"过程中所发挥的不同作用。

本书的重点首先在于从译者评价的角度,探索译者对翻译过程的评价及其在麦家小说成为"可激活"文本过程中的作用。其次是从专业读者和普通读者评价的角度,通过考察英语读者对翻译产品的评价,从他们对麦家小说的真实评价中挖掘数据,从而获知麦家小说在英语读者群中的接受程度和价值所在,并探索两种读者评价在麦家小说从"被激活"到"活跃存在"于英语读者群这一过程中所发挥的作用。最后是将译者、专业读者和普通读者这三种评价主体对翻译过程和翻译产品的评价进行整合,为考察读者评价在中国文学国际传播中的作用提供有益的启示。

本书的难点首先在于语料库的构建。"专业读者书评"语料库和"普通读者书评"语料库是本书数据的来源,是研究的起点,因而对于研究的顺利开展十分重要。然而由于读者评论具有实时变化的特点,这就导致数据的追踪、提取和整理具有一定难度。其次是对语料库中评价范畴的标注。由于语言评价系统本身具有复杂性和多样性的特点,评价理论中对于态度系统中的情感、判断和鉴赏范畴中的语言资源只能进行举例,无法穷尽,而且语言资源属于哪种评价范畴与其所处语境直接相关,因而如何全面、客观、准确地对麦家小说的译者评价、专业读者评价和普通读者评价中的评价资源进行识别、标注和分析就成为本书的又一难点。在标注时,笔者没有"标准答案"可循,需要结合语境,反复斟酌,才能最大限度地保证标注的准确性。

本书的主要目标在于通过对麦家小说原文与译文进行细读和比较,探究译者对原作中评价意义丰富之处所采取的翻译方法与策略,以及其中所体现的译者的价值判断和影响因素,从而考察译者评价在麦家小说国际传播中的作用。然后,通过对专业读者书评和普通读者书评中评价因素的关注度与评价意义正面性、评价范畴的关注度与评价意义正面性以及具体评价因素所涉及的评价范畴以及评价意义进行考察,探索麦家小说英译本所面临的真实的"国际读者"的阅读需求、价值立场、文学喜好等。最后,从宏观视角对译者评价、专业读者评价和普通读者评价在麦家小说国际传播中的相互作用进行考察,构建三种评价的合力关系网络,为探讨中国文学"走出去"过程中如何成为"可激活"文本,如何在接受文学文化体系中"被激活"并"活跃存在"等问题提供一定的借鉴和参考。

1.5　基本思路与研究方法

　　评价存在于任何语言之中,译者作为原作的首要读者,对于原作中承载重要信息的"关键之处",无论是进行了大刀阔斧的改写,抑或是局部的微调,甚至是亦步亦趋的再现,都体现了译者对原作的评价。所谓改写(rewriting),就是指译者"对原作进行一定程度的调整,以使其符合改写者所处时期占统治地位的意识形态和诗学形态,以达到使改写的作品被尽可能多的读者接受的目的(Lefevere,2004:出版前言)"。而专业读者评价和普通读者评价则往往呈现于各类书评中。书评是一种阅读图书后的反馈行为,是读者对一本书的内容、形式及价值等方面的好坏做出的最直接的评价。英语世界许多主流媒体都刊登专业读者为近期出版的图书所撰写的书评,其形式属于特写的一种。书评人对图书发表观点鲜明的看法,不仅为读者提供了图书的信息,也包含了大量的评价资源。文学作品"被翻译成外语并在异国出版后,并不意味着传播的结束,而是异国传播的开始。译本进入异域阅读层面,赢得异域行家的承认和异域读者的反响才是作品在海外传播成功的关键"(吕敏宏,2011:11)。对媒体上公开出版的专业读者的评论进行分析,可以准确获知该读者群体对文学作品的喜好和立场。此外,随着自媒体时代的到来,每个普通读者都可以在网络上撰写书评,自由地表达自己的阅读感想和意愿。与专业读者不同,普通读者是一个更为多样化的群体,因而其书评具有数量大、参与度高等特点,且在篇幅的长短、思想的深浅、文学的角度、个人的立场等诸多方面都表现出更为异彩纷呈的局面。对普通读者书评进行研究,可以近距离地接近一个更为庞大的真实的异域读者群体,探索他们真实的内心世界、阅读需求和文学品位。

　　因此,本书旨在对麦家小说的译者评价及译作读者评价进行研究。首先从译者评价的角度,通过研究译者对麦家小说中评价意义丰富的"关键之处"进行的价值判断,以及基于这种价值判断所采取的翻译策略和翻译方法,探索译者评价在麦家小说译介与接受中的作用,即使麦家小说成为在译语文化语境中的"可激活"文本,从而为如何有效翻译中国当代文学作品等问题提供借鉴。其次,从专业读者和普通读者评价的角度,考察这两种书评中的评价因素和评价范畴的关注度与评价意义正面性,探索具体评价因素所涉及的评价范畴,以及各评价范畴中的具体评价意义,从而在一定程度上揭示目标受众读者具体的阅读期待、价值判断标准、着眼点、阅读动机等。最后,将翻译过程评价与翻译产品评价相结合,探究译者评价、专业读者评价与普通读者评价在麦家小说国际传播中的作用,并构建三者的合力关系。

本书采用的研究方法有:

其一,定量分析和定性分析相结合的研究方法。中国文学"走出去"的研究必须是一种科学的研究。定量研究所使用的语料库软件为UAM Corpus Tool 3.3u2,这是一款主要用于系统功能语言学研究的软件,可对处于系统环境下的文本进行标注、检索、统计等操作。这款语料库软件常见的应用之一是对不同文体进行语篇分析,研究者可以使用该软件对语篇中的语法结构和词性进行自动标注,亦可根据其内置的评价理论框架对文本的评价意义进行人工标注,标注的层级(layers)可以根据具体需要进行增加和删除。本书通过自建"专业读者书评"语料库和"普通读者书评"语料库,对麦家小说英语读者的真实评价中所体现的评价意义,按照该语料库软件内置的评价理论态度系统中的参数进行人工标注。如图1.1所示,对于"专业读者书评"语料库中"bestselling novelist"这一评价资源,"selected"框中显示了评价意义的具体标注信息,"attitude, judgement, capacity, positive-attitude, extra-textual, author",这些信息表示该评价资源的评价对象是"文本外因素"中的"作者",评价意义属于"态度"系统中"判断"范畴下的"才干"子范畴,是正面评价。对全部评价资源标注完成后,该语料库软件就能对本书所需要的数据进行检索和统计,这些数据有力地保证了本实证研究的科学性、客观性和有效性。同时,中国文学"走出去"的研究跟纯粹的自然科学不同,它必须具有人文性,需要我们采用定性分析的方法对这些数据进行解释和归纳,从而得出科学的研究结论。

其二,对比分析研究方法。一方面,将麦家小说原文文本和译文文本进行对比,研究译者对原文文本中评价意义丰富之处所采取的翻译策略,从而探索译者评价在麦家小说翻译、传播与接受中的作用和功效,即使麦家小说英译本在译语文化语境中成为"可激活"文本。另一方面,在观察和描写"专业读者书评"语料库和"普通读者书评"语料库时,通过对两者的评价因素和评价范畴的关注度与评价意义正面性进行比较,探索两种书评的不同性质和特点以及在麦家小说国际传播中的不同作用,即使其从在译语文化语境中"被激活"到在英语读者中"活跃地"阅读和流通。

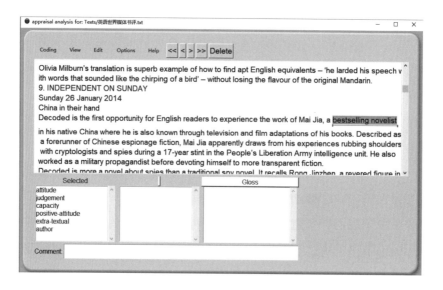

图 1.1　评价意义标注示例

第二章　研究框架：评价主体与评价范畴

在本章中，笔者从评价主体和评价范畴两方面构建麦家小说的译者评价和译作读者评价研究框架，探索的是"谁"在哪些"评价范畴"对麦家小说及其译作进行了怎样的评价。评价主体包括对翻译过程和翻译产品的评价主体，其中翻译过程的评价主体是译者，正如葛浩文在描述自己的翻译过程时所说："作为一个译者，我首先是读者。如同所有其他读者，我一边阅读，一边阐释。"（葛浩文，2014：37）而翻译产品的评价主体是接受文学语境中的译语读者，包括专业读者和普通读者。通过研究这三种评价主体对麦家小说的具体评价，探索其在构建英语世界读者对麦家小说的意见网络中所发挥的作用。在评价范畴方面，本书以马丁和怀特（2005）提出的评价理论为评价范畴。评价理论是对系统功能语言学（Halliday，1994）人际功能研究的拓展，从话语语义的范畴对人际意义研究进行补充，对实现评价意义的语言资源进行了宏大而细致的系统化分类。因此，评价理论又称为评价系统，"评价"和"系统"是评价理论的两大关键词。评价理论的中心是"系统"，焦点是"评价"（王振华，2001：14）。评价理论由三大子系统构成，即态度系统、介入系统和级差系统。"态度涉及人的感情（feelings），包括情感反应、对行为的判断以及对事物的评价。介入涉及态度的来源（sourcing attitudes）以及与听者或读者建立同盟关系的方式。级差关注的是语言中的分级现象（grading phenomena），包括感情放大化、范畴模糊化等。"（Martin & White，2005：35）评价理论形成了"一套描述和解释如何运用语言做出评价、表达立场以及经营人际关系的方法"（施光，2016：53）。

2.1　评价主体：对翻译过程与翻译产品的评价

1972 年，语言学家霍姆斯（James S. Holmes）在《翻译研究的名与实》（*The Name and Nature of Translation Studies*）一文中对翻译研究的学科构架进行了整体建构，认为其可以分为"纯翻译研究"与"应用翻译研究"。其中"翻译批评"（translation criticism）属于"应用翻译研究"范畴，是指"对翻译作品的评价（the evaluation of translations），包括对学生翻译练习的评分和对已出版译著的评论"。从这一论断可以看出，霍姆斯认为的翻译批评是对翻译产品（product）的评价，其评价主体可以是英语老师，亦可以是已出版译著的读者。但皮姆（Anthony Pym）在论及霍姆斯所构建的学科构架的不足时指出，其"忽视了对译者的个人风格、决策过程（decision-making）以及翻译实践等翻译过程方面的涉及"（Pym，1998：4）。芒迪（Jeremy Munday，2022：18）等学者对此表示认同。2012 年，芒迪在《翻译中的评价：译者决策关键之处》（*Evaluation in Translation：Critical Points of Translator Decision-Making*）一书中，基于语篇语义分析，以"翻译过程，而非翻译产品"（Munday，2012：扉页）为核心，对译者决策过程中的评价性语言进行了研究，从而对霍姆斯的翻译研究学科构架中的"翻译批评"领域进行了一定补充。可见，皮姆和芒迪都认为翻译评价不仅要包括对翻译产品的评价，亦要包括对翻译过程的评价，而翻译过程的评价主体为译者。

对于翻译产品的评价主体，杜博妮（McDougall，2003：5-6）认为中国文学英译的读者群体可以分为"受过教育的年轻人"（educated youth）和"文学知识分子"（literary intellectuals）两类，其中后者包括文学圈内的职业读者，如评论家、编辑、学者、文艺工作者等。到 20 世纪 70 年代末，出现了两类新的读者群，一类是海外华人学者、汉学家、研究学者，另一类是西方的大众读者。事实上，新出现的海外华人学者、汉学家和研究者与"文学知识分子"读者群具有很大的共性,他们都是文学圈内的专业读者,而"受过教育的年轻人"则可以归属于西方的普通读者。专业读者由于其职业或身份的特殊性,他们往往是中国文学的"忠实读者"(committed readers),而普通读者群体的阅读选择则更加随意,只要自己感兴趣,任何国家、作家和风格的作品都可以是阅读对象。因此这两类读者对中国文学的接受程度和兴趣偏好不尽相同。

鉴于此,本书对麦家小说的评价研究包括译者、专业读者和普通读者这三种不同的评价主体,其中译者评价是对翻译过程的评价,而专业读者和普通读者的评价则是对翻译产品的评价,三种主体的评价相辅相成,共同构成英语读者对麦家小说的意见网络。

2.1.1 译者评价

芒迪(2012:40)指出,"评价是语言的重要功能"。所有话语都承载着评价,无论是说话者、写作者抑或翻译者,他们所做的话语选择都在某种意义上表明了他们的价值立场,因而具有潜在的重要性。此外,"语言交际具有不确定性和主体性,交际主体间存在着选择性的意义磋商。作为一种跨语言、跨文化交际的形式,翻译因语篇和语境不同而体现出译者在决策过程中对评价意义的不同转换方式,从而产生翻译的不确定性和译者主体性"(侯林平,李燕妮,2013:53)。换句话说,翻译中的"评价"(evaluation)就是指"译文中译者的主体性立场以语言形式所表现出来的方式"(how a translator's subjective stance manifests itself linguistically in a text)(Munday,2012:2),任何译文都是译者决策的结果,体现着译者评价。

为深入、系统地探讨译者翻译中的决策过程,芒迪(2012)以马丁和怀特(2005)提出的评价理论为框架,以语言分析为手段,从微观角度对译者决策过程中的评价性语言进行了描述和阐释。芒迪(2012:10)认识到"不能想当然地认为这种基于评价理论的分析模式就势必对译者评价研究具有适用性和启发性",因此他利用演绎论证和实证研究相结合的方法,得出了"评论理论为识别评价性语言符号以及分析译者的价值植入(value insertion)提供了一种有效的理论模型"的结论。芒迪把译者决策过程中的"关键之处"作为其研究的重点,他认为,译者决策"关键之处"在于"翻译中最容易受到价值操纵,最富于变化,最具有解释余地与评价潜势,以及最能够体现译者价值观"的部分(Munday,2012:40-41)。"关键之处"可能存在于较宏观的文本或文化层面,亦可仅为一个具有敏感性的关键词。该定义与人类学家阿加尔(Michael Agar)所说的"语篇中承载着主要文化差异"的"丰富之处"(rich points)具有相似的内涵。芒迪提出,译者评价的"关键之处"可能体现为文本中需要译者进行保留(retain)的要素,但更突出地体现在文本中那些需要译者进行阐释(paraphrase),甚至在某些情况下需要译者进行实质性干预(substantive intervention)的地方,而且译者的阐释和干预有可能改变译语文本在译入语语境中的定位(Munday,2012:2)。

译者对"关键之处"的决策正是译者评价的体现。"芒迪首先认为评价是交往的核心,也是翻译的核心,翻译就是一个连续的评价过程,是译者对原文的多种可能的表达进行综合评价,精益求精,并最终做出选择的过程。"(魏建刚,2013:53)在翻译活动中,原文中承载着丰富的文化差异的"关键之处"往往可以被译成不尽相同的数种译文,这些译文之间具有竞争性。译者通过对备选译文进行权衡和比较后作出的决策,能够体现译者的主体性立场,是译者评价的结果。此外,其他未入选译文也同样能说明问题,它们透露了之所以未被选中的重要信息。将入选译文与未入选译文进行比较分析,我们不仅可以看到译者所遵循的"翻译对等"原则,更可以洞察译文选择中的译者决策过程。

麦家小说英译者米欧敏选择翻译麦家作品,首先就是因为作为原作读者,在阅读中和原作产生了共情,被原作吸引。她说:"尤其喜欢麦家作品的黑暗面,特别是其中对极其聪明之人陷入棘手困境的描写",她为麦家对"悲剧天才"人物的塑造和对人性的探索所打动。在翻译过程中,当面对中西文化的巨大差异时,米欧敏表示,对于原作中的微妙内涵,她会"用自己理解后的英语方式描述出来,让读者阅读起来更为流畅",她希望"读者在阅读时感觉是麦家自己在用英文写作"(李玚,2018)。从译者评价的角度来看,译者为解决翻译中的跨语言、跨文化障碍而采取的"自己理解后的英语方式",正是译文中"译者主体性立场"的语言形式表现(Munday,2012:2),即译者评价的结果。研究译者评价,探索译者在文本中"关键之处"的决策,从微观角度分析译者的翻译策略,可以管窥译者在翻译过程中所采取的价值立场和翻译定位,并进而探讨译者评价对译文异域接受的效果。正如梅森(Ian Mason)所言,译者评价研究"将近期翻译研究的文化、社会与政治视角与译者对文本中'关键之处'进行的实际干预进行了有机结合,为翻译研究提供了一种全新范式,具有深刻的学术意义"(Munday,2012:扉页)。

2.1.2　专业读者评价

勒菲弗尔(Lefevere,2004:14)指出,在文学系统内部,专业人士(the professionals)包括批评家(critics)、书评人(reviewers)、教师和译者,他们能够因一部文学作品不符合当时的诗学而对其进行压制,亦可对该文学作品进行改写,直至其能够被某个时期和地域的诗学所接受。从这一论断可知,文学作品书评人属于文学系统中的专业人士,他们能够对文学作品在特定文学系统中的命运产生巨大影响。对于译介到英语世界的中国文学作品而言,翻译和出版的完成意味着国际传播的开始,而赢得异域专业人士的关注,吸引更多书评人撰写"有影响书评",是中国文学作品国际传播成功的关键。所谓"有影响书评",是指"那些通过权威平台发布、具有极大公信力因而实际上发挥着舆论导向功能的意见"(刘亚猛,朱纯深,2015:8)。由于书评作者往往被视为"超级读者",从其评论可知一个抽象或虚拟的读者群对作家作品的反应(汪宝荣,2016:61),因而英美媒体上公开发表的有关中国文学作品的"有影响书评"亦体现了专业读者对中国文学作品的态度,对"有影响书评"进行考察是了解中国文学译作在专业读者中接受情况的一种途径。

在麦家成功走出国门的三部作品中,《解密》吸引了英美书评人极大的关注,许多书评属于"有影响书评"。《解密》英译本自 2014 年出版之后,吸引了《纽约时报》《华尔街日报》《经济学人》等众多英美媒体的目光,一时间评论如潮。笔者对英美两国媒体发表的《解密》书评进行了搜集,共搜集到相关书评 34 篇,其中英国媒体有 14 篇、美国 20 篇。此外,《风声》英译本自 2020 年出版以来,亦吸引了不少英美媒体的目光。笔者搜集到的英美媒体上发表的《风声》书评有 8 篇,其中英国媒体有 7 篇,美国有 1 篇。两部作品专业读者的书评的字数共计 23278字(详见附录 A)。相较之下,《暗算》的专业读者评价数量较少。本节简析《解密》和《风声》的英美书评媒介与专业书评人。

2.1.2.1 麦家作品的英美书评媒介

发表《解密》英文书评的英美媒介可以分为纸质媒介和网络媒介。从纸质媒介来看,根据面向的主要读者群及书评内容的专业程度,可将其分为专业性、普及性和图书行业性三类。专业性书评媒体主要有英国《泰晤士报文学增刊》和美国《纽约时报书评周刊》等。普及性媒体最多,影响力也最大,主要包括全国性主流刊物,重要的有:美国的《纽约时报》《华盛顿邮报》《芝加哥论坛报》《华尔街日报》《新共和周刊》《纽约客》;英国的《泰晤士报》《卫报》《每日电讯报》《金融时报》《独立报》《经济学人》等。第三类是图书行业刊物,有美国的《出版人周刊》《书目》《书页》等。发表《解密》英文书评的专门特色网站(不包括纸质媒体网络版)主要有 10 家,按其性质可分为专业书评网站、协会网站、图书出版机构网站等。专业书评网站有:对世界各国文学奖项进行追踪解析的"书评大全"网站(complete-review. com)、"故事的故事"网站(jseliger. wordpress. com)、"喧哗"网站(bustle. com)、"透过书本看世界"网站(marywhipplereviews. com)、"地平线上的文字"网站(nihondistractions. blogspot. com)以及作家博客网站"图书小博客"

(alittleblogofbooks. wordpress. com)。协会网站有亚太美国中心创办的"书龙"网站(smithsonianapa. org)和美国亚洲协会中美关系研究中心创办的"中参馆"网站(chinafile. com)。图书出版机构网站有企鹅出版公司网站(penguin. co. uk)。此外,涉及专门知识领域的"犯罪分子"网站(criminalelement. com)和英国约克大学网站(theyorker. co. uk)上的"文学与艺术"专栏也刊登了《解密》书评。这些网站具有传播迅疾、覆盖面广、可及性高等特点,有力地推动了《解密》在英语世界的传播。

发表《风声》书评的主流纸质媒体有英国的《泰晤士报》和《金融时报》。《泰晤士报》是英国历史最悠久、最具权威性的报纸,为英国报业三巨头之一。《金融时报》是一家领先的全球性财经报纸,对文化、艺术等内容也设有专版,在全球拥有数百万读者。这些主流纸质媒体具有可信度高、影响力大、覆盖面广等特点,其书评有力地推动了《风声》在英语世界的流通和阅读。发表《风声》书评的网络媒体按其性质可分为图书出版和发行机构网站、专业书评网站、专业电子期刊网站和大学网站。图书出版和发行机构网站包括英国水石书店网站(waterstones. com)和英国"宙斯之首"出版社网站(headofzeus. com)。水石书店是英国目前最大的连锁书店,也是英国和爱尔兰图书发行业的领军者。专业书评网站有"凯特的博客"(beccakateblogs. wordpress. com)和"犯罪评论"网站(crimereview. co. uk)。凯特是一名文学评论家,她受各大出版社邀请在博客上为新书撰写书评,其博客在英国读者群中具有一定影响力。"犯罪评论"网站是一家特色鲜明的专业书评网站,其关注的小说范围不受地域限制,它主要对犯罪小说、间谍惊悚小说、历史小说、科幻小说和恐怖小说等类型小说进行评论。发表《风声》书评的还有一家专业电子期刊网站——"射击杂志"(shotsmag. co. uk),它是英国犯罪文学与间谍惊悚文学的专业电子期刊。此外,美国俄亥俄州立大学网站(u. osu. edu)也转载了中国香港《南华早报》上关于《风声》的书评。

2.1.2.2 麦家作品的英美专业书评人

从《解密》的专业书评人来看,为英美媒体撰写《解密》书评的主要有专业评论家或中国问题专家、作家兼学者、密码学等相关领域学者以及英、美华裔作家等。专业评论家或中国问题专家有希尔顿(Isabel Hilton)、沃尔什(Megan Walsh)、狄雨霏(Didi Kirsten Tatlow)和罗素(Anna Russell)等。希尔顿是英国著名记者,曾在《独立报》《星期日泰晤士报》等多家知名媒体任职,并作为《卫报》的专栏作家为其撰写关于中国问题的文章长达 23 年。此外,她曾担任英国广播公司(BBC)的节目主持人。沃尔什是英国记者、自由撰稿人。狄雨霏是美国《纽约时报》旗下的《国际先驱论坛报》(The International Herald Tribune)的驻京记者。罗素是美国《华尔街日报》记者。汉学家有林培瑞(Perry Link)和吴芳思(Frances Wood)。林培瑞是美国著名汉学家,普林斯顿大学荣誉教授。他精通中文、法文、日文等多国语言,主要研究中国现代文学、社会史、大众文化、20 世纪初的中国通俗小说、中国当代文学,是美国汉学家中与中国社会联系最为密切的"中国通"之一。吴芳思是英国著名汉学家和历史学家,曾在大英图书馆中文部工作长达 36 年之久,被称为英国"掌管中国历史"的汉学家。她热爱中国历史与中国文化,并积极著书立说向西方世界介绍中国。作家兼学者有威尔逊(Edward Wilson)、拉曼(Alexander Larman)、海因斯(Emily Bartlett Hines)、桑托斯(Richard Z. Santos)和克里斯坦森(Bryce Christensen)等。威尔逊是美国生物学专家,1969 年当选为美国国家科学院院士,被《时代》杂志评为对当代美国影响最大的 25 位美国人之一。此外,威尔逊的两部著作《论人性》(On Human Nature)和《蚂蚁》(The Ant)都获得了普利策奖。拉曼是英国历史学家、记者和作家,在《卫报》《每日电讯报》《观察家报》等多家西方媒体上发表有关文学和艺术的文章,著有作品《燃烧的星》(Blazing Star)等。海因斯是美国作家、学者,她撰写的关于政治、文化等方面的文章刊登在《时事》(Current Affairs)、《纳什维尔场景报》(Nashville Scene)等刊物上。桑托斯是美国《得克萨斯月刊》专栏作家,著有小说《相信我》(*Trust Me*)等。克里斯坦森是美国南犹他大学终身荣誉教授、作家、编辑,《美国家庭》杂志创始人。他的研究兴趣包括中国文学、乌托邦文学等。他著有小说《获胜》(*Winning*)、《教授》(*The Professor*)等。密码学等相关领域学者有埃文斯(David Evans)等。埃文斯是美国弗吉尼亚大学计算机专业教授,对密码学研究有着浓厚的兴趣。英、美华裔作家有陈葆琳(Pauline Chen)、欧大旭(Tash Aw)等。陈葆琳是美国华裔畅销书作家、《纽约时报》专栏作家。她以细致的笔触和悲天悯人的情怀书写生死主题的作品,获得过布莱克福德文学奖、科克伍德创作文学奖、美国国家期刊奖等。欧大旭是英籍华裔马来西亚英语作家,他的第一部英语小说《和谐绸庄》(*Harmony Silk Factory*)获英国惠特布列(Whitbread)最佳小说新人奖、英国《卫报》第一本书奖(Guardian First Book Award)及国际 IMPAC 都柏林文学奖(The International IMPAC Dublin Literary Award)等奖项。此外,其新作《没有地图的世界》(*Map of the Invisible World*)荣获《卫报》《时代杂志》《华盛顿邮报》《出版人周刊》《书单》等主流媒体共同推荐。

从《风声》的专业书评人来看,为西方媒体撰写《风声》书评的主要有作家、文学评论家以及记者。作家有莫法特(Gwen Moffat)和拉伯(Adam LeBor)。莫法特是英国犯罪小说与间谍惊悚小说家,著有《我脚下的世界》(*Space Below My Feet*)等作品。拉伯(Adam Lebor)是美国黑色犯罪间谍小说家,同时也是记者和文学评论家,为《经济学人》《泰晤士报》《纽约时报》等众多报纸杂志撰稿。文学评论家有凯特(Becca Kate)、罗伯茨(Chris Roberts)、邓斯(Jeremy Duns)等。记者有罗斯(Martin Roth)等。这些书评人都对间谍文学、惊悚文学、犯罪文学有着浓厚的兴趣。

2.1.3 普通读者评价

读者书评是一种图书阅读后的反馈行为。随着自媒体时代的到来,每个人都可以在网络上撰写书评,对书的内容、形式及价值等方面的好坏做出最直接的评价。对互联网上普通读者撰写的图书评价信息进行分析,可以了解大众舆论对该图书的观点、看法和情感倾向等。对于中国译介文学而言,谢天振(2005:165)提出,"只有在读者的接受中文学翻译才能实现其文学交流的目的",因而对国外读者的阅读接受状况进行研究是考察和衡量作品译介效果的重要指标。在麦家走出国门的三部小说中,《解密》在普通读者中的阅读量和影响力最为显著。陈香和闻亦(2014)指出,"以往中国作家作品在海外出版,收藏主体主要是学术和研究型的图书馆,阅读对象更多的是对中国文化有兴趣或者是直接从事这一专业的读者,而《解密》目前的海外收藏图书馆类型,70%左右是公共图书馆和社区图书馆,30%是学术和研究型图书馆"。这表明《解密》的海外阅读人群以普通读者为主。而相较之下,《暗算》和《风声》的普通读者评价在数量上尚未形成规模。有鉴于此,本小节中笔者以美国亚马逊网站上《解密》英译本的"读者书评"(Customer Review)信息为依据,对其读者书评数据进行统计,旨在考察英语普通读者对《解密》的阅读和接受状况。

美国亚马逊图书网站是世界最具影响力的购书平台之一,具有较为完善的读者书评机制。陈诗沁和尤建忠(2012:53)总结了亚马逊读者书评机制的三大特点:一是书评数量大,信息全面。早在 2009 年就曾有报道指出,当时亚马逊已有累计 500 万用户参与图书评论,评论总数多达数千万条。二是评论具有真实性和可信性。读者在亚马逊网站发表书评时,在遵循亚马逊评论规则的条件下,可以畅所欲言地表达自己的阅读感受。三是全社会广泛的参与。亚马逊书评的参与者来自社会各阶层,评论者身份各异。同时,亚马逊的读者互动机制可以让读者对其他书评进行反馈,从而提升图书阅读趣味的同时,也提高了读者的参与性、互动性和对话性。此外,亚马逊读者评论由"产品星级评价"和"读者书评"两部分组成。五星制"产品星级评价"显示该商品的总体星级、总体评分人数以及各星级评分人数和所占比例等汇总信息。产品星级评价操作起来十分方便,因此产品星级评价的人数往往比撰写读者书评的人数要多。亚马逊使用机器学习模型(machine-learned models)来计算产品的星级,而不是简单的平均值。模型中包含书评的年份、读者评分的可信度和真实性以及该书评是否出自实际购买者等因素,而且该模型会随着时间的推移不断学习和更新信息。"读者评论"则是读者在网站上匿名或实名发表的与图书有关的文字内容,可以是购书体验、阅读心得等,视角各异,长短不一。一般来说,读者评论数与作品销售和阅读的数量成正比。

笔者对美国亚马逊网站上《解密》英译文 *Decoded：A Novel* 的在线读者评论文本进行了提取和整理①。这些书评中以美国读者对作品的评论为主,也有少数其他国家读者的评论。截至数据采集结束,共有188位读者对《解密》英译本进行了星级评价,171位读者发表了在线书评,其中141位读者来自美国,19位读者来自英国,5位读者来自德国,来自印度和加拿大的各有3位读者。剔除5篇德文评论,笔者提取到的英文评论共有166篇。经人工降噪和内容审读后发现,这166篇皆为有效书评。图2.1是 UAM Corpus Tool3.3u2 语料库工具统计的普通读者书评文本信息,包括文本长度、文本复杂度、词语密度(词语丰富度)和人称使用情况。文本长度方面,普通读者书评文本总字数为23255字,共有1144个句子。文本复杂度方面,该文本平均词长为4.79,平均句长为20.3。词语密度方面,该文本句子词位数为10.8,文本词位数比例约为53.60%。从人称指示词的使用情况来看,第三人称的使用比例最高,比例约为3.25%;第二人称最低,比例约为0.37%;第一人称居中,比例约为1.78%。

笔者对《解密》英译本的普通读者评价情况进行了统计,包括星级评价数、书评数以及各星级的分布情况等,统计结果如表2.1所示:

---

① 本书普通读者书评文本源自美国亚马逊网站 www.amazon.com,检索日期为2022年8月2日。

图 2.1 普通读者书评文本信息

表 2.1 普通读者的星级评价数、书评数和星级分布

星级	星级评价数（条）	书评数（条）	星级评价数占比（％）
5 星	62	56	33
4 星	50	46	27
3 星	39	32	21
2 星	19	19	10
1 星	18	18	9
合计	188	171	100

《解密》的星级评价为 3.4 星。从表 2.1 可见，在对《解密》英文本进行在线评价的普通读者中，评 5 星的人数最多，星级评价读者有 62 位，书评读者有 56 位，5 星级评价人数是总评级人数的 33％；1 星的人数最少，星级评价数和书评数都只有 18 人，仅为总人数的 9％。其中，表示"非常喜欢"的 5 星（112 人）和表示"喜欢"的 4 星（102 人）评级人数和书评人数约占总人数的 60％。而表示"不太喜欢"和"不喜欢"的 2

星和 1 星人数有 37 人,不到总人数的 1/5。这表明,《解密》受到了大多数西方读者的普遍欢迎,但也有少数读者表达了挑剔和批评的意见。

亚马逊对 166 条有效书评中的关键词进行了统计,分别为 Rong Jinzhen、Mai Jia、mathematical genius、main character、well written、code breaking、Olivia Milburn、Rong family、Christopher Payne、Milburn and Christopher、Young Lillie、liberation army 等共 12 个①。为研究方便,笔者将表示译者的三个关键词 Olivia Milburn、Christopher Payne 和 Milburn and Christopher 合并,具体见表 2.2。

表 2.2　亚马逊对普通读者书评的关键词统计

关键词	频次
Rong Jinzhen	22
Mai Jia	22
mathematical genius	22
main character	9
well written	12
code breaking	22
Olivia Milburn/Christopher Payne/Milburn and Christopher	16
Rong family	21
Young Lillie	4
liberation army	4

从表 2.2 可以看出,12 个关键词中,有关人物和故事等表示小说内容的词有 7 个,分别是:容金珍(Rong Jinzhen)、数学天才(mathematical genius)、破译密码(code breaking)、容氏家族(Rong family)、故事主角(main character)、小黎黎(Young Lillie)、解放军(liberation army),总频次为 104 次。此外,有 4 个关键词是《解密》的

---

① Decoded：A Novel-Kindle edition by Jia，Mai，Olivia Milburn，Christopher Payne. Literature & Fiction Kindle eBooks @ Amazon. com.

作者(Mai Jia)和译者(Olivia Milburn / Christopher Payne / Milburn and Christopher),总频次为 36 次。关键词"写得真好"(well written)是对小说的整本评价,频次为 12 次。关键词与频次统计表明:首先,《解密》让西方普通读者最为着迷的是与"容金珍""小黎黎""故事主角"和"数学天才"等有关的小说人物,以及与"破译密码""容氏家族""解放军"等有关的小说故事。其次,作者麦家的写作才能、译者米欧敏和佩恩的翻译能力也是西方读者关注的重要因素。最后,"well written"的频次为 12 次,表明西方读者普遍认为《解密》是一部写得很好的作品。

2.2 评价范畴:评价理论

评价是一种常见但又复杂的语言现象,因而不少语言评价研究往往只关注某一种评价类型,如模糊限制语研究、情感研究、情态研究等。20 世纪 90 年代,马丁(J. R. Martin)和怀特(P. White)在语言实证研究的基础上提出了语言评价理论的框架雏形。2005 年,两人合著的《评价语言——英语的评价系统》(*The Language of Evaluation: Appraisal in English*)一书出版,"标志着评价理论的成熟,评价理论已成为语篇语义学研究新阶段的旗帜"(姜望琪,2009:5)。与其他语言评价流派相比,马丁和怀特提出的评价理论具有如下几方面的优势:其一,该理论是在系统功能语言学的理论架构中发展起来的,因而具有夯实的理论支撑;其二,评价理论具有系统的理论框架,它几乎涵盖了以往语言评价研究所涉及的所有评价类型,并根据各种评价类型在本质上的差异,将它们分为态度系统、介入系统和级差系统;其三,评价理论是基于对语言实际使用情况的调查而形成的,因而具有科学性和严谨性,同时在较大程度上避免了主观臆断性;其四,评价理论已被广泛应用于各种类型文本的实证研究中,其有效性和可操作性已得以证实。正如贝德纳雷克(Bednarek,2006:32)指出的,评价理论所提供的系统而详尽的语言评价理论框架,迄今为止独一无二,因而其贡献无可估量。刘兴兵(2014：6)也认为："在语言评价各个流派中,评价理论对语言的评价意义进行了最为细致的分类,构建的体系最为完备,影响也最大。"在本节中,笔者将论述评价理论产生的背景、评价理论的基本框架、评价理论的应用及其不足与前景等内容。

2.2.1　评价理论产生的背景

系统功能语言学创始人韩礼德(Halliday,1994)以小句为基础研究英语语法,提出了英语语言的三大元功能:概念功能、人际功能和语篇功能。概念功能关注的是语言对事件、经历等的描述和解读功能,其中包括施事者、受事者、事件的内容、时间、地点、原因、方式等因素以及各事件之间的逻辑关系等。概念功能是"将说话者作为观察者的'意义潜势'"。人际功能关注的是人与人之间社会关系的达成,包括人们相互交往与分享情感的方式。语篇功能将概念功能和人际功能集中到语篇中,"将说话者作为观察者的'意义潜势'以及说话人的态度、情感与其社会角色关系联结为一体"(刘世生,刘立华,2010：46)。概念功能、人际功能和语篇功能的主要实现方式分别为及物系统、语气系统和主位系统。

然而,人是自然属性与社会属性的统一体,其自然属性体现为性别、肤色等与生俱来的特征,而社会属性则与人在社会中的角色相关,体现为其社会地位、经济地位等方面。具有不同自然属性和社会属性的人在使用语言时,会不自觉地表现出不同的情感、态度、立场等。因而在语言研究中,仅从系统功能语法的角度出发对这些语言材料进行语篇分析是不够的。例如,中秋佳节晚会上,主持人动情地说道："花好,月圆,人团圆!"从功能语法上看,这是三个小句。从概念功能上分析,它们都是关系过程,分别说明参与者花、月、人的属性。从人际功能上分析,三个小句都是以陈述语气,分别讨论有关花、月、人的主题。从语篇功能上看,主位是花、月、人,述位是好、圆、团圆,信息的起始点分别是花、月、人。显然,仅从概念功能、人际功能和语篇功能的角度分析,我们仍然无法看到说话人的情感、对事件的判断以及对语言对象的鉴赏。这说明,"仅从结构和功能两方面来研究语言是不够的,还需要对赋值语义(semantics of evaluation)进行研究,即研究说话者通过语言赋予语言对象的价值意义"(王振华,2001:14)。马丁和怀特的评价系统理论正是在该领域做出的尝试。

评价理论是对系统功能语言学的新发展,更确切地说,是对系统功能语言学中"人际功能"的进一步拓展。系统功能语言学框架下的人际功能研究,主要是通过语气、情态、情态状语等系统来揭示人际关系的亲疏,但"从通过语言来分析说/听者或作/读者的态度、立场、情感等这一方面来说,传统系统功能语法(指评价系统以前)尚无完整的理论体系"(王振华,2001:14)。为弥补这一盲区,马丁(Martin,1992)从交换结构的角度对人际功能重新解释,于 20 世纪 90 年代创立了评价系统的理论框架。马丁(Martin,2000:144)指出:"系统功能语言学的研究方法没有涉及的是对评价意义的阐释——谈话者的感觉、他们做出的判断以及他们对各种现象或经历的价值判定。"因而评价系统的创立推动了系统功能语言学的进一步发展。

评价理论最初主要关注叙事体文本,随着研究的展开与深入,更多不同文体类型的文本也渐渐进入其研究视野,如文学评论、科技文本、纸质媒体、历史地理文本、艺术批评、行政话语等。其研究目的是要在系统功能语言学框架下建立一整套评价资源,并将这些资源系统地应用于各类文体语篇的分析。此外,在评价理论中,这些评价资源不仅仅是情感的体现,更重要的还在于它们的社会功能,"在分析语篇的过程中,既注意文本展开后人们对评价性词语的修辞功能的理解,又注意人们领会人际意义和社会关系之间的联系,尤其是由感情移入(empathy)和系谱联系(affiliation)所造成的社会连带关系(solidarity),是社会视角的研究"(王振华,2001:14)。可见,评价理论对系统功能语言学中关于人际意义的基本思想进行了重要的拓展。

2.2.2 评价理论的基本框架

评价理论包括三大子系统:态度系统、介入系统和级差系统。态度是"表达感情的方式",态度系统则是"能够映射英语文本中感情资源的系统构架"(Martin & White,2005:42)。介入是表示"主体间立场的语言资源"。评价理论将那些以各种方式"为文本中的先前话语、不同观点和预期反应构建多声背景的语言资源纳入了介入系统的范畴"(Martin & White,2005:97)。级差系统与评价意义的等级性有关,态度范畴和介入范畴的评价意义都具有等级性。级差范畴的评价意义说明了态度和介入的程度,而态度和介入是体现级差评价意义的两大领域。

态度系统、介入系统和级差系统又分别形成各自的子系统。其中态度系统分为情感、判断和鉴赏三个子系统。介入系统可以分为单声(或单纯性断言)和多声两个子系统。级差系统跨越整个评价系统,分为两个子系统:语势和聚焦。评价系统如图 2.2(Martin & White,2005:38)所示。

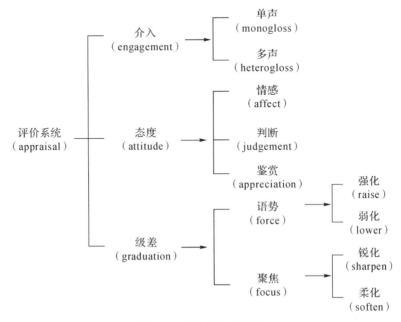

图 2.2 评价系统(理论)

2.2.2.1 态度系统的评价范畴

评价理论中,"态度系统是整个评价系统的核心部分"(董丹,2019:18)。态度系统包括三个评价范畴,即情感、判断和鉴赏范畴。情感范畴的评价意义与人们积极或消极的感情有关,如高兴还是难过,自信还是焦虑,感兴趣还是乏味等。判断范畴的评价意义与对人的个性和行为的态度有关,如仰慕还是鄙视,表扬还是谴责等。鉴赏范畴的评价意义与对事物和现象价值的评估有关,如是否美丽、是否有意义等。态度系统的评价意义具有两个特点:从性质上看,对情感的表达、对人的行为的判断以及对事物价值的鉴赏都有正面评价意义和负面评价意义之分;从表现方式上看,态度评价意义有直接表现和隐含表现两种方式。但必须指出的是,这种对于态度意义的性质和表现方式二分法式的描述只是一种理想状态。事实上,在正面意义和负面意义之间,在直接表现与隐含表现之间,都存在一个渐变体(cline),因而也使态度意义的性质具有了等级性与可比性,而其表现方式则要在实际情况中视具体语境而定。

从情感、判断和鉴赏范畴的关系来看,由于情感是人与生俱来的表达资源,因而情感处于态度系统的中心,而判断和鉴赏在一定意义上可以被视为制度化的情感(institutionalized feelings)。判断是对有关行为的建议(proposals about behavior),即对"我们应该怎样做,不应该怎样做"这一命题中的感情的再加工,其中一些建议被正式确定为实施管理的规章和条例。鉴赏是关于事物价值的评估(the value of things),是对"事物是否有价值,价值如何"这一命题中的感情的再加工,其中一些评估结果被正式确定为奖励制度,体现为价格、等级、补助金、奖品等。情感、判断、鉴赏三者的关系如图 2.3(Martin & White,2005:45)所示:

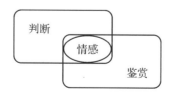

图 2.3　态度系统中三大范畴的关系

对情感、判断和鉴赏范畴进行区分,可以根据评价的源头(source)与对象(target)而定。"情感的源头是有意识的参与者,包括人、人的集体以及组织机构。这些有意识的参与者的行为则是判断的评价对象。鉴赏的评价对象是事物,包括具体的、抽象的、物质的和符号的事物。"(Martin & White,2005:59)如例句:I feel happy that they've come.此句中,happy属于情感范畴的语言评价资源,因为其源头是有意识的人 I。例句:He plays skillfully.此句中,skillfully属于判断范畴的语言评价资源,因为其评价对象是有意识的人的行为 play。例句:It was a skillful innings.此句中,skillful属于鉴赏范畴的语言评价资源,因为其评价对象是抽象的物 innings。下面我们具体分析态度系统中情感、判断和鉴赏范畴的语言评价资源。

在区分情感类型时,马丁和怀特(Martin & White,2005:46-52)首先将"情绪者(emoter)"和"激发物(trigger)"进行了区分,认为"情绪者"即"经历情绪变化的有意识的参与者","激发物"则为"触发情绪的现象"。基于此,他们认为区分情感类型可以考虑以下六大因素:

其一,一般情况下这种情感在某种文化中是正面的还是负面的。

其二,这种情感在具体实现时是否伴有语言之外的表现(paralinguistic or extralinguistic manifestation),还是只是一种内在的心理过程;从语法上来说,就是实现为行为过程,还是心理过程或关系过程。

其三,这种情感是针对性地指向某特定情感"激发物",还是一般性的情感,无任何针对性。

其四,情感的强烈度如何——是最高强烈度,还是最低强烈度,或是处于中间的某种程度。

其五,这种情感是否与主观意图有关,或只是一种应激反应。或者说,激发物是真实的,还是非真实的。

其六,从情感内容来看,可以分为三种范畴:高兴/不高兴、安全/不安全、满意/不满意。"高兴/不高兴"与心境有关(affairs of the heart),

如难过、憎恶、高兴、热爱等;"安全/不安全"与社会幸福感有关,如焦虑、恐惧、自信、信任等;"满意/不满意"与实现目标有关,如无聊、厌烦、好奇、尊重等。

马丁和怀特(Martin & White,2005:49-51)对高兴/不高兴、安全/不安全和满意/不满意这三种情感范畴进行了阐释。他们认为,高兴/不高兴范畴的语义范围最为广泛,包括所有快乐和悲伤的情绪,以及将这些情绪指向某激发物而产生的喜欢或不喜欢的感情。该范畴的语言资源如表 2.3 所示,不高兴范畴包括痛苦(misery)和反感(antipathy)等情感,高兴范畴包括快乐(cheer)和喜爱(affection)等情感,其中痛苦和反感属于内在指向的情绪(mood in me),反感和喜爱则是外在指向的感情(directed feeling at you)。安全/不安全范畴涵盖我们对周围环境的平和感和焦虑感。其语言资源如表 2.4 所示,不安全范畴包括紧张不安(disquiet)、惊吓(surprise)等情感。安全范畴包括自信(confident)和信任(trust)等情感。满意/不满意范畴的情感是指,我们无论作为参与者还是旁观者,在所从事的活动中所产生的成就感或挫折感。该范畴的情感与我们在活动中所充当的角色有关,如果我们在活动中的角色是受挫的参与者,我们感到生气;如果是旁观者,我们觉得厌烦;我们对自己的成就感到欣慰,对别人的成就感到着迷。该范畴的语言资源如表 2.5 所示,不满意范畴包括厌倦(ennui)和不悦(displeasure)等情感,满意范畴包括感兴趣(interest)和欣慰(pleasure)等情感。马丁和怀特指出,以下"表格中的举例绝不是详尽无遗的,而是为了说明情感所涉及的意义范围",而且,"表格中选取的不同语言资源与情感在程度上的分级性有关"。

表 2.3　高兴/不高兴范畴的语言资源举例

高兴/不高兴		行为	性情
不高兴	痛苦（内在指向的情绪）	whimper	down [low]
		cry	sad [median]
		wail	miserable [high]
	反感（外在指向的感情）	rubbish	dislike
		abuse	hate
		revile	abhor
高兴	快乐	chuckle	cheerful
		laugh	buoyant
		rejoice	jubilant
	喜爱	shake hands	be fond of
		hug	love
		embrace	adore

表 2.4　安全/不安全范畴的语言资源举例

安全/不安全		行为	性情
不安全	紧张不安	restless	uneasy
		twitching	anxious
		shaking	freaked out
	惊吓	start	startled
		cry out	jolted
		faint	staggered
安全	自信	declare	together
		assert	confident
		proclaim	assured
	信任	delegate	comfortable with
		commit	confident in / about
		entrust	trusting

表 2.5 满意/不满意范畴的语言资源举例

满意/不满意		行为	性情
不满意	厌倦	fidget	flat
		yawn	stale
		tune out	jaded
	不悦	caution	cross, bored with
		scold	angry, sick of
		castigate	furious, fed up with
满意	感兴趣	attentive	involved
		busy	absorbed
		industrious	engrossed
	欣慰	pat on the back	satisfied, impressed
		compliment	pleased, charmed
		reward	chuffed, thrilled

判断即根据各种规范性原则对人的个性和行为进行评价的语言资源。判断分成两大范畴:社会评判(social esteem)和社会约束(social sanction)。社会评判是从规范(normality)、才干(capacity)和韧性(tenacity)三个方面对人的个性及行为做出判断。具体而言,规范是判断一个人的个性和行为是否符合常规(how special),才干是判断一个人是否有才能(how capable),而韧性则是判断一个人是否坚强、可靠(how dependable)(Martin & White,2005:52)。根据马丁和怀特(Martin & White,2005:53)对社会评判语言资源的举例(如表 2.6 所示),规范范畴的语言资源包括对人的个性和行为是否幸运、正常、稳定、时尚和著名等方面的判断。才干范畴的语言资源包括对人的个性和行为是否有活力、健康、成熟、聪明、理智、有学问、有能力和成功等方面的判断。韧性范畴的语言资源包括对人的个性和行为是否勇敢、谨慎、坚毅、可靠、忠实和灵活等方面的判断。这些判断往往只存在于口头语言中,没有书面条文可依,而能否对这些判断达成共识对于形成

家庭、朋友、同事等社会关系网络至关重要。

社会约束是从诚实(veracity)和妥当(propriety)两个方面对人的个性及行为做出判断。诚实是判断一个人是否坦诚(how honest),妥当则是对人的道德水平的判断(how far beyond reproach)。根据马丁和怀特(Martin & White,2005:53)对社会约束语言资源的举例(如表2.7所示)中,诚实范畴的语言资源包括对人的个性和行为是否诚实、直率、得体等方面的判断。妥当范畴的语言资源包括对人的个性和行为是否有道德、公正、善良、谦逊、礼貌和无私等方面的判断。这些判断往往有已成型的法律条款、规章制度等书面条文可依,对于不遵守这些书面条文者会给予惩罚,而对这些书面条文的共识是文明社会的基础(Martin & White,2005:ix)。可见,判断系统的社会评判和社会约束范畴中的评价语义具有不同的形成过程,因而其产生的影响也不同。

当然,社会评判和社会约束范畴中"所列的语言资源并未穷尽,亦非按照评价意义的等级性顺序排列,只是对正面评价资源和负面评价资源进行了区分"。此外,语言的评价意义并不是固定不变的,"通常情况是,当涉及语言在语境中的使用时,该语言会根据具体语境而改变其态度意义"(Martin & White,2005:52-53)。

表 2.6 判断:社会评判范畴的语言资源举例

社会评判		正面资源	负面资源
规范 (是否符合 常规?)	幸运	lucky, fortunate, charmed	unlucky, hapless, star-crossed
	正常	normal, natural, familiar	odd, peculiar, eccentric
	稳定	cool, stable, predictable	erratic, unpredictable
	时尚	in, fashionable, avant garde	dated, daggy, retrograde
	著名	celebrated, unsung	obscure, also-ran
才干 (是否能干?)	活力	powerful, vigorous, robust	mild, weak, whimpy
	健康	sound, healthy, fit	unsound, sick, crippled
	成熟	adult, mature, experienced	immature, childish, helpless

续表

社会评判		正面资源	负面资源
才干 （是否能干？）	聪明	witty, humorous, droll	dull, dreary, grave
	理智	balanced, together, sane, sensible, expert, shrewd	flaky, neurotic, insane, naïve, inexpert, foolish
	学问	literate, educated, learned	illiterate, uneducated, ignorant
	能力	competent, accomplished	incompetent, unaccomplished
韧性 （是否坚强、 可靠？）	勇敢	plucky, brave, heroic	timid, cowardly, gutless
	谨慎	cautious, wary, patient, careful	rash, impatient, impetuous, hasty, capricious, reckless
	坚毅	thorough, meticulous, tireless, persevering, resolute	weak, distracted, despondent
	可靠	reliable, dependable	unreliable, undependable
	忠实	faithful, loyal, constant	unfaithful, disloyal, inconstant
	灵活	flexible, adaptable, accommodating	stubborn, obstinate, wilful

表 2.7　判断：社会约束范畴的语言资源举例

社会约束		正面资源	负面资源
诚实 （是否坦诚？）	诚实	truthful, honest, credible	dishonest, deceitful, lying
	直率	frank, candid, direct	deceptive, manipulative, devious
	得体	discrete, tactful	blunt, blabbermouth
妥当 （行为是否 无可非议？）	道德	good, moral, ethical	bad, immoral, evil
	公正	law abiding, fair, just	corrupt, unfair, unjust
	善良	sensitive, kind, caring	insensitive, mean, cruel
	谦逊	unassuming, modest, humble	vain, snobby, arrogant
	礼貌	polite, respectful, reverent	rude, discourteous, irreverent
	无私	altruistic, generous, charitable	selfish, greedy, avaricious

　　鉴赏范畴与我们对事物或现象是否有价值的评估有关，分为反应（reaction）、构成（composition）和估值（valuation）三大子范畴（Martin

& White，2005:56)。根据马丁和怀特(Martin & White，2005:56)
对鉴赏范畴语言资源的举例(如表 2.8 所示),反应子范畴的语言资源
包括吸引力与合意性两个次范畴。吸引力范畴涉及人们对事物或现
象是否具有影响(impact)的评价,对应的是"它吸引我了吗"(did it
grab me?)的问题。合意性次范畴涉及人们对事物或现象质量
(quality)的评价,对应的是"我喜欢它吗"(did I like it?)的问题。构成
子范畴的语言资源包括平衡性和复杂性两个次范畴。平衡性次范畴
涉及人们对事物或现象在结构上的平衡性(balance)的评价,对应的是
"各部分是否匹配和衔接"(did it hang together?)的问题。复杂性次范
畴涉及人们对事物或现象复杂程度(complexity)的评价,对应的是事
物或现象"是否难以理解"(was it hard to follow?)的问题。估值子范
畴的语言评价资源是对事物或现象在深刻性、原创性、及时性、独特性、
真实性、重要性和有效性等方面价值的评价,对应的是"这值得吗"
(was it worthwhile?)的问题。"从语法的角度看,反应、构成和估值对
应于心理过程的三个分类:反应对应于感情(affection),构成对应于感
知(perception),估值对应于认知(cognition)。从元功能的角度看,反
应是人际意义取向的,构成是篇章意义取向的,估值则是概念意义取
向的。"(Martin & White，2005:56)

表 2.8　鉴赏范畴的语言资源举例

鉴赏		正面资源	负面资源
反应	吸引力	arresting, captivating, engaging	dull, boring, tedious
		fascinating, exciting, moving	dry, ascetic, uninviting
		lively, dramatic, intense	flat, predictable, monotonous
		remarkable, notable, sensational	unremarkable, pedestrian
	合意性	okay, fine, good	bad, yuk, nasty
		lovely, beautiful, splendid	plain, ugly, grotesque
		appealing, enchanting, welcome	repulsive, revolting, off-putting

续表

鉴赏		正面资源	负面资源
构成	平衡性	balanced, harmonious, unified, symmetrical, proportioned	unbalanced, discordant, irregular, uneven, flawed
		consistent, considered, logical	contradictory, disorganized
		shapely, curvaceous, willowy	shapeless, amorphous, distorted
	复杂性	simple, pure, elegant	ornate, extravagant, byzantine
		lucid, clear, precise	arcane, unclear, woolly
估值	深刻性	penetrating, profound, deep	shallow, reductive, insignificant
	原创性	innovative, original, creative	derivative, conventional, prosaic
	及时性	timely, long awaited, landmark	dated, overdue, untimely
	独特性	inimitable, exceptional, unique	dime-a-dozen, everyday, common
	真实性	authentic, real, genuine	fake, bogus, glitzy
	重要性	valuable, priceless, worthwhile	worthless, shoddy, pricey
	有效性	appropriate, helpful, effective	ineffective, useless, write-off

2.2.2.2 介入系统的评价范畴

评价理论在系统功能语言学理论基础上,对语言的对话性做了进一步探索。评价理论深受巴赫金对话理论的影响,认为说话者/写作者一方面会以某种方式受到先前话语/文字的影响,另一方面,他们又要对真实的、潜在的或想象中的读者/听众的反应进行预测。因此,评价理论认为,所有的语言交流,无论是书面交流还是口头交流,都具有对话的性质,而评价理论的介入系统正是对语言对话性的理论发展。介入系统是指将文本或话语构建为多声场合的语言资源,这一多声场合包括先前话语、不同观点以及预期反应(Martin & White,2005:97)。介入系统由单声和多声两部分构成,多声又可分为收缩(dialogic contraction)和扩展(dialogic expansion)。介入系统如图 2.4(Martin & White,2005:134)所示:

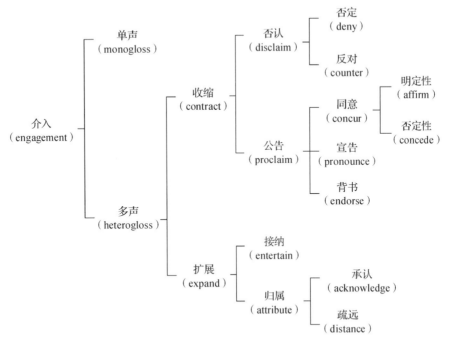

图 2.4　介入系统

　　单声，亦称单纯性断言，通常被认为具有中立性、客观性甚至事实性等特点。但马丁和怀特认为，这种看法只从真值条件的角度来考虑问题，而忽视了话语的对话性。根据巴赫金对话理论，所有话语都具有对话性。因而单纯性断言也是有立场和观点的，并在先前话语、不同观点等构建的多声场合中进行对话。其与多声话语的不同之处在于，单纯性断言没有公开引征其他声音或承认其他立场的存在。

　　单纯性断言可以分为两类：一类是将命题作为一种理所当然的观点提出来。如在 His generosity makes him very popular among his friends 这一命题中，信息点 his generosity 被放在了这一命题的前提预设（presupposition）部分，表示说话者/作者认为这是不具有争议、不需要讨论的观点，是一种既定（given）观点。同时，他还认为其潜在听者/读者与他共享这一价值立场，对该观点能全盘接受，毫无疑义，因而 his generosity 这一评价意义就属于单声介入资源。另一类单纯性断言则是将命题作为一种目前尚有争议或有待讨论的观点而提出。This is an interesting book. 在这一命题中,说话者/作者对这本书的评价 interesting 被置于话语中需要讨论的中心焦点上。一般情况下,说话者/作者会对这一评价观点进行进一步论证和补充(Martin & White, 2005:99-101)。

与单声话语相反,多声则是明确表示可能存在不同观点和意见的语言资源。多声可以分为两个子类:对话性收缩和对话性扩展。两者的区别在于开启或关闭对话性的程度,也就是说,通过一个或多个多声性语言资源,是使该话语积极为对话中的其他立场和声音留有余地,还是使该话语挑战和抵制对话中的其他立场和声音或对其范围进行限制。前者被称为对话性扩展多声资源,后者为对话性收缩多声资源。

对话性收缩表现为关闭与其他立场或声音的对话空间,可分为两类:否认(disclaim)和公告(proclaim)。否认是指一些对话性立场和声音被直接拒绝、取代或被认为"不合适"。否认包括两个子类:否定(deny/negation)和反对(counter)。否定就是对某一观点或立场的拒绝、抵制或排斥。He is not a good husband. 该命题表示说话者/作者拒绝接受 he is a good husband 的观点。反对意味着用当前命题去取代、替换从而"反对"一个本应在其相应位置上出现的命题。Even though he is still very young, he knows a lot. 在这一命题中,he is still very young 对应的观点应该是 he does not know much,但被 he knows a lot 这一相反的观点取代了,因而 even though 在该话语中就是表示反对的语言资源。典型的表示反对的语言资源有 even though, although, however, yet, but 等衔接词和连词,surprisingly 等评论副词以及 even, only, just, still 等连接副词。这些语言资源在意义上都映射了"反预期"(counter-expectational)的语义。

公告不是直接拒绝或推翻相反的立场,而是在对话性话语中对不同立场和观点的范围进行限制。公告包括三个子类:同意(concur)、宣告(pronounce)和背书(endorse)。同意表明说话人公开宣布同意某个对话伙伴的意见或拥有与对话伙伴相同的知识储备。同意的典型语言资源有 of course, naturally, not surprisingly, admittedly, certainly。Naturally, you want to discuss this with your family before you make the decision. 在这一命题中,naturally 公开表明说话人同意对话伙伴的意见,"在你做决定之前你想要和家人商量一下"。此外,同意还可以通过修辞性问句得以实现,如 Don't you want to be as useful as your brothers? 说话人认为答案很明显,对话伙伴的潜在回答必定是 Of course, I want to be as useful as my brothers。因而修辞性问句以问句的形式,表达了比陈述句更强的语气。总之,无论是 of course, naturally 等词或短语,还是修辞性问句这种特殊的句式,这些表达同意的典型语言资源都内涵了对话性,体现了说话者/写作者与受众之间的对话。同时,这些语言资源又体现了收缩性,因为它们代表了在当前交际环境中普遍存在的,或者至少是非常广泛的共同价值或信仰,而任何与这种共同价值或信仰不同的声音都被排除在对话之外。因此,同意的语言资源为话语或文本构建了一个场合,这个场合是多声性的,因为它包含了多种声音的对话,但同时又是收缩性的,因为异己的声音和立场被排除在对话之外。

所谓背书,是指说话者把某种外部观点理解为正确的、有效的和不可否认的,或说话者在最大限度上对外部观点进行保证。背书的对话性是不言而喻的,在说话者参考并赞同先前话语或外部观点时,说话者就与前人建立了一致性的对话关系。背书将命题与个人的主观观点,特别是说话人的主观观点相联系,而个人的主观观点总是与他人的主观观点相异并形成紧张关系,因而背书的作用在于为该命题构建一个具有潜在的不同观点的多声场合。然而,与此同时,背书还通过说话人/写作者对该命题的判断,认为该命题最具有合理性,从而将任何不同观点从对话中排除在外。因此,背书具有对话性收缩的性质,并且由于这种收缩性,背书明确地将读者与文本在这一点上所体现的价值立场保持一致。背书常常通过表达外部观点的言语过程来实现,典型的动词有 show, prove, demonstrate, find, point out 等。

当说话人强调、明显地干预或改变某些观点时,这种公告便称为宣告。宣告的典型语言资源如 I contend…, the facts of the matter are that…, the truth of the matter is that…, we can only conclude that…, you must agree that… 等。此外,还包括表示强调意义的词如 really,indeed 等,以及句型中的特殊强调部分,如:He is the criminal. 这些语言是对话性的,因为它们承认当前交际环境中不同观点的存在;同时又是收缩性的,因为它们挑战、对抗或抵制了具有对话性质的不同观点(Martin & White,2005:102-111)。

对话性扩展表现为开启与其他立场的对话空间,又可分为接纳(entertain)和归属(attribute)两个子系统。作者声音通过接纳子系统的语言资源来表明,作者的立场只是可能的立场之一,从而或多或少为其他可能的声音和立场提供了对话空间。也就是说,作者声音接纳这些具有对话性的不同声音和立场。接纳意义的语言实现方式较为丰富,一般由表达情态的语言资源来实现,主要包括传统上称为“认知型情态”(epidemic modality)和“证据型情态”(evidential modality)两种类型。“认知型情态”主要包括情态助动词,如 may, might, could, must 等;情态状语,如 perhaps, probably, definitely 等;以及其他体现认知的情态表达,如 it's possible that…, it's likely that…, in my view, I suspect that…, I think, I believe, I'm convinced that…, I doubt 等。例如:Perhaps the most important lesson you should learn is that you should be confident to deal with everything in your life. 该句中,perhaps 表明该命题的信息准确性并不是说话人的意图所在,他只是提供了一种个人的、主观的立场,同时也接纳不同声音和立场来构建多声性对话。接纳的语言实现方式除“认知型情态”外,还有“证据型情态”。“证据型情态”的表达方式有 it seems, it appears, apparently, the research suggests… 之类。例如:It seemed that she was wrong. 该句中，It seemed 表示说话人立场只是作为一种可能性而提出，从而为其他不同声音和立场打开了对话空间。由于接纳承认不同意见的存在，因而作者与持不同意见者之间具有达成一致关系的可能性，至少是把他们作为潜在的意见参与者包括进了对话场合。

对话性扩展的多声系统中，除接纳外还有归属子系统。归属是指能够将命题归因于某些外部来源，从而使该命题与文本的内部作者声音得以分离的介入类型。归属最典型的语言表现形式是直接引语和间接引语。因此，常见的语言实现资源包括交际过程动词（如 say）和心理过程动词（如 believe，suspect 等），还包括这些过程动词的名词化形式（如 assertion，belief 等）以及状语附加语（如 according to，in X's view 等）。此外，没有源头的"道听途说（hearsay）"话语亦属于归属的语言资源。如：He is reportedly not intending to attend the meeting. 归属又可细分两个子类：承认（acknowledge）和疏远（distance）。承认没有公开表明作者对于命题的立场，是一种中性的介入，主要通过say，report，state，declare，announce，believe，think 等报道性动词来实现。如：A government spokesman announced that they were going to end the war very soon. 承认显然具有对话性，承认将命题与文本外的声音或立场联系起来，表现为作者声音与文本外声音或立场的互动。通过这种方式，承认构建了一种交际式多声场合。疏远则明确地表明作者与所引命题保持了距离，最典型的实现方式是报道性动词claim。如：Thomas claimed that he was at home when the murder happened. 尽管承认和疏远都可通过报道性动词来实现，其主要区别在于，承认没有清楚表明作者对所引命题的态度或立场，因而作者声音表现为一种中立性。而疏远则表现为作者通过使用报道性动词 claim，将自己与所引命题截然分开，作者不对该命题中的立场和观点负责。

接纳和归属属于对话性扩展多声系统中的两大子系统，尽管两者的语言实现资源有部分重合，如两者都可通过心理过程动词（如believe，suspect 等）和状语短语（如 in X's view）来实现，但其差异亦是显见的：接纳表达的是说话者或写作者的内部声音，如 I believe，in my view 等，而归属表达的是命题的外部声音，如 many Canadians believe，in his view 等(Martin & White，2005：111-129)。

2.2.2.3 级差系统的评价范畴

所有态度意义都具有的一个显著特征在于其级差性，即级差性是情感、判断和鉴赏意义的一般属性，其体现了态度意义积极性或消极性的程度(如表 2.9 所示)。级差性通常也是介入系统的一个重要特征，其体现为说话人或写作者对话语的介入程度(如表 2.10 所示)(Martin & White，2005：136)。因此可以说，级差意义是整个评价系统的核心，态度和介入是级差意义体现的领域。级差系统根据其衡量的意义所具有的不同性质而进行不同类型的分级。通常来说，级差系统在两个可量测的轴线上运作，即根据强度或数量进行分级以及根据典型性和确切性进行分级。前者称为"语势"，后者称为"聚焦"。

表 2.9 态度意义的级差性

	弱化 ——————————————————————→ 强化			
判断	competent player	good player		brilliant player
	reasonably good player	quite good player	very good player	extremely good player
情感	contentedly	happily	joyously	ecstatically
	slightly upset	somewhat upset	very upset	extremely upset
鉴赏	a bit untidy	somewhat untidy	very untidy	completely untidy
	attractive	beautiful		exquisite

表 2.10　介入意义的级差性

	弱化 ←—————————————————→ 强化		
接纳	I suspect she betrayed us	I believe she betrayed us	I am convinced she betrayed us
	possibly she betrayed us	probably she betrayed us	definitely she betrayed us
	she just possibly betrayed us	she possibly betrayed us	she very possibly betrayed us
归属	She suggested that I had cheated	She stated that I had cheated	She insisted that I had cheated
宣告	I'd say he's the man for the job	I contend he's the man for the job	I insist that he's the man for the job
同意	admittedly he's technically proficient (but he doesn't play with feeling)		certainly he's technically proficient (but ...)
否认	I didn't hurt him		I never hurt him

　　语势是根据强度或数量进行的分级。对强度的分级称为"强化",强化主要涉及质量(quality)与过程(process)。涉及质量方面的语言资源如:slightly different, extremely different; I am somewhat suspicious of his intention. I am very suspicious of his intention. 涉及过程方面的语言资源如:The event slightly influenced them. The event greatly influenced them. 强化主要有三种实现方式(Martin & White,2005:141-148):(1)孤立型(isolation)。孤立型是指通过孤立的、单个的语言表达,或主要通过该语言表达,而不依靠其他词语来实现的强化。如:The news surprised him a bit. (2)注入型(infusion)。注入型是指通过使用意义相关,但表示不同强度的一系列词语中的一个词语来实现的强化。其强化程度取决于该词语在这一系列词语中的位置。如 homely, good-looking, pretty, beautiful。(3)重复型(repetition)。重复型是指通过同一词语的重复,或者通过数个语义相近词语的集合来实现的强化。如:She cried, cried and cried. In fact, it was the most immature, irresponsible, disgraceful and misleading address ever given by a British Minister.

对数量的分级称为"量化",量化既指对数量的大概评估(如 a few kilometers, many kilometers),也指对大小、重量、分布或在距离或时间上的接近程度等的大概评估(如 small amount、large amount、a nearby town、a distant town)。量化主要应用于实体(entity),包括具体实体(如 a big house、many houses、a nearby house)和抽象实体(如 a big problem、many problems)。量化的实现方式有孤立型和注入型,其中以孤立型为主,通过单个的孤立词语如 many, large, heavy, near, recent, long-lasting 等对实体进行修饰,从而实现量化的作用。

聚焦是根据典型性进行的分级,即根据现象与某一语义范畴既定的核心或典型特征的匹配程度进行分级。根据典型性程度,聚焦可以分为锐化(sharpening)与柔化(softening)。锐化通过 true, real, genuine 等语言资源得以实现,表明该现象具有强烈的典型性特征。如:He is a true man. 表明"他"具有非常典型的"man"的语义特征。柔化通过诸如 kind of, of sorts, effectively, bordering on 以及后缀-ish 等语言资源得以实现,表明该现象被评价为位于该语义类别的外部边缘,其典型性程度低。如:He is kind of mean to others. 该句中,kind of 表明"他"具有"mean"的特征,但其典型性程度不高(Martin & White, 2005:137)。

2.2.3 评价理论应用的研究

语言学界对话语中评价现象的关注始于 20 世纪六七十年代(Labov & Waletzky, 1967;Labov, 1972)。尽管这些研究所使用的术语不尽相同,但都从不同角度考察了评价现象。而马丁等人从话语语义学视角把评价资源范畴化为"评价系统",于 20 世纪 90 年代创立并发展了评价理论(Martin, 1992; Martin, 2000),马丁和罗斯(Martin & Rose,2003)在评价理论框架下研究了语篇的互动本质。马丁和怀特(Martin & White,2005)关注语言评价系统,对评价理论及其分支做了详细阐释,从而使评价理论研究更加规范化和系统化。作为韩礼德系统功能语言学的新发展,评价理论源于系统功能语言学人际功能的研究,试图从话语"语义"的范畴对人际意义研究进行扩充,把实现"评价意义"的语言手段进行了宏大而精细的系统化分类。随着评价理论的发展,关于系统功能语言学的人际意义出现了研究的新潮,多年来有不少国内外学者对其进行了深入的探讨和研究。

2.2.3.1 评价理论应用的国外研究

评价理论作为对系统功能语言学理论的发展,国外研究最初主要运用评价理论进行不同文体语篇的话语分析,主要包括新闻语篇、学术语篇、历史话语、非正式会话、政治语篇、法律话语等。在新闻语篇研究中,伊德玛和怀特(Iedema & White,1994)对新闻语篇的不同语态进行了分析,并将其划分为"报道语态"和"作者语态"两种范畴进行区分,探究不同语态范畴的客观性和主观性特征及其评价意义。怀特(White,1998)在评价理论框架下,系统地研究了新闻报道文本的修辞效果和人际模式。研究发现,新闻报道文本独特的修辞特征在很大程度上是由新闻报道语言对态度、介入和级差价值的特殊取向决定的。怀特(White,2000,2001)通过分析不同类型的新闻报道语篇,对态度、评价和主体间立场的语义做了进一步的分析。贝德纳雷克(Bednarek,2006)通过自建报纸文本语料库,研究了记者在新闻话语中对所报道的事件和人物表达自己观点的方式。此外,他将主流报纸与非主流报纸进行比较,探索这两类报纸在表达观点的方式上存在的异同。在学术语篇研究中,胡兹(Hoods,2004)通过对学术论文导论部分的研究,探索了学术论文中评价观点的构建,以及提高大学生论文客观性和可论证性的途径。刘兴华和麦凯布(Liu & McCabe,2018)运用语料库的研究方法,对中国大学生的中文写作、英国学生的英语写作、中国英语专业学生(即英语为第二语言的中国学生)的中文写作和英语写作这四种语篇中的态度评价资源进行了对比研究。在历史话语研究中,科芬(Coffin,1997,2002)认为,马丁的评价系统是协商情感、判断和评价的语义资源,而文本的"声音"则是对评价系统中不同参数选择的独特配置。通过研究不同历史话语中所呈现的不同"声音",她认为这些"声音"是历史话语中一种重要的修辞策略,参与历史话语的建构与赋值。科芬(Coffin,2006)分析了表示时间、原因和评价的语言在中学生的必读文本以及中学生写作中的重要性。通过对历史文本的详细研究,她认为历史写作具有专门的语言,表现为不同的体裁、词语和语法结构,因而语言是历史写作中建构意义的有力工具。在非正式会话语篇分析中,埃金斯和斯莱德(Eggins & Slade,1997)研究了该类型语篇的四种语言学模式,即通过研究会话者使用的小句结构来探索语法模式,通过研究会话中的态度意义和交际意义以探索语义模式,通过分析会话的语篇功能以探求语篇模式,通过研究会话者为达到交际目的而采用的语篇风格来探索文体模式。在政治语篇研究中,博洛里(Bolouri,2008)运用评价理论对政治文本中的批评话语进行了研究。他通过收集网络媒体上英国前首相托尼·布莱尔的话语,对其文本数据进行分析,揭示了布莱尔的重要话语策略:通过特定修辞技巧的使用,布莱尔旨在向听众构建彬彬有礼、积极正面、博学多才的自我形象。在法律话语研究中,科尔纳(Korner,2000)对法庭话语进行了研究。他运用介入和级差系统,分析了法庭话语中多声的对话性以及介入程度,从而研究了法庭判决中对话的形成机制。评价理论除广泛应用于非文学语篇外,亦有学者将其应用于文学语篇研究中。玛尼(Mani,2008)运用评价理论对印度诗人奈度(Sarojini Naidu)的诗歌进行了研究,主要分析了诗歌文本中所体现的态度资源及其评价意义。

此外,有学者从语言学不同分支探索英语中的词语和语法结构在各类语篇中的评价意义。汉斯顿和汤普森(Hunston & Thompson,2000)主编的论文集《文本中的评价、作者立场与话语建构》(*Evaluation in Text, Authorial Stance and the Construction of*

Discourse)收录了九篇学术论文,分别从语义学、语用学、语法学和语篇学等不同角度对"评价"这一新兴研究领域进行了探索,从词汇、语法和篇章的角度研究了英语中表达观点和立场的方法,其中包括对负载评价意义的词汇和语法结构进行的语料库研究、叙述语言中的评价研究、劝说性修辞中的隐性立场研究、评价理论的系统功能模型研究以及劝说性文本的分层话语模型。汉斯顿(Hunston,2011)以语料库语言学为方法,探讨其在评价性语言研究中的作用,并基于词项中心语言观,重点研究了短语与语法形式(phraseology)的评价意义。

亦有学者将评价理论应用于翻译研究。阿巴蒙特和卡瓦利耶(Abbamonte & Cavaliere,2006)对联合国儿童基金组织 2004 年发表的题为《世界儿童状况》一文的意大利译文中的态度评价资源进行了分析。研究表明,译者通过阐释、抽象、归纳与省略等策略使译文中的情感态度弱化,从而将原文中"坚定决心且充满热情"(committed and passionate)的态度转化成译文中的"拘谨和中立"(formal and neutral)的态度。芒迪(Munday,2012)运用评价理论,探讨了译者价值体系与主体性评价的关系,为"译者主体性"研究提供了一个全新的视角。他指出,任何译文都是译者决策的结果,体现着译者的评价,即译者的主体性立场。评价理论能够为辨析这种体现价值操纵和评价潜势的"译者声音"提供理论框架。

2.2.3.2　评价理论应用的国内研究

国内对于语言评价意义的关注开始于 21 世纪初,以张德禄(1998)、王振华(2001)和李战子(2001)为代表。之后国内语言学家对评价理论以及评价系统的各个方面都进行了有益的理论探索与应用研究。

国内学者从评价理论引进之初就一直对其进行着有益的理论探索。王振华(2001)详细介绍了评价系统产生的缘由、背景、理论框架及其运作。杨信彰(2003)研究了语篇中评价性的语言手段,指出评价意义的识别不应局限在词汇层上,还应在语法层上进行,同时还需要从整个语篇的角度来审视各种评价性手段的系统性。张德禄、刘世铸（2006）通过比较韩礼德的系统功能语言学和马丁的评价理论，指明了两者在研究目标和范围上的区别。后来进一步修正了评价理论的现有框架，以期探讨构建评价语法的可能性。胡壮麟（2009）对评价的定义、范围和分类，评价的体现方式以及指导评价的有关理论进行了探讨。朱永生（2009）从概念意义的角度出发，论述了评价的功能及其隐性表现方式。刘世铸（2009）基于语料库视角下评判结构模式和语义构型研究提出将评价系统的态度系统重新划分为情感和评判两个子系统。何中清（2011）就评价理论中的"级差"范畴从其发展与理论来源方面展开了论述。张德禄（2019）研究了评价理论介入系统中的语法模式。

评价理论在国内的应用研究主要体现在语篇分析领域，其中以非文学语篇研究最为丰富，主要包括新闻语篇、广告语篇、法律语篇、演讲语篇、书评语篇等。新闻语篇研究中，如王振华（2004a）对英汉"硬新闻"语料做了"态度系统"的分析，发现英汉"硬新闻"的语言裁决手段多于情感和鉴赏。李君、张德禄（2010）以评价理论的介入子系统为分析框架，通过对 CCTV—9《对话》节目访谈语篇的分析，探索电视新闻访谈的显著介入特征。广告语篇研究中，如蔡虹（2005）以自建语料库中的广告语篇为材料，调查了评价性语用指示词作为介入手段在语篇中的使用情况。管彬尧、杨玉晨（2011）对比英汉招聘广告中评价资源的分布状况、评价资源次范畴的表现形式以及英汉招聘广告背后的多元文化等，从而证实了评价理论对语言与文化的关系具有一定的解释力与操作力。法律语篇研究中，如袁传有、胡锦芬（2012）应用评价理论分析了法律案件的公诉词，考察了公诉词语类中评价资源的分布规律，探讨了公诉人如何利用评价资源实现惩治犯罪的目的。王振华、李佳音（2021）结合心理学对情感的研究，从情感态度出发，依据评价理论的心理现实性，提出了言语行为—情感—身体行为互动模型。演讲语篇研究中，如黄芳（2019）基于评价理论，对英文死亡主题演讲的英文评论和中文评论进行对比分析,考察中英文网络评论在谈论死亡、临终决定、不同离世方式等死亡相关概念时的态度资源分布与使用存在的异同点,并分析其异同与中西社会文化语境之间的联系。李淑晶和刘承宇(2020)从生态语言学视角对评价系统进行诠释,将其整合为包含态度和对话空间两个子系统的分析模型,并以美国总统特朗普宣布退出《巴黎气候协定》的演讲为例,验证其可操作性。书评语篇研究中,如陈令君(2012)自建以英语书评为语料的语料库,通过手工标注来研究学术书评的评价参数系统。研究结果表明,英语学术书评中的评价表达在语义范畴上可概括为五个参数:情感性、可靠性、预期性、可能性/必要性和风格。布占廷(2013)基于评价理论对国内的语言学书评类标题的特点进行考察。研究发现,书评指示语的措辞呈现多样性,但在此语境中都具有一定的评价意义。此外,部分书评标题中含有引子,其功能是为书评建立理据。

此外,国内学者除了将评价理论应用于非文学语篇研究外,在文学语篇的研究中对评价理论亦有所涉及,主要体现在小说文本的研究上。王振华(2004b)在物质过程及其成分的评价价值的框架中,研究了小说中"事件"对人物形象形成的作用。王雅丽、管淑红(2006)以评价理论为基础并结合叙事学理论对海明威小说《在异乡》中的评价资源及其体现进行了分析。单慧芳、丁素萍(2006)将童话故事《丑小鸭》置于评价理论的态度系统和级差系统框架中进行分析和评价,并且指出语篇评价促进了语篇理解,为理解和欣赏文学作品提供了一种新的方法。尚必武(2008)使用了评价理论的核心子系统——态度系统,从词汇层面对小说《灿烂千阳》进行了评价分析,阐释了态度系统的三个子系统在人物命运刻画上所起到的作用。管淑红(2011)采纳叙述学的视角和功能文体学的评价理论探讨了英国著名作家伍尔福德小说《达洛卫夫人》中人物思想表达的评价功能,并指出除了词汇评价外,表达概念意义的心理过程、关系过程和物质过程均为意识流小说的重要评价资源。赵霞、陈丽(2011)用评价系统中的态度系统对《傲慢与偏见》

中 Elizabeth 的话语进行了分析,揭示小说通过人物对话表达态度以及实现人际意义的方式。彭宣维(2013)以《廊桥遗梦》男主人公为判断对象,基于评价理论分析其中的"可靠性"成分对刻画人物魅力的方式。聂尧(2015)参考了评价理论中有关情感要素的研究成果,并辅以手动数据统计分析格雷厄姆·斯威夫特的小说《最后一单酒》(*Last Orders*)和福克纳小说《我弥留之际》(*As I Lay Dying*)两部小说当中的主要人物,揭示了两部作品之间的本质差异。

评价理论应用于翻译研究起步虽较晚,但成果丰富,既表现在研究方法的多维性上,也体现于研究语料类型上的多样性,如商务、新闻、广告等非文学文体与小说、诗歌等文学文体都有所涉及。在非文学翻译研究中,张美芳(2002)探讨了广告翻译中语言的评价意义与译者的价值取向问题,论证了"评价标度的选择反映了不同的文化群体有不同的价值观念"的观点,并解释了译者的评价标度有时偏离原作的潜在因素。钱宏(2007)运用评价理论中的态度理论作为分析研究的工具,对四则国际品牌香水广告的英汉文本进行描述、比较、分析及解释,考察译文的不忠实现象及其背后的成因。陈明瑶(2007)分析了新闻语篇中的三大类态度资源:明示资源、级差导致的资源和韵律般互动资源,并就各种资源提出了不同的翻译手段。徐珺(2011)以社论语篇为案例,探讨将评价理论用于商务翻译实践的有效性和可行性。在文学翻译中,于建平、岂丽涛(2007)分析了《红楼梦》《好了歌》中的评价意义及其在八种英译本中的实现。苏奕华(2008)通过对小说《祝福》的不同译文的态度分析,探讨了翻译中的意义对等与态度差异。夏云、李德凤(2009)探讨了小说《飘》的两个英译本中人物形象的不同传递效果。余继英(2010)通过对《阿Q正传》英译本的评价意义分析,认为实现意识形态改写的机制包括隐性态度的显化过程,两可型介入的明确化及语势的加强。刘晓琳(2010)探究了《红楼梦》不同译文的忠实程度及背后原因。陈梅、文军(2013)从评价理论的态度系统角度,对白居易诗歌及其英译在情感、判断、鉴赏三大子系统的评价资源的分布和使用频率进行了研究。周晓梅(2017)对比分析了译者的价值取向在《狼图腾》和《无风之树》英译本中的呈现。于丽基于语料库探究了小说译者评价意义再建构的整体倾向性。此外,还有学者做了将评价理论应用于翻译理论建构的尝试。张先刚(2007a)认为评价理论不仅在词汇层还可在语篇层为翻译中的源语与目的语的分析提供有效的工具。张先刚(2007b)还将评价理论引入翻译中的语篇分析作为态度分析的工具,并且指出介入和级差系统的研究有助于解决源语与目的语之间的语言以及文化差异造成的不可译。刘世铸(2012)以评价理论为框架分析了翻译过程中评价意义的识别和传达,从而构建了评价意义的翻译过程模型。

2.2.4　评价理论及其研究的不足与前景

综观评价理论的产生与发展过程,我们发现众多国内外学者对该理论做出了多维度、多视角的理论及应用性研究,成果颇丰。由最初关注评价理论的构建和完善,到将该理论应用于不同文体的语篇分析,再到从跨学科角度研究语言的评价功能,在这整个过程中评价理论都呈现出较强的张力与解释力,推动了语言学理论与应用研究的发展和进步。

评价理论及其研究亦有其不足之处,主要表现为三方面:其一,从国内外评价理论的应用研究来看,将评价理论应用于各种类型文本的语篇分析的研究成果最多,且大多数研究是将评价理论框架应用于某类文本,探索该类型文本评价意义的语言实现方式。刘世生、刘立华(2010:66)认为,"这种分析严格说来只能是一种语言学意义上的描述(description),并没有达到一种阐释的高度"。因而我们在对语篇中的评价意义进行研究时,不仅只是做描述和归纳的工作,还要结合语境及其背后的文化,对评价意义做出合理的阐释。另外,评价理论的跨学科研究中,尤其是该理论与翻译学相结合的研究,大多从某一子系统角度出发(其中以态度系统的应用研究为盛),对原文本与译文本的评价意义进行比较与阐释,而在整个评价系统的理论框架下对文本进行比较分析的研究较少。进行原文和译文中评价意义异同阐释时,大多研究只关注译者的价值体系和主观性,较少将其与译文读者反应结合起来进行考察验证。其二,就评价理论本体而言,该理论内部各子系统的语言实现方式有时较难准确、清晰地界定和把握,从而在一定程度上使我们在将该理论应用于具体语篇分析时不可避免地带有主观性。"虽然 Martin 指出这种分析的基础是'大多数人的阅读(dominant reading)',但是其主观性的本质没有改变。"(刘世生、刘立华,2010:66)其三,评价理论和其他许多西方语言学理论一样,是基于英语语言体系的研究而发展起来的。语言是文化的重要组成部分,受该国文化的影响,亦是对该国文化的反映。而评价理论中的态度、介入和级差及其各子系统的语言实现方式都与文化有关。因而将评价理论应用于翻译研究,特别是英语和汉语这样源于不同文化、跨越不同语系的两种语言之间的翻译研究时,"意义的跨文化解读也是一个问题"(刘世生、刘立华,2010:66)。因此我们要对承载中国特定文化或体现独特语言特色的汉语文本进行灵活的判断和处理,而不是教条式地、原封不动地照搬评价理论框架。

任何一项理论的建立和发展都不可能无中生有,而是需要详尽、科学的分析和多角度、多方位的论证。评价理论亦不例外。产生于英语语言研究中的评价理论,需要在包括汉语在内的其他语种中得到更多验证,考量其普遍适用度以及根据不同语种进行怎样的调适。而对于中国学者来说,我们学习西方理论,不是为了一味地照搬和适应,而是尽量化西学为中用,致力于西方理论的本土化建设,如此我们才能和西方学界平等对话和交流,实现真正意义的文化互通、文明互鉴。

2.3 本章小结

本章中,笔者从翻译评价主体和翻译评价范畴两方面构建麦家小说的译者评价以及译作读者评价研究的理论框架。

首先,从评价主体来看,本书既包括翻译过程的评价研究,亦包括翻译产品的评价研究。译者作为原作的首要读者,是翻译过程的评价主体,译者评价贯穿整个翻译过程,其结果开启了麦家小说的异域之旅。当麦家小说在英语世界成功出版和发行之后,无论是专业读者在英美各大媒体上公开发表的有关书评,还是英美普通读者在美国亚马逊图书网站上撰写的相关评论,都是对翻译产品的评价。专业读者评价的分析中,笔者主要对麦家小说的英美书评媒介以及专业书评人进行了分析。普通读者评价的分析中,笔者对美国亚马逊网站上有关《解密》英译本的普通读者书评数据进行了统计。专业读者和普通读者对翻译产品的评价反映了麦家小说在异域读者中的接受程度。

其次,本书以马丁和怀特(2005)提出的评价理论为评价范畴,主要目标在于通过分析麦家小说的译者评价以及专业读者和普通读者对译作的评价,探索这三种评价主体在评价理论各子范畴中对麦家小说的评价意义以及在推动麦家小说国际传播中的作用。

第三章　译者评价:以《暗算》为例

　　任何文学作品的创作都离不开社会文化的大环境,同时作者的情感体验、个人经历、价值判断等因素亦会融入其中,因而从某种程度上来说,文学作品体现了作者对现实世界的评价。文学作品要走出国门,走向世界,势必要经过翻译,因此译者的翻译水平和译本的翻译质量自然就成为这个复杂工程的第一道"关口"。在跨语言、跨文化的翻译活动中,译者既是原作的首要读者,又是交际过程中的积极参与者,参与对源语信息解码以及在译语中编码的全过程。这一过程中,译者的作用并不是"一个透明的意义通道"(a transparent conduit of meaning),而是会在信息转码中进行积极的"干预与主体性评价"(intervention and subjective evaluation),译者一方面受委托人、翻译要求、翻译目的、读者期待和译文文本功能等外在因素的指导和制约,另一方面亦受到译语社会文化背景等因素的影响。此外,译者的教育背景、行文风格和文体偏好等个人因素亦在译文中有所体现(Munday,2012:2)。因此,文学作品翻译不是对原文亦步亦趋地照搬,而是融入了译者的价值判断,译者要调动自身对原作语言、文化等方面的所有知识储备,与原作对话,产生共情,对原作进行解码,然后形成兼具译者个人痕迹与译语文化痕迹的译作,译作体现了译者与原文作者之间对现实世界不甚相同的评价。甚至可以说,任何译文都打上了个人与时代的烙印,是译者评价的结果。

　　所谓译者评价,就是译文中"译者的主体性立场以语言形式所表现出来的方式"(Munday,2012:2),而"翻译中最容易受到价值操纵,最富于变化,最具有解释余地与评价潜势,以及最能够体现译者价值观"(Munday，2012：41)的部分是译者评价的"关键之处"。这些"关键之处"可能是原文中的要素，需要译者在译文中进行保留，但更突出地体现在原文中那些需要译者进行阐释，甚至在某些情况下需要译者进行实质性干预的地方，而且译者的阐释和干预有可能改变译本在接受文学语境中的定位(Munday，2012：2)。

　　本章译者评价研究以《暗算》为研究对象，聚焦于译者对《暗算》中人物形象的评价，有三方面原因。首先，麦家小说的核心在于人物塑造，特别是对一群鲜为人知的英雄人物的塑造，成就了"解密小说"这样一种新的文学小说样式。尽管麦家享有"中国谍战小说之王"(王迅，2015a：103)的美誉，但透过谍战的"外衣"我们发现，对人性的理性思考和诗性还原是麦家创作的初衷。正如麦家所说："'特情'是外衣，'智力'是方式，关键是人物，我塑造了新颖别致的中国文学大家族里没有的人物。"(《中华读书报》记者，2014)此外，麦家小说中所塑造人物的职业特征对他作品的类型性建构至关重要。因为这一职业的特殊性，这群人从不为社会所熟悉，中国乃至世界上都不曾有人对他们的事业、情感、生活、人格等进行过书写，他们是"谜一般存在"的"无名英雄"。而且麦家笔下的密码破译者并不只是一个个体，而是一个群像，麦家以一己之力完成了对这个典型环境中的典型人物群像的塑造。就此，在中国的军旅小说、侦探小说、先锋实验小说等小说类型之外，出现了"解密小说"这样一个新的具有类型意义的文学小说样式。该新类型小说满足了世界读者对内容探新猎奇的心理需求，同时亦迎合了他们对精彩故事的阅读期待。

　　其次，在英语世界成功译介的麦家小说中，《暗算》中的英雄人物塑造最为丰富，并赢得了众多赞誉。在《解密》《暗算》和《风声》这三部走出国门的麦家作品中，《解密》和《风声》都是以整本小说的篇幅讲述了一个精彩的故事，而《暗算》则与之不同，《暗算》讲述了互不牵连的三个独立的故事，因而小说中塑造的英雄人物更加丰富和多样。《暗算》中的主要英雄人物包括瞎子阿炳、"有问题的天使"黄依依和"为密码而生,为密码而死"的陈二湖等,尽管这些人物从事着相同的职业,都是破译密码的好手,但其人物形象迥异,性格鲜明。《暗算》中"人物塑造"的内核使这一个个鲜活的英雄人物走进了读者的内心。2008年,麦家凭借该作品获得中国文学最高奖项——第七届茅盾文学奖,其获奖词对《暗算》的人物塑造给予了充分肯定:"《暗算》讲述了具有特殊禀赋的人的命运遭际,书写了个人身处在封闭的黑暗空间里的神奇表现。破译密码的故事传奇曲折,充满悬念和神秘感,与此同时,人的心灵世界亦得到丰富、细致的展现。"[①]可见,《暗算》对一群特殊英雄人物命运和心灵的书写使其在众多作品中脱颖而出,获得了评委的青睐,也确立了其在中国文学史上的地位。但是东西方文化对于英雄人物的认知有共性,也有差异性。因此,在英汉语言的转换和东西方文化的碰撞中,如何跨越语言与文化的鸿沟,对于原文中体现英雄人物形象的评价性语言资源,哪些进行保留,哪些进行阐释和干预,向英语读者传达怎样的英雄人物形象,便成为译者评价的重中之重。

最后,从三部麦家小说翻译活动的紧密联系来看,《暗算》中的译者评价研究与《解密》和《风声》英译本的读者评价研究可以构成有机的整体。本书涉及的三部麦家小说《解密》《暗算》和《风声》,都讲述了以"破译密码"为核心情节的"解密"故事。三部作品的英译本都是由米欧敏和佩恩合作翻译完成,分别于2014年、2015年和2020年在英语世界出版。三部作品翻译的时间间隔较短,尤其是《解密》和《暗算》,《解密》比《暗算》出版时间早一年,但实际上"《暗算》是米欧敏学习中国现当代文学的'引路人'",她率先翻译的麦家小说就是《暗算》中的"有问题的天使"(贾子凡,2018)。麦家小说翻译活动的紧密联系能够保证译者的文学思想和翻译理念在《解密》《暗算》和《风声》的翻译过程中保持一致性和连贯性,从而为本书译者评价与读者评价之间的逻辑性奠定了基础。

---

① http://www.china.com.cn/book/zhuanti/7mdwxj/node_7055562.htm.

3.1 《暗算》英译文中的译者评价

评价系统包括态度、介入和级差三大子系统。本章在评价理论框架下，对《暗算》英译文中的译者评价进行考察，探索译者评价在翻译中的作用、译者评价背后的影响因素以及评价效果等。

3.1.1 态度范畴的译者评价

评价理论中，态度系统包括情感、判断和鉴赏三个评价范畴。

首先，从情感范畴来看，情感是对行为的反应，涉及人们正面或反面的感情，如喜欢/不喜欢、高兴/痛苦、自信/担忧、感兴趣/厌烦等（Martin & White，2005：viii）。情感既是人类共有的感情，具有共通性和普遍性的特征，又会受到社会文化等因素的影响，因而不同地域、民族之间人们的情感具有差异性。翻译是一种跨语言、跨文化的人类活动，译者作为这一活动的重要主体，一方面要在译文中努力传达原文所体现的人类共通的、普遍的情感意义；另一方面，要对原文中可能引起译语读者误解、抵触和排斥的具有差异性特征的情感意义进行一定的改写，从而使译文情感能够为译入语读者所理解并产生共鸣。请看下面例子。

例1 看着两个人恶心得像苍蝇一样在我身边转着，我浑身都觉得不舒服，所以，很快就抽身走掉了（麦家，2009：75）。

Seeing the two of them circle me like a pair of disgusting flies，I felt really uncomfortable；and so pretty quickly I got up and left（Mai，2015：129）。

例2 走出书记办公室，我想把黄依依也从脑海里甩出去，但似乎不那么容易，她的形象、声音、话语、舞姿等，老是像苍蝇一样，在我眼前飞来舞去（麦家，2009：75）。

As I left the Party secretary's office I put Huang Yiyi to the back of my mind, but it wasn't that easy. Her appearance, her voice, her words, her movements as she danced, came flying in front of my eyes like <u>a persistent bluebottle</u>(Mai, 2015：130).

例 3　她充其量不过是一只"<u>有思想的苍蝇</u>"而已（麦家，2009：75）。

Fundamentally she was just <u>a clever bourgeois element</u>(Mai, 2015：130).

三句例句中的"她"都是《看风者》中的女主角黄依依，一个从美国留学归来的数学家。而叙述者"我"正是慧眼识珠将"她"带回 701 单位的人安在天。原文中"我"三次将"她"比喻成"苍蝇"，这一喻体属于态度系统中的情感范畴,但其承载的评价意义却不尽相同:例 1 的语境是"她"主动邀请"我"跳舞,"我简直觉得荒唐",没答应她,她"像中了邪似的……掉头即去找那个大胡子跳"（麦家,2009：74）。所以"我"觉得"两个人恶心得像苍蝇一样",显然"苍蝇"意象表达了"厌烦"的情感意义。从译文来看,译者认为这一情感意义在东西方读者的情感体验中具有共通性,能够引起译语读者的认同,因而将原文直译为"disgusting flies"(恶心的苍蝇),完整地保留了原文的情感意义,同时黄依依说话行事任性、无拘无束,放任自由的女性形象在译文中得以完整保留。

例 2 表达了与例 1 中的"厌烦"不同的情感意义:"她"与众不同的个性让"我"渐生好感,于是"我"心烦意乱,想忘记却又无法做到,正如"苍蝇"一般,挥之不去。所以此处"苍蝇"意象表达了"我"对"她"的一种含蓄的"喜欢"的情感,体现了"我"情感的变化。译者深谙原文之义,选取了"苍蝇"的下义词"青蝇"(bluebottle)来翻译这一意象,从而以青蝇飞行时发出很大嗡嗡声的特点来生动地隐喻"她"让"我"心烦意乱的微妙情感,可见译者对原文的深切领悟以及熟练驾驭目的语的功夫。同时,译者在其前面增译了"persistent"(持续的),更加增强了"喜欢"这一情感意义的程度,也让原文中隐化的情感显化出来。从民族性格来看，中国人性格趋于内敛含蓄，而西方人则更加外向直接。因此，此处译者对隐化情感的显化处理能使译文所表现的人物情感更加符合西方读者的认知，从而译本更容易为译语读者所接受。

从例 3 中的原文语境来看，"我"认为"她本来就在美国生活多年，思想上难免不受影响"，所以"我们……要改造她"（麦家，2009：75）。她"是一棵饱受资产阶级思想侵害的大毒草"（麦家，2009：90）。可见，原文中的"思想"是受美国影响的、需要被"改造"的资产阶级思想，因而"有思想的苍蝇"也就承载了负面的情感意义，表现了一种"不喜欢"的情感。译者将"苍蝇"意象进行了明晰化、具体化的阐释，将"有思想的苍蝇"这一隐喻喻体直接翻译成其本体"bourgeois element"（资产阶级分子）这一概念。马丁和怀特（2005：x）认为，尽管构建人际意义的态度资源主要是表态词语，有些表达概念意义的词语也可间接表达态度。此处，"资产阶级分子"这一概念在西方读者的情感认知中属于中性词，因而间接地表达了中性情感意义，对原文的负面情感意义进行了改写。此外，译者还进行了实质性干预，增译了"clever"对其进行修饰，从而译文中"资产阶级分子"不仅无须"被改造"，相反还具有了睿智性，而黄依依的负面人物形象也得以彻底改变，表现为一个睿智的资产阶级女性形象。译者此处评价意义改写是由于西方读者对评价对象的情感态度与源语读者大相径庭，原文中的负面情感意义超出了西方读者的认知领域，无法引起共鸣。因此译者在"关键之处"的评价成功地避免了原文可能引起的西方读者情感上的不和谐，从而有利于译文在西方读者中的情感认同。

马丁和罗斯（Martin ＆ Rose，2003：37）提出，在对评价意义进行考察时，语境是一个非常敏感的变量。尤其在小说文体中，叙述背景、说话语气、情境气氛等都能隐性或显性地烘托出叙述者或人物角色的立场和态度。译者对中国文化和中国语言的精通让他们敏锐地意识到原文中三处"苍蝇"意象因语境的改变而承载了不同的情感意义，同时他们对中西读者的情感认知不尽相同这一事实有着清晰的认识，因而他们运用不同翻译策略将同一意象进行了不同处理,体现了译者对原文中不同"关键之处"进行的不同评价。正如芒迪(Munday,2012:2)所言,译者评价的"关键之处"可能体现为文本中需要译者进行保留的要素,但更突出地体现为文本中那<u>些</u>需要译者进行阐释,甚至实质性干预的地方。在例 1 和例 2 中,原文中的情感是普遍人性的体现,是人类共通的感情,属于"文本中需要译者进行保留的要素",所以译者采用了直译和增译的翻译策略,传达了与原文一致的情感意义,保留了原文的人物形象。而在例 3 中,由于中西方的差异,原文传递的情感在目的语读者中无法引起共鸣,属于译者"需要进行阐释,甚至实质性干预的地方",因而译者对原文的评价意义进行了改写,将原文中的负面情感意义改写为译文中的正面情感意义,从而使译文更符合目的语读者的情感认知。

其次,从判断范畴来看,判断是伦理性的,是对行为的评估,涉及人们对行为的态度,如赞美/批评,表扬/谴责等。判断由社会评判和社会约束组成。"社会评判是从规范、才干、韧性三个角度对人的个性及行为做出判断。社会约束则是从诚实和妥当两个角度出发。"(Martin & White,2005:viii-ix)中西方不同的文化根基必然导致双方在道德准则和伦理规范等方面形成差异,因而对人的个性和行为的判断标准亦有所不同。中国文学英译中,中国文化语境对作品中人物个性和行为的判断与西方文化语境产生冲突时,译者需要对原文判断范畴的评价意义进行一定程度的改写,从而使之契合目的语读者的社会道德和伦理规范标准。请看下面的例子。

例 4　虽然我同她刚认识,不了解她,但我从她的目光可以看得出来,她内心<u>充满欲望</u>,她是个心气浮躁的人(麦家,2009:96)。

… even though I've only just met her and don't really know her at all, I can see from her eyes that she is <u>full of hope</u>, that she is an impulsive person(Mai,2015:161).

《看风者》中，陈二湖作为 701 单位的元老，对黄依依破译"光密"并没有信心，认为她"天生不是破译密码的人"，因为破译密码就是"听死人的心跳声，需要我们有死人一样的清心寡欲和荣辱不惊的定力"。但黄依依正好相反，"她内心充满欲望"，是个"心气浮躁的人"。在众人的目光中，黄依依在 701 单位的第一次亮相就是穿着"一套非常低领的毛衣……里面的白衬衫上面两个纽扣都没有扣，露出了很大一片白生生的肉，甚至还隐隐看得见乳沟，嘴唇也画得红鲜鲜的……打扮得像个女特务似的"。（麦家，2009：96）显然，这种人物形象和当时中国文化语境中普遍接受的社会行为评判标准不符，也有悖于破译人员的人物身份。因此，根据评价理论，原文"内心充满欲望"属于判断系统中社会约束子系统下的妥当范畴。所谓妥当，即判断一个人的个性和行为是否符合社会道德和社会伦理的评价（Martin & White，2005：52）。显然原文对黄依依的行为给予了否定评价，认为其不"妥当"。

译文中"内心充满欲望"被改译为"she is full of hope"（她的内心充满希望），显然译者对原文的评价意义进行了改写，融入了译者的价值判断，主要体现于两点：首先，尽管原文"内心充满欲望"和译文"she is full of hope"都是对人物的个性和行为的判断，同属于评价系统中的判断系统。但原文"内心充满欲望"是对人物行为是否"妥当"的判断，属于"妥当"范畴。而译文"she is full of hope"则是对人物个性是否乐观、坚强、勇敢，是否有"韧性"的评价，属于"判断"系统中"社会评判"子系统下的"规范"范畴。其次，译者将原文中的否定评价意义改写为译文中的肯定评价意义，将原文中人物行为不符合社会约束中"妥当"的伦理判断，改写为译文中人物"内心充满希望"的肯定的"韧性"判断，因而原文中黄依依违背社会伦理道德、伤风败俗的"问题天使"形象，在译文中表现了一个个性鲜明、内心充满希望的不平凡的女性形象。事实上，原文中黄依依这位集"天才"与"问题"于一身的数学家形象在译文中有所改变，通过"关键之处"的译者评价，译者将其"问题"的一面进行了淡化，这在下例中亦可说明。

例 5 可这是革命需要啊,我这么说了后,她说:"我也是革命工作需要,<u>我的身体需要有人爱</u>,思想才会有灵感。"(麦家,2009:146)

But that was a revolutionary necessity, and when I explained that, she said, "Well, as far as I'm concerned, this is a revolutionary necessity too. <u>I need someone to love</u>—that's how I get my inspiration. "(Mai,2015:235)

黄依依每周末都会偷偷和她的情人——一个已婚男人去幽会,她的举动被安在天发现。安对黄依依的所作所为深感痛心,认为这种关系会毁了她的一生,并让她不能全身心投入于密码事业。但黄依依却振振有词地认为这是"革命工作需要",因为"我的身体需要有人爱,思想才会有灵感"。小说中,黄依依是个"有问题的天使",她的"问题"就突出表现在她的个人作风上,表现在她对爱欲的热烈追求和直言不讳。在当时中国的社会文化背景下,她体现的就是思想堕落、生活放荡的典型形象。从评价语义来看,"我的身体需要有人爱"属于态度系统中判断子系统下社会约束范畴的妥当范畴。显然,原文呈现了妥当范畴的负面评价意义,认为黄依依这样对肉体爱欲的渴望和直接表达与社会道德与社会伦理格格不入。但在译文中,译者进行了评价语义改写,将"我的身体需要有人爱"翻译成"I need someone to love"(我需要有人爱),属于判断系统中社会评判子系统下的规范范畴,从而把原文中的肉体之爱欲进行了省译,呈现出的只是对美好爱情的追求,因而原文中的负面评价意义在译文中不复存在。

从例 4 和例 5 我们可以发现,原文中体现黄依依这一人物形象的评价语言资源中,社会约束子系统下妥当范畴的负面评价意义往往被改写为社会评判子系统下规范范畴的正面评价意义。根据评价理论,社会评判往往只存在于口头文化中,没有书面条文可依,而能否对这些准则达成共识对于形成家庭、朋友、同事等社会关系网络至关重要。而社会约束则往往有已形成的法律条款、规章制度等书面条文可依,对于不遵守这些书面条文者会给予惩罚。在这些问题上的共识是文明社会、公民义务或宗教教义的基础（Martin ＆ White，2005：52）。可见，原文中"内心充满欲望""我的身体需要有人爱"的黄依依在中国传统文化的评判标准下，有伤风败俗之虞，不符合当时中国文明社会的准则，黄依依也就被大家普遍认为是"有问题的天使"（麦家，2009：49），受到社会的谴责。译者通过主体性干预，将妥当范畴的负面意义改写为规范范畴的正面意义，从而淡化了该人物的"问题"形象，强化了其正面形象。译者对原文判断评价意义的改写缘于中西文化对个人价值的定位以及女性行为的道德评判标准并不一致。中国文化重视统一性，而西方文化强调多元性和差异性，反映在对个人价值的理解上，西方文化强调人作为独立个体的地位，而中国文化则"惯于把人看作群体的一分子，是他所属社会关系的派生物，他的价值因群体而存在并借此体现"（陈翔，2008：94）。原文中当黄依依的言谈举止表现得另类、张扬、特立独行时，其行为不符合中国文化所崇尚的"统一性""集体性"等道德标准。此外，黄依依"开放的"性格、"大胆的"穿着、"充满欲望"的表现以及对爱欲的追求亦有违中国文化对女性行为的评判标准，黄依依的个人作风"问题"更加突出。但从西方文化语境来看，黄依依的所作所为是其作为独立个体的价值所在，不仅与西方读者推崇的价值观一致，她所表现出的积极、乐观、"充满希望"的"韧性"和对美好爱情的追求等个性特征亦是西方读者对女性美好形象的期待。可见，此处译者的评价在一定程度上改变了译文中黄依依的人物形象，这既是目的语文化语境的要求，又符合西方读者的价值判断。

最后，从鉴赏范畴来看，鉴赏是美学性的，是对一些符号现象和自然现象在特定领域中是否有价值的评估，如乏味/有趣、平衡/失衡等。鉴赏分为三类：其一是反应，即我们对事物的反应，如该物是否吸引我们、是否讨人喜欢等；其二是构成，即事物的构成，包括事物的均衡性、复杂性等特征；其三是估值，估值是对事物价值的评估，如是否具有创新性、真实性、及时性等（Martin ＆ White，2005：viii-x）。因地理位置、历史演变、经济发展等因素影响,不同文化对相同事物的美学评价可能会有差异,体现在人们对事物的反应、对事物构成的评价、对事物价值的评估会有所不同。在翻译中,当源语文化所蕴含的美学价值与目的语文化相驳斥或背离时,译者需要对该"关键之处"进行评价,从而"缓和"文化冲突,促进译本在目的语文化中的接受。如下例所示。

例6　她叹了口气,苦笑道:"没有什么对不对的,一个甚至都不知道为什么活的人,也许就同一只猪或狗没有两样,在哪里都一样。在这里,我起码还是一只有功劳的狗,受人尊敬的狗。也许这就是我不走的原因,决不是为你,也不是为哪个男人,就是为自己,行了吧? 这样你理解了吧?"(麦家,2009:159)

She sighed and said with a bitter smile: "This isn't about having made the right decision. I have no idea why I am even alive, so wherever I go it would be the same. At least here I have been able to make a contribution, people respect me. Maybe that's why I didn't leave. I am not staying for your sake, or for any other man, but for my own, OK? Do you think you can understand that?" (Mai, 2015: 254-255)

例7　我问她病好一点了没有,她竟白我一眼,说:"好不好跟你有什么关系,像我这种下贱之人,死了你才高兴!"(麦家,2009:126)

I asked her if she was feeling any better, and she glared at me and said, "That's nothing to do with you. I guess you'll be happy when I'm dead!" (Mai, 2015: 206-207)

黄依依多年在国外留学的经历让她深受西方文化的熏陶,表现出强烈的个人意识。在当时中国的特殊时期,在国家安全至高无上的秘密单位,集体主义思想深入人心。而当个体诉求与时代语境格格不入时,黄依依发出了如此哀叹。在例6中,她面对的是"不知道为什么而活"的茫然，觉得自己"同一只猪或狗没有两样"，即使在 701 单位她也只是"一只有功劳的狗，受人尊敬的狗"；在例 7 中，她更加直接地指称自己为"下贱之人"。此处，无论是"猪""狗"还是"下贱之人"，都是黄依依对自我价值的评价，在评价理论中属于态度系统中鉴赏子系统下的估值范畴。所谓估值，即是对事物价值的评估。在中国文化中，"猪"和"狗"常用来比喻地位卑微的人或物，如汉语中有"猪狗不如""泥猪瓦狗"等成语，可见黄依依用"猪""狗"的意象来比喻自我价值之卑微，同时也影射了她个人的悲剧结局。

然而译文将黄依依用以自嘲的"猪""狗"意象以及直接的自我指称"下贱之人"都进行了完全的省译，体现了"关键之处"的译者评价，表现为以下三个方面：首先，从认知层面看，原文中的"猪""狗"喻义对西方读者来说并不能引起相同的认知。特别是"狗"的意象在西方文化中享有较高的地位，这从 lucky dog（幸运儿），love me, love my dog（爱屋及乌）等英语习语中可见一斑。因此，如果将原文中的"猪""狗"意象照搬进译文，译文读者非但不能领会原文中小说人物对自我"估值"的贬低，还有可能引起相反的认知。其次，从价值观层面看，西方文化的核心是个人主义价值观，因而西方读者对当时中国社会高度体现的集体主义价值观无法理解，对于特殊形势下中国人民所表现出来的爱国热情和自我牺牲精神感到困惑，而黄依依这个异质的个体在强大的集体主义文化磁场中所遭受的孤独和无助亦很难使他们产生情感的共鸣，因而也就无法设身处地理解黄依依这样一个性格张扬、特立独行的女性会有自我否定、自我贬低的另一面。再次，从文学传统来看，西方文学传统中，文学作品中的"主人公"往往是"英雄式的人物"，他们具有"特立独行的风范，敢于藐视权威的勇气，独立的思想和独到的见解"（杨晓峰，2009：152），他们身上体现着强烈的个人英雄主义色彩，所以在英语中，"hero"就同时具有"主人公"和"英雄"的两层含义。而原文中黄依依在经历了现实的挫折后，开始对个人价值自我怀疑和自我贬低，这样的转变与西方读者所熟悉、认可和期待的英雄形象有出入。鉴于

此,译者在翻译时融入了个人的价值判断,将主人公自我贬低的评价
意义进行了省译,从而使黄依依这一"女性英雄"的形象更容易为西方
读者所接受。"关键之处"的译者评价拉近了小说人物与西方读者的认
知距离。

3.1.2 介入范畴的译者评价

介入系统是涉及对作者以及其他言说者的多种声音进行协商的
语言资源,由单声和多声两个子系统构成。单声即表示只存在一种声
音、一种立场,拒绝与其他声音和立场形成对话。多声则正好相反,多
声表示作者声音只是众多声音中的一种,同时也就形成了与其他声音
的对话空间。在翻译中,译者会基于中西文化认知、民族性格等方面的
差异以及需要与译文读者结盟、吸引译文读者参与故事建构等方面的
考虑,对介入范畴的评价意义进行改写。

首先,从单声范畴来看。所谓单声,即单纯性断言(bare
assertions)。马丁和怀特(Martin & White,2005:99)认为,一切语言
使用都能被视为对话,也就是说,单声范畴的评价意义也暗含了语言
使用者的立场,但似乎只提供了一种立场,没有公开承认其他立场的
存在。在翻译活动中,为了增加译文的可读性和趣味性,使故事更具有
吸引力,译者往往将原文中单声范畴的评价意义改写为多声范畴,从
而吸引读者参与故事建构。如例 8 所示:

例 8 但老陈不是一般人,他是破译局从无到有、从小到大、
从里到外的见证人,曾先后在几个处当过处长和副院长,有的处
还几上几下,破译局的大大小小、里里外外、真真假假的内情和机
密,都在他漫长而丰富的经历中、史料里(麦家,2009:177)。

But Old Chen was no ordinary agent: he was a witness. A
witness to what, you may ask. Well, to everything. Nothing that
went on in Unit 701 escaped his watchful eye, no matter how
small and insignificant. He was privy to all the inner workings of

the cryptography division, privy to a vast storehouse of still top-secret information(Mai, 2015：281).

该例是《陈二湖的影子》开篇对主人公陈二湖的介绍。原文是一种中立的、客观的、事实性的描述，属于单纯性断言，即单声范畴。单声只提供了一种立场，不承认其他立场的存在，因而排除对话性，没有投射。"作者直接'介入'对语言内容所负的责任，这种表达往往能体现出语言使用者的主观性。"（王振华，2001：18）因而原文对陈二湖的描述，并未构建与原文预设读者的对话性空间。但是在译文中，译者通过增译叙述性问题（expository question）以及标点符号冒号的使用，将原文的单声性评价意义改写为译文中的多声性评价意义，从而在译文中构建了与译文预设读者的对话性。一方面，译文增译了叙述性问题"A witness to what, you may ask. Well, to everything"。叙述性问题属于介入系统中扩展性多声资源中"接纳"的语言实现方式。根据评价理论，"接纳"是介入系统中的扩展性多声资源，"接纳"承认在有关问题上人们可能有不同意见，作者跟有不同意见的读者之间就可能建立一种一致关系，至少是把他们作为潜在的意见参与者包括了进来，其实现方式主要为认知型情态词、证据型情态词、义务型情态词以及叙述性问题句式等（Martin & White, 2005：104-111）。叙述性问题"用来提出某种命题成立的可能性"（Martin & White, 2005：105），表明有关的立场是一种可能的立场。该例中，译者采用自问自答句式，很明确地把命题作为一种可能性提了出来，目的在于引起译入语读者的好奇与思考，实现与故事情节的互动，唤起读者的参与性，激发读者的积极意识，使读者从被动阅读模式转为主动思考并参与故事的构建，与作者一起揭开老陈身上的秘密。

另一方面，译文中冒号的使用也达到了类似的效果，与叙述性问题有异曲同工之妙。译者将原文"但老陈不是一般人，他是破译局从无到有、从小到大、从里到外的见证人"译为"But Old Chen was no ordinary agent：he was a witness"，原文中的逗号被译成了冒号。英语冒号和汉语冒号的主要作用基本一致,"一是引出下文,二是表示停顿"。译文中的冒号为第一个作用,"用来表明其后的部分是对之前部分的解释或阐发"(樊建伟,2021:226)。因此,"他是个见证人"是对前面命题"老陈绝不是个普通特工"的描述和解释,是译者提出的可能的立场之一,同时亦对其他的不同立场和声音表示接纳,打开了与他们的对话空间,使原文的单声性介入转换为译文中的多声性介入,充分调动了译语读者参与故事建构的热情。

值得一提的是,该例中译者不仅通过主体性干预,将原文的单声性评价意义改写为译文中的多声性评价意义,而且还在译文中增加了态度范畴的评价意义。原文对陈二湖在破译局的为官经历进行了描述,"曾先后在几个处当过处长和副院长,有的处还几上几下",以此证明陈二湖的资历深厚,经历丰富,是破译局名副其实的"见证人"。因此,陈二湖的能力不容小觑,"破译局的大大小小、里里外外、真真假假的内情和机密"都在他的掌握中。原文在某种程度上体现了中国的"官本位文化"(朱向东、贝清华,2010:41),即官衔与头衔在一定程度上是能力的象征。而在西方文化中,官衔的数量和官位的高低并不与个人能力直接画等号。为减少译语读者的阅读障碍,译者将这些蕴含中国特定文化的官职表述进行了省译,同时还增译了表示"能力"的评价性语言"watchful eye","能力"属于态度系统下判断子系统中的"社会评判"。此处评价意义的增译将陈二湖对破译局内情和机密的掌握归因于他"警觉的目光",从而使译文更加符合译语读者的认知,降低了翻译文学的阅读难度。

其次,从多声范畴来看。所谓多声,是指明确表示可能存在另一种意见的言语。多声可分为两类:收缩与扩展。收缩表现为关闭与其他定位的对话空间,亦可下分为两类:否认和公告。否认包括否定和反对。公告包括三个子类:同意、宣告和背书。扩展表现为开启与其他定位的对话空间,又可分为接纳和归属。归属又细分两个子类:承认和疏远(Martin & White,2005:134)。翻译活动中,当译文读者不具备与原文读者一致的文化认知,因而对原文所体现的文化精神无法产生共鸣时,译者往往会对原文中的多声性评价意义进行删译,从而减少文化隔阂,降低译文的阅读难度。此外,鉴于中西民族性格差异的存在,译者还会对原文中的多声性评价意义进行改写,以缩小译语文本与译文读者的心理距离。如例 9 所示:

例 9 连黄依依自己都感到神秘,这么多男人,唯独张国庆才为她"开天辟地",而且似乎还不是开始就灵验,而是经过了一定时间的磨合、等待,好像她的生育机制里上着一把神秘的锁,只有张国庆才能慢慢打开。<u>这确实叫人觉得神秘,神秘得似乎只有用缘分来理解,来接受。既然这是缘分,是天地之约,是独一无二,是别无选择,还有什么好犹豫的? 所以,她才这么坚决、霸道地要同张国庆结婚——张国庆仿佛天定是她的!</u> 找到了天定之郎,现在又有了身孕,好上加好,按理我应该为黄依依感到高兴(麦家,2009:170)。

Even Huang Yiyi was amazed that after so many men Zhang Guoqing was the first for her, and even with him nothing had happened to begin with-they had to go through a certain period of getting familiar with each other and waiting. It was as if there was a lock on her womb, which Zhang Guoqing had only gradually worked out how to open. Having found Mr Right, and now also being pregnant, I should have been happy for her(Mai, 2015:270).

原文中画线部分包含了三个多声资源,其中两个扩展性多声资源(接纳)以及一个收缩性多声资源(同意)。首先,在"这确实叫人觉得神秘,神秘得似乎只有用缘分来理解,来接受"以及"所以,她才这么坚决、霸道地要同张国庆结婚——张国庆仿佛天定是她的!"两句中,"似乎"与"仿佛"这两个词为对话性扩展中"接纳"的语言实现方式。"接纳"属于介入系统中多声子系统下的扩展范畴。评价理论认为,"接纳"是指作者声音所表明的立场只是若干可能的立场之一,从而或多或少为其他可能的立场提供对话空间。其语言实现方式之一是证据型情态(evidentiality),如:it seems, it appears, apparently, the research suggests 等(Martin & White, 2005:104-105)。"接纳"表明命题中信息的可靠性以及该命题的真值并不是讨论的核心,说话人/作者只是提出了一种个人的、主观的论断,也可以由他人提出不同观点,共同构建对话空间。因此,在这两句中,"似乎""仿佛"这两个属于"接纳"的语言资源,表示作者立场"神秘得只有用缘分来解释"以及"张国庆天定是她的"只是可能的立场之一,从而构成了与原文读者的对话性。其次,原文中"既然这是缘分,是天地之约,是独一无二,是别无选择,还有什么好犹豫的?"是一个"修辞问句"(rhetorical question),亦称"引导问句"(leading question)。根据评价理论,这种问题句式属于对话性收缩资源中"公告"的子类"同意"的语言实现方式。该类型问句的提问者并不期待对问题的回答,因为答案已经在问句中显而易见。如"Should we go to war against these children?",该问题把读者引向了一个不可避免的答案"No, of course we shouldn't go to war with these children"。说话人与读者是完全结盟的关系,命题涉及的是双方共有的常识(common sensical),因而默认能够达成一致意见(Martin & White, 2005:122-123)。因而,"同意"属于对话性收缩资源,其挑战和抵制了对话空间中其他立场和声音的存在。该例原文中的问句实际上表明的立场是"既然这是缘分,是天地之约,是独一无二,是别无选择,就没什么好犹豫的了",而且作者与原文读者默认达成共识,结成联盟。

原文中的三处多声性评价资源,无论是"接纳"还是"同意",都是对"缘分天定"这一中国传统文化认知的评价。"接纳"是扩展性多声资源,打开了与原文读者的对话空间。"同意"是收缩性多声资源,默认原文读者与作者享有共同的知识体系,能够达成共识。也就是说,作者提出"缘分天定"的立场，对于原文读者来说，是能够形成对话，引起共鸣，并共享中国传统文化知识体系。但是译者对原文中的这三处多声资源进行了全部省译，其可能的原因是，一方面，"缘分天定"与中国传统文化的儒释道思想有关，表现的是一种信命运、知天命的人生态度。这与西方人敢于挑战、不畏冒险的民族精神相异，因而无法在西方读者中达成相同的认知，亦无法产生共情。另一方面，女主人公黄依依是从国外留学回来的天才数学家，接受过西方教育与文化的熏陶，她的身上无不散发着特立独行、无拘无束、敢爱敢恨的气质，体现的是一种新时期女性的真性情。但在婚姻大事上，她仍然受到"缘分天定"思想的影响，接受命运对婚姻的安排。黄依依表现出的这样一种被动消极的人生观有违西方女性对浪漫与自由的勇敢追求，因而对于西方读者来说，黄依依英雄女性的形象在其心目中会大打折扣，同时亦可能会导致一些理解上的障碍。因此，译文此处的省译能帮助西方读者降低理解难度，使黄依依这一女性形象与他们的认知和期待相近，从而也让这一人物形象更加深入人心。下例中，译者将原文中对话性扩展资源改写为译文中的对话性收缩资源，亦是译者评价"关键之处"的体现。

例10　父亲总是这样不客气地拒绝所有手下败将，这多少使人接受不了，何况是一位众星捧月的冠军棋手（麦家，2009：192）。

This was how Father rudely ended all possibilities of a rematch, by saying that he had no desire to inflict defeat upon yet another opponent. Needless to say, his form of curt refusal drove people mad. What's more, in this case, the opponent was a revered champion go player(Mai, 2015：308).

陈二湖大半辈子都在701单位度过，"他是破译局从无到有、从小到大、从里到外的见证人"（麦家，2009：177）。由于太习惯701单位不同寻常的工作和生活，退休后他的性格变得古怪而偏执，对世俗生活难以适应。他开始沉迷于下棋，而且技术非常高超，每一次击败对手后都断然拒绝对方再下一盘的请求。原文中,父亲(陈二湖)拒绝对方时表现出的专横、粗暴和不近人情,"多少使人接受不了"。"多少"这一评价资源属于介入系统中的多声子系统下的"接纳"范畴,表明作者声音只是若干可能的声音之一,能够与其他不同声音进行对话。此例中,作者表明了自己的立场,即父亲的行为使人接受不了,但该立场的对话性未关闭,允许其他不同立场的存在。与原文相比,译文则属于介入系统下,"公告"中的"同意",是一种多声子系统中的对话性收缩资源。评价理论认为,"同意"是指讲话人公开宣称同意假定对话伙伴的立场,或与对话伙伴具有相同知识的表述。通常情况下,此处对话伙伴为文本的预设读者。"同意"的语言资源常为 of course、naturally、not surprisingly、admittedly、certainly 等(Martin & White, 2005:122)。该译文中,译者认为父亲的这种粗暴的拒绝方式让人十分气愤,这是毋庸置疑的(needless to say)。Needless to say 表明译者与译文读者具有相同的价值立场,因而否认了其他不同立场的存在,关闭了对话空间。

从原文的对话性扩展资源到译文的对话性收缩资源,体现了译者在"关键之处"的决策,是发挥译者主体性的效果。原文中,对于父亲不近人情的表现,作者立场是不能接受,但这一立场并不绝对,而是可以商榷和对话的,这体现了中国人性格中的内敛和中庸,凡事避免走极端。译文对父亲断然拒绝的理由进行了增译,"by saying that he had no desire to inflict defeat upon yet another opponent"(父亲说,他不想又一次招来手下败将)。译者的价值立场是,父亲这种行为会让人十分恼火,而这一立场是译者以及预设的译文读者一致同意、毋庸置疑的。译文中评价意义的改写更符合开诚布公、直截了当的西方民族性格。因此,基于中西不同民族性格的差异,译者对原文评价意义进行了改写,从而拉近了与译语读者的距离,使译自中文的翻译文学更容易走进译语读者的内心,在一定程度上缓解了阅读翻译文学的焦虑。

3.1.3　级差范畴的译者评价

态度意义最重要的特性是等级性，情感、判断和鉴赏都涉及程度不等的肯定性和否定性意义。等级性也是介入系统的普遍特性，其中各个子系统都表明说话人/作者介入有关话语的程度。因此，级差系统贯穿于整个评价系统，态度和介入可以说是级差的范围（Martin & White，2005：135-137）。在翻译中，译者通过改写级差范畴中的评价意义，可以使译文中故事更生动、人物更鲜活，亦可以使自己的立场得到最大化投资，让译文读者与自己结盟。级差系统可以分为语势和聚焦。

首先，从语势来看，语势调节可分级的态度范畴，主要涉及两个方面：数量与强度，在级差系统中分别为"强化"与"量化"。"强化"是对评价强度的评判，主要涉及质量和过程；"量化"是对数量的评判，主要应用于实体（Martin & White，2005：140-141）。译者通过调节态度意义量上的增减和强弱的变化，间接影响人物形象塑造的饱满度和完整度，从而使其呈现极端化的效果。如例 11 所示：

> 例 11　这个瞎子刚才我一来这里就注意到的，坐在小板凳上，抱着一根粗陋的竹拐杖，露出一脸憨笑，看样子不但是瞎子，还像是个傻子（麦家，2009：17）。
>
> The sightless lad had already noticed my arrival in front of him. Seated on an iron bench, grasping an old, rough bamboo cane, a foolish smile came upon his face; he looked to be not only blind but an imbecile as well（Mai，2015：38）。

从语义层面看，原文描述的是"我"对阿炳的第一印象"坐在小板凳上，抱着一根粗陋的竹拐杖，露出一脸憨笑，看样子不但是瞎子，还像是个傻子"，其相貌如此之奇特以至于"这个瞎子刚才我一来这里就注意到的"。但是在译文中，译者将原文的施动者"我"与受动者"这个瞎子"

进行了互换,语义表述为"这个瞎子已经注意到我走到了他面前"。显然,译者对原文进行了语义改写,从而也改变了原文中的评价意义。原文是对阿炳外貌特征的描述,属于态度系统中"鉴赏"子系统下的"反应"范畴。译文将原文语义"我一来就注意到了这个瞎子"改写为"这个瞎子已经注意到我走到了他面前",是对阿炳过人天赋的一种描述,属于态度系统下"判断"子系统中"社会评判"中的"才干"范畴。同时,由于态度意义具有等级性的重要特征,该译文是对过程中强度的评判,因而为语势上的强化。

译者通过对人物"才干"评价意义进行语势上的强化,在程度上强化了阿炳过人的能力,使他天赋异禀的特征更加突出,同时也将他集"天才"与"脆弱"于一身的极端化形象推向了高潮,使该人物形象笼罩了一层浓厚的东方神秘主义色彩。与西方读者所熟悉的文学艺术作品中完美的英雄形象迥异,《暗算》中的阿炳这一不完美的英雄形象带给了西方读者别样的审美体验。读者 James 对阿炳非凡的听力留下了深刻的印象,他在 Goodreads① 上发表评论说:"书中讲述了一个'听风者',他是一个有着超常听觉的瞎子,甚至能够听出狂吠的狗正在进行交配。"读者 Lara Thompson 则为人物形象的神秘性所打动,他评论道:"这部作品彻底把我征服了。密码故事让人欲罢不能,而这些侦听密码、破解密码、将密码事业视为生命的人物和角色是那样的神秘莫测,一如密码一般。我强烈推荐这部小说。"

其次,从聚焦来看,聚焦是以典型性为依据的级差,其所适用的范畴从经验的角度看是不可分级的,它们是一些界限清楚、黑白分明的范畴(Martin & White,2005:137)。根据级差的运行方向可以把聚焦分成两类:往上走的称作"锐化",往下走的称作"柔化"(Martin & White,2005:138)。因此对人或物等不可分级范畴的"清晰"或"模糊"描述,往往会表示译者的态度以及与读者之间的关系。译文人物形

---

① Goodreads 网址:https://www.goodreads.com/book/show/25242053-in-the-dark。

象产生的模糊或明晰的效果,在一定程度上会凸显译文读者所期待的人物形象背后所蕴藏的文化内涵。如例 12 所示:

> 例 12 "……小芳是个坏人……呜呜……你是个好人,钱给我妈妈……呜呜……"(麦家,2009:43)
>
> "…Xiaofang is a whore…[sob,sob]…You're a good man, please give the money to my mum…[sob,sob]…"(Mai,2015:83)

《暗算》中阿炳的耳朵既成就了他,也毁灭了他。从婴儿的啼哭声中他听出孩子并非他亲生,执拗与脆弱让他无法接受这个事实,最终只得遵循村里愚昧而荒谬的"规矩",选择了自杀,该句便是阿炳自杀前的一段哭泣与控述。从原文中可以看出,尽管妻子小芳让他蒙受了奇耻大辱,但他痛不欲生之时也只会用"坏人"这个语义模糊而宽泛的词语来指责妻子,这是因为在阿炳的社会认知中,似乎只有"好人"与"坏人"的区别。这从他类似的话语方式中可见一斑,如:"你……你、你是个坏人……"(麦家,2009:23);"阿炳听到我做了什么后,感动得滴出泪,对我说:'你是个好人'"(麦家,2009:21);"阿炳由此得出结论:陈科长跟我一样,是个好人"(麦家,2009:31)。从阿炳的语言中,读者可以看到一个心智不全、天真幼稚、生性简单、老实憨厚的人物形象跃然纸上。小说中的阿炳既是个天才,又是个傻子;既像个孩子,又像个疯子;既自信,又执拗。

译文将"坏人"一词进行了"锐化"处理,"锐化"属于级差系统中的"聚焦"范畴。译者将"坏人"译为语义更为明确的下义词"whore"(妓女,乱搞男女关系的人)。一方面,根据评价理论,锐化性聚焦的效果在于,通过作者声音(authorial voice),对正在提出的价值立场(value position)(无论是正面的价值立场,还是负面的价值立场)进行最大化投资,以便把读者拉过来,与自己结为盟友(Martin & White,2005:139)。在本例中,译者将"坏人"译为"whore",传达了译者的价值立场并对这一立场进行了最大化投资,从而拉拢译语读者,使他们和自己结盟,共同对小芳破坏社会伦理道德的行径表示谴责,对由此导致的阿炳的死亡表示同情和惋惜。但另一方面,译文"whore"的聚焦性锐化处理,也使原文中阿炳单纯、幼稚、憨厚、不谙世事的人物形象在译文中有所改变。

《暗算》在"谍战"外衣包裹下的人性书写以及译者对原文中评价意义丰富的"关键之处"的评价使其英译本在西方读者中享有较高的评价。2015年,英国专业书评人Forbes(2015)在主流媒体上对《暗算》英译文发表了题为《麦家的〈暗算〉照亮了中国的秘密世界》的书评,直接指出《暗算》人性书写的开拓性意义:"《暗算》是一部令人着迷的作品,它对受挫的天才(thwarted geniuses)和被束缚的人生(restricted lives)进行了曲折的、谜团般的探索。这种探索非常具有原创性(compellingly original)。"Goodreads网站上,读者Vanessa认为《暗算》中的人物书写使她对中国文学产生了兴趣,她评论道:"虽然《暗算》中的故事有些超现实,其可读性却很强,故事的推进恰到好处。阅读中国文学一直都是很有意思的,因为人物的反应通常和我们西方人不一样。"读者Jade也欣喜地表示《暗算》"情节错综复杂,笔触睿智,然而节奏紧凑且毫不拖沓……这本书重新燃起了我对间谍小说的热爱。这本书更像是一本混合体裁的作品,带有很浓厚的神秘间谍色彩,但整体而言这是一部'纯文学小说'"。从评论中,我们可以看出西方读者对"麦式谍战小说"中的人性书写的推崇和喜爱。《暗算》中的译者评价使译本具有了在西方读者中"被激活"的潜力,获得了西方读者的认可,拉近了与他们的距离。

3.2 本章小结

作为对语篇中评价资源进行有效分析的工具,评价理论在翻译研究中具有极强的适用性。人性书写是《暗算》作品的意旨与内核,通过将原文和译文中有关人物形象塑造的评价性语言资源进行比较研究，本章试图探索译者作为原作的首要读者，他们在麦家作品评价意义丰富的"关键之处"进行的评价。首先，从态度范畴来看，中西方读者共通的普遍情感意义在译文中得到了完美再现和保留，而对于超出了西方读者文化认知的情感意义，译者则进行了适当改写，使译入语读者与小说人物能够心灵相通，情感共鸣；在判断资源方面，译者通过主体性干预，往往将"妥当"的负面意义改写为"规范"的正面意义，以此淡化小说中人物"有问题、不完美"的一面，使人物的正面形象更加突出；在鉴赏资源方面，当小说中的英雄形象与西方读者的认可和期待有出入，或与西方主流诗学不相符时，译者融入了自己的美学评价与价值判断，关键之处的译者评价拉近了小说人物与西方读者的认知距离。其次，从介入范畴来看，一方面，译者通过将原文的单声性评价资源改写为译文中的多声性评价资源，在译文中构建起与译文预设读者的对话性，从而唤起译语读者的参与性，使读者从被动阅读模式转为主动思考并参与故事的构建。另一方面，对于原文中能够与原文读者形成对话的多声资源，如果无法与译文读者达成同样的对话性，那么译者将该多声资源进行删译，从而缓解译语读者对于翻译文学的阅读焦虑。最后，从级差范畴来看，译者对原文语势与聚焦意义的改变，使译文人物形象产生极端化或明晰化的效果，从而使译文中的人物形象更鲜活，也突出渲染了人物形象的东方神秘主义色彩。

此外，从译者在《暗算》"关键之处"的评价效果来看，由于译者评价主要发生在中西文化在社会道德、伦理规范、语言认知、价值观和主流诗学等方面存在较大差异之处，因而译者在翻译过程中无可避免地融入了自身对原文评价意义的改写，通过改译、增译、明晰、省略等翻译策略，使译文中小说人物形象在一定程度上发生了改变。译者评价弱化了中西文化差异对西方读者产生的阅读冲击，淡化了他们对中国文学人物形象产生的违和感与陌生感，使文学作品在异域的接受更加自然、顺畅。这说明中国当代小说要想成功译介和被接受，译者只是遵循准确流畅的标准是远远不够的,还要发挥译者评价的主体性,"要让西方读者捧起书来,少一点隔阂和异样感","在细节方面则要多顾及他们对东方文化的求知心理"(李琤,2018),使译文成为符合目标读者阅读习惯和思维方式的有效翻译,从而具备在接受文学体系中阅读与流通的潜质,真正实现翻译的功用与价值。

在当今构建人类命运共同体的时代召唤下,成功的翻译能够在不同文化和种族间搭起一座沟通的桥梁。译者米欧敏指出,她选择翻译麦家作品,希望作品中对解密和国家命运的描写让西方读者体验到一个不一样的中国,从而加深对中国的了解(贾子凡,2018)。她说:"当今社会,有许多人对外国人或者其他种族表现出越来越深的愤怒甚至仇恨,而翻译作品的存在可以让我们了解其他国家的历史、文化、思想和梦想,能让不同种族的人互相之间更加包容彼此的文化和习俗。"(李琤,2018)这是这个时代译者的担当,亦是全世界人民的心愿。

第四章　专业读者评价：以
《解密》和《风声》为例

本章中笔者采用定量与定性相结合的方法，对《解密》和《风声》专业读者书评中的评价意义进行研究。利用语料库工具 UAM Corpus Tool3.3u2 对专业读者书评中的评价资源进行人工标注之后，研究分为三个步骤：第一步，探究专业读者书评中的评价因素及其关注度与评价意义正面性，从而考察专业书评人关注的是作品中的哪些因素，他们对不同评价因素的关注程度和褒贬程度如何，哪些评价因素获得了专业读者较高的关注度和肯定评价。第二步：探究专业读者书评中评价范畴的关注度与评价意义正面性，旨在考察专业书评人对不同评价范畴的关注程度和褒贬程度，哪些评价范畴获得了专业读者较高的关注度和肯定评价。第三步，探索具体评价因素所涉及的评价范畴，以及各评价范畴中的具体评价意义。探索评价因素所涉及的评价范畴，可以观察专业读者在哪些评价范畴对该评价因素进行了评价。对各评价范畴中的具体评价意义的研究，则可以全面、具体地考察专业读者在各评价范畴中对该评价因素进行了怎样的评价。

4.1　评价因素的关注度与评价意义正面性

书评中的评价因素是指评价资源所针对的评价对象。在翻译作品的书评中，往往包括作品内容、写作手法等文本内因素和作者、翻译等文本外因素。通过对具体评价因素评价资源数量的统计，可以较客观地探索书评人对各评价因素的关注程度。一般来说，评价因素的评价资源数量与书评人对该评价因素的关注度成正比,评价数量越多,说明书评人对该评价因素的关注度越高。反之,评价资源数量越少,说明书评人的关注度越低。为探讨书评人对各评价因素的肯定程度,需要对评价因素的评价意义正面性进行考察。评价意义正面性是指该评价因素的正面评价资源数量在该评价因素总评价数中所占的比例。评价意义正面性与书评人的肯定程度成正比,正面性越高,则肯定程度越高,正面性越低,则肯定程度越低。

4.1.1 评价因素的关注度

通过文本细读与语料库研究相结合的方法,笔者发现,专业读者书评中评价资源主要涉及小说内容、叙事特征、小说类型和小说主题等文本内因素,翻译、作者、中国文学译介等文本外因素。为探究专业读者对麦家作品中评价因素的关注度,笔者对评价因素的评价资源数量与占比进行了统计,统计结果如表 4.1 所示。

表 4.1 专业读者书评中评价因素的评价数量与占比

评价因素			数量(条)	比例(%)
文本内因素	小说内容	故事	144	21.21
		人物	46	6.77
	叙事特征		130	19.15
	小说类型		59	8.69
	小说主题		44	6.48
文本外因素	翻译		21	3.09
	作者		159	23.42
	中国文学译介		36	5.30
	意识形态		40	5.89
合计			679	100

专业读者书评中的总评价数有 679 条,其中文本内因素的评价数量为 423 条,占总评价数的 62.3%。文本外因素的评价为 256 条,占

总评价数的 37.7％。从数据可知，专业读者书评中的文本内因素评价数量和占比均高于文本外因素，说明专业读者对麦家小说文本内因素的关注度更高，麦家小说吸引专业读者最重要的原因在于作品的故事、人物、叙事特征、小说主题、小说类型等文本内因素，作品自身的质量是其异域传播的核心和关键。此外，从各评价因素的具体关注度来看，关注度最高的五项评价因素依次是小说内容、作者、叙事特征、小说类型和小说主题，占比分别为 27.98％、23.42％、19.15％、8.69％和 6.48％，总占比为 85.72％。其中，除作者为文本外因素以外，小说内容、叙事特征、小说类型和小说主题都属于文本内因素，这和我们之前的发现相吻合，即麦家小说吸引专业读者关注，文本内因素是最重要的原因。其中小说内容的关注度最高，叙事特征的关注度位列第三，说明作品中所讲述的人物和故事以及讲故事的方式是专业读者的核心关注点。小说类型和小说主题的关注度仅居其后，说明这两项亦是专业读者关注的重点因素。作者是唯一的文本外因素，其评价数量占比仅次于小说内容而位居第二，这说明专业读者对作者的关注度非常高，作品成功地吸引了专业读者的关注，其中一项非常重要的因素在于作者麦家。那么作者何以成为如此重要的评价因素呢？笔者认为可能的原因有二：其一，体现了专业读者书评的功用和特点。麦家第一部译成英语的小说《解密》于 2014 年在英美同步出版之前，英语读者从未听说过麦家，对他一无所知，而媒体上公开发表的专业读者书评应该具有的功效之一就是向该国读者推荐和介绍优秀作家和作品，因此书评中作者的评价数量和占比居多，符合专业读者书评的功用和特点。其二，是作者麦家独特的人生经历和个人特质使然。麦家是一个有故事的人，有着独特的人生经历，他曾在中国军队秘密单位工作过十多年，而这段经历与作品中所讲述的间谍故事在某种程度上的契合，让专业读者生出许多猜测，也更加映衬了麦家独特的个人魅力和神秘气质。此外，他的许多作品都成为畅销书而红极一时，还被改编成了脍炙人口的影视作品，种种因素使麦家成为中国最有影响力的作家之一。

麦家身上所散发的这些魅力激发了专业读者对他的兴趣、好奇和好感，因此书评中有关麦家的评价数量众多，内容丰富，也就不足为奇了。

此外，评价数量占比最少的三种评价因素是意识形态、中国文学译介和翻译，显然这三种都属于文本外的评价因素。对意识形态的评价数量占比为 5.89%，对中国文学译介的评价数量占比为 5.30%，二者相差不大。对翻译的关注度相对较低，评价数量占比仅 3.09%。可见专业读者对翻译文学作品的文本外因素关注度不高，对翻译的关注度尤其低。这可能和专业读者对汉语的掌握程度有关，部分书评人无法阅读原著，也就无从对翻译加以评价了。

4.1.2 评价因素的评价意义正面性

评价因素的评价意义正面性考察，旨在探讨专业读者对各评价因素的肯定程度。哪些评价因素得到了赞扬？哪些招致了批评？其肯定或否定程度如何呢？为探究这些问题，笔者对专业读者书评中评价因素的评价意义分布进行了考察，结果如表 4.2 所示。

表 4.2 专业读者书评中评价因素的评价意义分布

	文本内因素				文本外因素				合计
	小说内容	叙事特征	小说类型	小说主题	翻译	作者	中国文学译介	意识形态	
正面评价资源数量（条）	181	121	57	44	20	159	11	0	593
正面评价数量占比（%）	94.48	92.62	96.61	100	95.24	100	30.56	0	87.33
负面评价资源数量（条）	9	9	2	0	1	0	25	40	86
负面评价数量占比（%）	5.52	7.38	3.39	0	4.76	0	69.44	100	12.67

根据数据统计结果，专业读者书评的总评价数为 679 条，其中正面评价资源有 593 条，评价意义正面性为 87.33%，负面评价资源有 86

条,占总数的 12.67%。文本内总评价数有 423 条,其中正面评价资源有 403 条,其正面性为 95.27%。文本外因素的评价数量有 256 条,其中正面评价资源有 190 条,其正面性为 74.22%。以上数据表明,文本内因素的评价意义正面性高于文本外因素,因而专业读者对文本内因素的肯定程度更高。从具体评价因素的关注度来看,从高到低依次为小说内容、作者、叙事特征、小说类型、小说主题、意识形态、中国文学译介和翻译。考察其评价意义正面性发现:第一,小说内容、作者、叙事特征、小说类型、小说主题等评价因素的关注度高,评价意义正面性也都在 90% 以上,其中小说主题和作者的正面性达 100%。这说明专业读者对麦家作品的小说内容、叙事特征、小说类型和小说主题以及小说作者十分关注,并且肯定程度很高,也正是专业读者在英美各大媒体上发表的麦家小说书评中对这部作品在这些方面的肯定和赞扬,才吸引了更多读者阅读麦家小说,因而是麦家小说在英语世界成功传播的重要原因。第二,专业读者关注度较低的三种评价因素中,意识形态和中国文学译介的肯定程度最低。此外,在中国文学译介方面,由于专业读者阅读的是麦家小说的英译文,是译自中文的翻译文学作品,因而有少数专业读者对中国文学译介的现状进行了评价,而这些评价中以负面评价意义为主。第三,翻译的关注度最低,但评价意义正面性高达 95.24%。这可能是由于部分专业读者对汉语的掌握水平不够,无法充分理解原文作品,因而也就无法进行翻译评论。但部分懂汉语的专业读者在将原文和译文进行对比之后,对麦家小说的译文质量进行了肯定评价。

4.2 评价范畴的关注度与评价意义正面性

"态度系统是整个评价系统的核心部分。"(董丹,2019:18)本节以评价理论态度系统中的情感、判断、鉴赏及其各子系统为评价范畴。情感范畴包括满意、高兴和安全子范畴;判断范畴包括社会评判和社会约束子范畴,其中社会评判包括规范、才干和韧性次范畴,社会约束包括诚实和妥当次范畴;鉴赏范畴包括反应、构成和估值子范畴,其中反应包括吸引力和合意性次范畴,构成包括平衡性和复杂性次范畴;估值包括原创性、异域性、共通性、文学性、生动性和合理性等次范畴。需要指出的是,此处估值中的次范畴与马丁和怀特所列的估值中的次范畴有所不同。根据马丁和怀特(2005:56)所列举的估值中的语言资源,其次范畴包括深刻性、原创性、及时性、独特性、真实性、重要性和有效性。但笔者通过对麦家小说书评的文本细读发现,西方读者对麦家小说价值的评估中,其主要关注点在于作品的原创性、异域性、共通性、文学性、生动性和合理性等方面,因而这些构成了本书中估值下的次范畴。正如马丁和怀特所指出的,他们对鉴赏范畴的语言资源的举例只是为了说明这些范畴所涉及的意义范围,其语言资源远未详尽。而且在反应、构成和估值这三个子范畴中,估值与反应和构成有所不同。由于人们对事物价值的评估在很大程度上取决于其惯常的关注点(institutional focus),估值中的语言评价资源与评价对象所属领域(field)息息相关。例如,沃恩(Stevie Ray Vaughan)的蓝调音乐因其"纯粹性"而备受粉丝赞赏,但在像语言学这样的学术领域中,人们更加重视的可能是学术思想的"创新性"(Martin & White, 2005:56-57)。可见,估值中的次范畴因评价对象而异,具有灵活性。

考察各评价范畴中的评价资源数量,可以较客观地探索书评人对各评价范畴的关注程度。研究评价范畴的评价意义正面性则可以探索书评人在各评价范畴的肯定程度。下面笔者对专业读者书评中评价范畴的评价资源数量与评价意义分布进行了统计,结果如表 4.3所示。

表 4.3 专业读者书评中评价范畴的评价资源数量与评价意义分布

评价	情感			判断					鉴赏									
				社会评判			社会约束		反应		构成		估值					
	满意	高兴	安全	规范	才干	韧性	诚实	妥当	吸引力	合意性	平衡性	复杂性	原创性	异域性	共通性	文学性	生动性	合理性
正面评价(条)	2	0	0	0	148	21	0	0	101	1	3	57	152	37	46	10	13	2
负面评价(条)	1	0	0	0	1	0	0	40	13	0	2	21	0	3	1	0	2	2
合计	3	0	0	0	149	21	0	40	114	1	5	78	152	40	47	10	15	4

从表 4.3 可见，首先，从整体分布情况来看，鉴赏范畴中的评价资源有 466 条，占总数的 68.63%，判断范畴中的评价资源有 210 条，占比为 30.93%，情感范畴中的评价资源仅为 3 条，占比仅为 0.4%。可见专业读者书评中的评价资源主要集中于鉴赏范畴中，判断范畴居中，而情感范畴则占比极小。根据评价理论，鉴赏的评价对象是事物和现象，是对事物和现象是否有价值的评估，其评价意义具有美学性质，如是否吸引人、是否完美等。书评是书评作者对作品的评价，是人对事物的评价，因此鉴赏范畴占主体符合书评的文体特征。判断的对象是有意识的参与者的行为，属于伦理性评价，如赞美／批评、表扬／谴责等。专业读者书评中，判断范畴中的评价意义主要体现在对作者行为和译者行为的评价上，因为作者和译者是整个文学生产和译介过程中的主要参与者。情感范畴中的评价意义体现的是人们积极或消极的感情，如高兴／不高兴、满意／不满意，安全／不安全等。情感的源头通常是有意识的参与者，表现的是情绪性的评价意义，因而情感范畴中的评价意义往往带有很强的主观性，是参与者的一种主观性评价。专业读者书评中，情感范畴中的评价意义数量之少、占比之低，表明专业读者很少从自身感受出发进行评价，因而专业读者书评的主观性评价较低，同时也就凸显了其相对客观性、权威性与可信性。这一点从专业读者书评的文本特征亦可得到印证。从专业读者书评文本信息来看（如图 4.1 所

示),第一人称的词符数约占总词符数的 0.55％,第二人称的词符数约占总词符数的 0.20％,而第三人称词符数占比约为 4.16％,远高于第一和第二人称占比,该数据亦反映了专业读者书评的相对客观性特征。

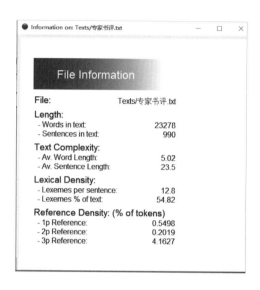

图 4.1　专业读者书评文本信息

　　其次,从具体评价范畴来看,情感范畴中的 3 条评价资源皆为满意子范畴的评价,包括 2 条正面评价和 1 条负面评价。判断范畴中的评价资源主要集中于社会评判子范畴,有 170 条,社会约束子范畴的评价资源仅为 40 条。社会评判中又以才干次范畴中的评价资源数量为最多,有 149 条,还有 21 条为韧性次范畴中的评价。社会约束中的评价资源全部集中于妥当次范畴中,有 40 条。鉴赏范畴中的评价资源分布在估值、反应和构成中,分别为 268 条、115 条和 83 条,以估值中的评价数量最多,构成中的评价数量最少。鉴赏中评价数量最多的是估值子范畴中的原创性,有 152 条,其次是反应中的吸引力,有 114 条,再次是构成中的复杂性,有 78 条。专业读者对麦家小说的原创性、吸引力和复杂性的评价数量(共 344 条)占鉴赏评价总数量(466 条)的 73.82％。原创性和复杂性属于估值范畴,是对作品在多大程度上具有创造性和复杂性的评价,与人的认知(cognition)有关。吸引力属于反应范畴，与人的感情（affection）有关，是对作品在多大程度上吸引人（emotive-it grabs me）的评价（Martin & White，2005：57）。评价数量与专业读者的关注度直接相关，专业读者对麦家小说的原创性、吸引力和复杂性的评价数量多，说明专业读者对麦家小说的原创性、吸引力和复杂性的关注度高。其他鉴赏范畴中的子范畴按照评价数量从高到低的排列顺序依次为共通性（47 条）、异域性（40 条）、生动性（15条）、文学性（10 条）、平衡性（5 条）、合理性（4 条）、合意性（1 条），这也反映了专业读者对这些评价范畴的关注度从高到低的排序。

最后，从专业读者评价中正面和负面评价意义在评价范畴中的分布情况来看，正面评价共有 593 条，负面评价 86 条，分别占总评价数的87.33％和 12.67％。这说明麦家小说得到了英语世界专业读者近乎一边倒的好评，负面评价只占约一成。按照关注度从高到低的顺序将评价范畴排序，位列前七的评价范畴依次为原创性、才干、吸引力、复杂性、共通性、异域性和妥当，这是专业读者对麦家小说最为关注的评价范畴。结合其评价意义正面性发现：第一，原创性和才干这两项评价范畴的关注度和评价意义正面性都很高，两者的评价资源数量占总评价量的比例分别为原创性 22.39％、才干 21.94％，正面性分别为原创性100％、才干 99.33％。原创性范畴中的评价主要与文本内因素有关，才干范畴的评价则主要与作者的写作才能、译者翻译水平等文本外因素有关，这说明小说内容、叙事特征、小说类型和小说主题等评价因素的原创性以及作者和译者的才干获得了专业读者最多的好评，是他们关注并喜爱麦家小说最主要的原因。第二，吸引力和复杂性范畴的关注度位列原创性和才干范畴之后，评价资源数量占比分别为吸引力14.87％、复杂性 11.49％，正面性分别为吸引力 88.6％、复杂性73.08％。吸引力范畴的评价与作品中故事、人物、叙事特征等评价因素"是否吸引人，程度如何"有关。复杂性范畴的评价则与评价因素的复杂性是否恰到好处有关。从数据来看，专业读者对吸引力和复杂性范畴的关注度亦较高，评价意义方面以正面评价为主，但亦有部分负面评价,尤其是复杂性范畴中负面评价占比超过 1/4,说明部分专业读者对麦家小说的复杂性特点持否定态度。第三,共通性和异域性范畴的关注度位列吸引力和复杂性范畴之后,评价资源数量占比分别为共通性 6.92%、异域性 5.89%,但正面性较高,分别为共通性 97.87%、异域性 97.3%。这说明部分专业读者对麦家小说的共通性和异域性特点进行了关注,且肯定程度较高。第四,妥当范畴的关注度位居最后,评价资源数量占比为 5.89%,且评价意义皆为负面评价。妥当属于判断中的社会约束子范畴,是对人的个性和行为是否妥当的评价。

4.3　评价因素的评价范畴与评价意义

下面笔者分别对小说内容、叙事特征、小说类型、小说主题等文本内因素和翻译、作者、中国文学译介等文本外因素所涉及的评价范畴、各评价范畴的关注度、评价意义正面性以及具体评价意义进行研究。其中,小说内容部分由于涉及的评价资源丰富,为条理清晰起见,笔者将其细分为故事和小说人物两部分进行研究。

4.3.1　"故事"的评价范畴与评价意义

专业读者评价中"故事"的评价范畴以及各范畴中正面和负面评价资源数量统计结果如表 4.4 所示。

表 4.4　专业读者评价中"故事"的评价范畴与评价意义

评价意义	反应	构成	估值		
	吸引力	复杂性	合理性	原创性	异域性
正面评价(条)	54	28	0	31	23
负面评价(条)	2	2	2	0	2
合计(条)	56	30	2	31	25

总体来看,专业读者对麦家小说故事的正面评价数量占总评价量

的 94.44％,这一数据说明专业读者对麦家小说故事的肯定程度很高。为进一步研究这个读者群体对各评价范畴的具体关注度和评价意义正面性,笔者对此进行了数据搜集与统计。首先是对各评价范畴关注度的考察。从表 4.4 可以看出,专业读者对于麦家小说故事的评价总量有 144 条,分布在吸引力、复杂性、合理性、原创性、异域性等子范畴中。其中吸引力子范畴中的评价数最多,有 56 条,占比 38.89％。其次为原创性、复杂性和异域性子范畴,分别是原创性 31 条、复杂性 30 条和异域性 25 条,分别占比为原创性 21.53％、复杂性 20.83％和异域性 17.36％。合理性子范畴的评价数最少,仅有 2 条,占比 1.39％。因此,我们认为专业读者对麦家小说故事的吸引力关注度最高,其次是故事的原创性、复杂性和异域性,合理性的关注度最低。

其次是对各评价范畴的评价意义正面性的考察。从表 4.4 可以看出,在故事的各评价范畴中,原创性的正面评价有 31 条,总评价数 31 条,因此其评价意义正面性为 100％。相反,合理性的正面评价数为 0 条,总评价数为 2 条,其评价意义正面性为 0％。其他评价范畴的评价意义正面性分别为吸引力 96.43％、复杂性 93.33％和异域性 92％。将“故事”中评价范畴的关注度与评价意义正面性结合来看,专业读者对麦家小说故事的吸引力、复杂性和原创性在关注度和肯定程度上都最高,异域性仅次其后,而合理性的关注度与正面性都最低。通过关键词检索,我们发现,专业读者评价中有关故事的重要评价高频词依次为 China/Chinese (17)、history (5)、state (5)、twisting/twists (4)、century (4)、gripping (3)、novelty (3)、riveting (3)、cryptography (3)、family (3)、life (3)、fascinating (2)、insights (2)、intrigue (2)、magical (2)、modern (2)、strange (2)、superstitious (2)、secret (2)、tedious (2)等。接下来笔者通过对重要书评内容的梳理和择要述评(均由笔者译成中文),具体呈现专业读者在各评价范畴对“故事”的主要评价。

通过对故事吸引力范畴的评价资源进行梳理,我们发现,专业读者普遍认为麦家小说对他们具有极大的吸引力。《经济学人》认为,《解密》是"一部故事磅礴恢宏、情节跌宕起伏的作品"(Anon.，2014)。《观察家报》拉曼(Larma，2014)评价说:《解密》"核心故事扣人心弦,引人入胜"。《泰晤士报》邓斯(Duns，2020)为《风声》着迷,他呼吁说,"花一点时间去阅读吧,《风声》一定会让你沉醉其中,欲罢不能"。"射击杂志"莫法特(Moffat，2020)也充分肯定了《风声》的吸引力,他评论道:"你一旦被它吸引,就会沉醉其中,难以自拔。"专业读者对故事吸引力范畴的评价可以大致分为三个方面,即故事中玄奥学科知识的交织、故事中各种元素的"杂糅"以及故事中的具体因素。首先是故事中玄奥学科知识的交织。麦家的小说故事涉及多个学科和专业领域,给专业读者带来新奇的阅读体验。《华尔街日报》的书评标题就是"密码小说:智力游戏"(Anon.，2014),可见故事中的智力游戏对书评人的吸引力。《出版家周刊》书评人指出:"阅读这部小说,读者不知不觉地沉浸在中国情报史和数学学科之中了。这是一部引人入胜、扣人心弦并巧妙地穿插着复杂数学理论的伟大小说。"(Anon.，2013)《卫报》希尔顿(Hilton，2014)认为,"作者娴熟地对密码和数学领域进行了探索,吊起了读者的胃口,使他们想要阅读这位不同寻常作家的更多作品"。

其次是故事中各种元素的"杂糅"。《泰晤士文学增刊》吴芳思(Wood，2014)评论道:"《解密》对密码术、政治学、解梦术及其意义作了微妙而复杂的探索。"企鹅出版公司评价《解密》是"一部关于天才、智慧、精神错乱和脆弱人性的扣人心弦并令人难忘的故事"(Anon.，2014)。"犯罪分子"桑托斯(Santos，2014)评价道:"《解密》将多代文学虚构、数学理论、紧张的密码情节以及阴暗的反道德的间谍世界等众多元素结合在一起,成就了这部小说的独特性。""书评大全"奥塞夫(Orthofer，2014)评价道:"密码、秘密组织、一些令人瞠目的国际阴谋以及中国那段时期经历的大动荡,这些都让人莫名地兴奋和激动,尽管《解密》并非真正意义上的间谍惊悚小说。"《华尔街日报》罗素(Russell，2014)说:"此故事有着某种寓言的特征,故事离奇,人物个性鲜明。扣人心弦的情节和微妙复杂的人物为麦家赢得了众多追随者。"

《纽约时报》林培瑞（Link，2014）评价道："小说中麦家向我们描述的真实的密码或侦探工作并不多。小说的引人入胜之处在于对主人公容金珍的心理研究，以及扣人心弦的情节、阴森森的氛围和华丽的细节。"

最后是故事中的具体因素。史诗般的家族故事、错综复杂的人物关系、故事开篇的宏大叙事、悲伤而让人深思的故事结局以及敌对双方激烈而又诡秘的明争暗斗等具体因素对专业读者有着特别的吸引力。《泰晤士文学增刊》吴芳思（Wood，2014）认为"从诡异的迷信般的故事开端到20世纪以来容氏家族的衰败，以及动荡的20世纪30年代中这个家族因为站在了国民党的政治立场而遭遇的种种危机，《解密》有许多引人入胜之处"。《卫报》希尔顿（Hilton，2014）认为："错综复杂的人物关系成为叙事的核心，这些关系中充斥着忠诚与背叛、猜忌与同情。人物身份扑朔迷离，故事情节真真假假，所有这一切混杂在一起，真正叫人欲罢不能。"约克大学史密斯（Smith，2014）评价说："《解密》以一种中国寓言式的开篇，介绍了容氏家族的宏大背景。这里麦家对容氏世代祖先的故事娓娓道来，交代了容氏家族经济上的逐渐衰败与在数学领域的成功崛起。这样的叙述有时候让人觉得有点偏离正题。但直到主人公金珍诞生了以后，你会发现自己完全沉浸在麦家笔下的世界里。从某种意义上说，当麦家将这段丰富的历史与第二次世界大战和'文化大革命'的严酷背景相结合时，小说变得更加离奇和超现实。"《书目》克里斯坦森（Christensen，2013）评价道："金珍最终因丢失了一本笔记本而精神失常，这样的结局令人心碎，又发人深省，引发读者去思考密码领域——这一为制造谜团而穷尽人类智慧的领域——其中的集体理智。""犯罪评论"罗伯茨（Roberts，2020）为《风声》中"敌对双方紧张激烈的'明争'和微妙诡秘的'暗斗'所吸引"，并认为"水到渠成达到的故事结局，真是扣人心弦。与类似题材的西方故事相比，《风声》可能更加让人神经紧张、不寒而栗"。

在故事复杂性范畴的评价中，专业读者普遍认为麦家笔下的故事微妙曲折、怪诞离奇，从而给人以破解密码一般的阅读体验。如《纽约客》评价《解密》是"一个具有博尔赫斯(Jorges Luis Borges)式的微妙与复杂情节的故事"(Anon.，2014)。《观察家报》拉曼(Larma，2014)评价说:"故事偶尔有些烧脑。"《经济学人》认为《解密》是"一个情节怪诞、曲折离奇的故事"(Anon.，2014)。具体来看,专业读者认为故事复杂性体现在家族和个人历史的交织、事实真相的若隐若现、"罗生门式"的故事语言等,并认为这种复杂性和故事的密码主题十分吻合。约克大学史密斯(Smith，2014)评论说"小说叙述者没有透露真实姓名,他试图揭开金珍神秘的人生故事,而其间又交织着复杂的家族秘密和未曾揭示的个人历史,这让该小说读起来本身就像密码一样"。《星期日独立报》也指出:"当金珍的人生故事转化为文字跃然纸上时,一切变得直观起来。尽管小说中一再出现与隐秘真相相关的暗示性语言和线索,但真相最终也没有水落石出。这到底是一种微妙的讽喻,还是为了提升作品的复杂性,我们无从知晓。总之,小说所呈现出来的内容远比你想象的要多得多。阅读《解密》时,你最好将其视为一个复杂的密码,一个最终难以完全破解的秘密。"(Anon.，2014)《每日电讯报》欧大旭(Aw，2014)评价道:"秘密在麦家小说中比比皆是,或体现为神秘莫测的故事情节,或体现为悬而未决的人物身世,这并不让人觉得奇怪,因为这是一部复杂的关于破译密码的小说。""书龙"评价道:"正如金珍费尽全力破译那无法破译的密码一样,这位匿名的叙述者也同样费尽全力地收集各种可靠程度不一的关于容金珍的线索,然后努力将这些线索串联起来,构建容金珍的人生故事。这个罗生门式的故事充斥着无数这样的语言,如'说实话''换句话说'等,意在使读者消除疑虑,然而真相始终让人难以捉摸。"(Anon.，2014)"喧哗"库托(Cueto，2014)评价道:"《解密》讲述了一个错综复杂、严谨缜密的故事,能吸引读者从头读到尾都饶有兴致。正如主人公试图破解困扰他的密码一般,叙述者也试图破解主人公身上的谜团。然而叙述者在这件事情上的痴迷和投入,亦让人觉得匪夷所思,因而成为读者和作者都试图参透的又一个谜团。尽管作者对这个故事进行了条分缕析的梳理和分析,它仍然凌驾于生活之上，让人怀疑这个故事本身能否真正被'解密'。"《风声》中的故事复杂性亦是专业读者关注的重点。"射击杂志"莫法特（Moffat，2020）评论道："嫌疑人之间争吵不休、焦头烂额，有的显得疑惑重重，有的则不屑一顾，这都与他们的角色身份有关。阴谋在微妙复杂与凶残野蛮的情节之间摇摆不定，迂回曲折。当我们终于对这个错节盘根的阴谋厘清了思路，才最终明白故事发展到了哪里，我们也才理解了故事中的关键目标与困境。"《金融时报》勒波（Lebor，2020）更是形象地将精彩的故事情节比喻成西湖的水，他说："随着包括'老鬼'在内的五人逐一被带到舞台中央，故事情节就如同西湖的水一般，千变万化，熠熠生辉。"

当然，也有专业读者认为作品的复杂性提高了阅读难度，并指出了导致阅读难度的具体原因。如凯特（Kate，2020）在《风声》的书评中提到："有时你会觉得与书中人物的距离很远，因而要回忆起他们谁是谁的时候，总是需要费一些工夫。但你的努力是值得的，因为这样可以帮你厘清书中的人物关系。"可见专业读者认为阅读麦家小说的难度之一在于作品中人物较多，翻译人名具有陌生性，容易使人迷惑不解，且较难记住。此外，凯特还提到故事背景对西方读者来说具有陌生性，从而产生一定的阅读隔阂，她说"故事以对中国城市杭州的种种描述开篇。我从未访问过中国，所以没有亲眼见过杭州这座城市。这在小说中通常不是问题，因为我经常读到我从未去过的地方。但我发现，仅从文字中去想象这个故事发生的环境对我来说是个挑战"。

故事原创性评价资源主要关于麦家作品中小说情节的原创性、文学思想的原创性以及文学领域的原创性三方面。

首先，小说情节的原创性评价在于专业读者认为麦家笔下的故事情节不符合间谍惊悚小说类型，并且故事中的非惊悚情节才是小说核心所在。如《纽约客》认为，"从很多方面来看，小说中的非惊悚因素对于理解麦家小说更重要，而不是密码破译技术的细节。这是一部不同寻常的侦探惊悚小说，其间既没有令人兴奋的剧情转折，也没有神通广大的反面角色,小说只是细致地追溯了一位名为容金珍的中国破译家的一生。他的工作促使人们去考察密码学与心理学之间的关系"(Anon.,2014)。《独立报》威尔逊(Wilson,2014)认为:"小说中描写的金珍成长的过程更多地体现了狄更斯小说的特征,而不大具有弗莱明(Ian Fleming)侦探小说的味道。《解密》是一部在很大程度上完全忽略了西方传统间谍惊悚小说套路的间谍小说,故事中没有暴力,而且除大脑以外,主人公没有使用任何新奇炫酷的间谍高科技。"罗素(Russell,2014)在接受《华尔街日报》电视访谈中提到:"麦家的小说与传统的西方间谍惊悚小说不一样。这是一种节奏缓慢、情节感人、刻画深入的人物塑造,还包含非常丰富的心理描写。实际上,这更像是博尔赫斯的风格,而不是丹·布朗的风格。"《书页》海因斯(Hines,2014)说:"尽管《解密》的情节是围绕与国家命运攸关的政治阴谋展开,但它并不是简单直接的间谍惊悚小说。相反,《解密》以家族的传奇故事开篇,讲述了一系列的家族人物。""犯罪分子"桑托斯(Santos,2014)说:"指望故事中出现紧张刺激的间谍活动、在雨水浸透的街道上厮杀追逐的情节或者伯恩式(Bourne-esque)行动的读者应该警觉了,因为这本书所讲述的间谍故事比勒卡雷(John le Carré)或利特尔(Robert Littell)笔下的故事更加情感含蓄,不动声色。其间没有血腥的场面,几乎没有任何暴力情节,甚至没有一发枪响。""喧哗"库托(Cueto,2014)认为,"《解密》与一般传统的西方间谍惊悚小说丝毫没有相似之处。没有一系列动作大片式的精彩描写,也没有新奇的间谍小工具。《解密》的故事可能不符合你对传统间谍惊悚小说的期待,故事从容家祖辈初涉学术界开始,而直到半个世纪以后,故事主人公才刚刚诞生"。

其次,专业读者认为麦家小说开辟了一片文学写作的新领域。如《纽约时报》狄雨霏(Tatlow,2014)说:"大多数中国人对于麦家作品中所描述的秘密世界并不知晓,而外国人对此则更是一无所知。""透过书本看世界"书评人惠普尔(Whipple,2014)说:"小说对密码领域以及该领域对投身其中的人们所造成的心理伤害提供了新的见解,密码领域对于大多数西方读者来说一直是封闭而陌生的世界。"《经济学人》认为，"麦家也像凯里（Peter Carey）一样，书写了一个别人完全不曾触碰的领域"（Anon.，2104）。《书页》海因斯（Hines，2014）评价道："《解密》揭开了一个神秘职业的面纱，一个在胡言乱语中隐藏着理性和意义的职业，'就像一个神智正常的人借用了疯子的语言来说话'。"企鹅出版公司介绍《解密》说："小说将我们引入了一个真实的领域，我们感到陌生，又无比好奇。"（Anon.，2014）此外，专业读者在故事中读到了更为深邃的哲学思想。《星期日独立报》说："叙述者在探究和调查金珍人生故事的过程中，领会到破译密码的挑战具有形而上的性质，而这一点比金珍的人生故事更让人觉得有趣。"（Anon.，2014）

通过对故事异域性评价资源的梳理，我们发现故事中的"异国情调"吸引了专业读者的关注，正如《泰晤士文学增刊》吴芳思（Wood，2014）所说："这部小说能让人感受到独特的中国味道。"《经济学人》也评价说："故事带我们开启了令人神往的中国神秘之旅，读起来绝对是一种享受。"（Anon.，2014）具体来看，异域性评价主要涉及中国历史、中国文学文化传统以及中国人的生活和心理状态等三方面。

首先，在中国历史方面，专业读者对故事中的历史叙述表现出了特别的兴趣。《观察家报》拉曼（Larma，2014）认为，"这是一本情感细腻、注重心理描写和分析的读物，它对 20 世纪的中国历史进行了一番审视，并与今日中国进行了比较"。"犯罪分子"桑托斯（Santos，2014）评价说："小说在讲述个人的奋斗历程时，潜移默化地、细致而生动地引领读者走进了中国历史的画卷。如果你对这样的情节感兴趣，那你真应该读读这本书。"《书页》海因斯（Hines，2014）评价道："小说为我们了解 20 世纪的中国历史提供了一扇迷人的窗口，包括二战时期的中国和'文化大革命'。"《独立报》威尔逊（Wilson，2014）评价说："小说描述了'文化大革命'的过激行为以及对国家毋庸置疑的忠诚。"《星期日独立报》评价说："这部小说让读者对 20 世纪的中国及其国家安全机构有了一些了解。此外，小说所勾勒的地下情报机构的概况，着实让人着迷。"(Anon.，2014)《每日电讯报》欧大旭(Aw，2014)评论道:"真正能吊起读者胃口的是小说描写的复杂的密码工作以及故事发生的年代——'文革'前动荡的十年。小说还勾画了中国 1949 年前与中欧学术界和西方著名大学的联系,微妙地表达了 1949 年前中国在世界历史中的位置感。"此外,在《风声》的评价中,凯特(Kate，2020)认为这个故事丰富了她对中国历史的了解,并引起了她对麦家其他作品的兴趣,她说:"故事中探讨了有关中日冲突的历史和相关人物。这是一本具有挑战性但又十分有趣的书,我一定要去读一读麦家的另一部小说《解密》。"值得一提的是,该范畴的评价资源除了体现专业读者对中国历史的兴趣以外,还体现了一些书评人的窥探心理和猎奇欲望。如《芝加哥论坛报》的书评标题是"《解密》绝不是间谍惊悚小说,但它的确揭示了某些真相"(Chen，2014)。

其次,在中国文学文化传统方面,专业读者认为麦家小说中提到的梨花水、解梦术、家族遗传的大头、超常的数学能力、对现代科技的痴迷等都与中国的文学文化传统有关,带有浓浓的东方色彩。《纽约时报》林培瑞(Link，2014)认为:"在可以追溯到 15 世纪甚至更早的中国'说书'文化中,梦境被认为可以揭示真相。因此,在《解密》中希伊斯做了个梦,他在梦中看到远在千里之外的金珍已经开始从事密码研究。"此外,"麦家对现代技术神奇力量的痴迷与中国 20 世纪初出版的'理想小说'相呼应,当时的中国作家想象出了各种发明创造,使他们的国家迅速进入现代社会"。《独立报》威尔逊(Wilson，2014)指出:"《解密》的魅力之一是蕴含了丰富的中国文化,包括对梦境解析这门与破译密码完全不同的艺术的浓墨重彩的描写、主人公用梨花花瓣泡水当作治疗便秘的疗法等细节。""射击杂志"莫法特(Moffat，2020)评论《风声》道:"小说中有殴打和酷刑,有背叛和报复,也有赤胆忠心,而且这一切都带有浓浓的东方色彩。"

最后,有关中国人的生活、心理状态、思维模式和爱国主张方面的评价资源,体现了西方专业读者对中国人生活、心理等各方面的关注。

从一些书评标题中就可以看出专业读者对此的浓厚兴趣。如"中参馆"书评的标题是"中国黑客的内心世界"（Parker，2014）。《每日电讯报》欧大旭（Aw，2014）的书评标题是"最新译自畅销书作家麦家的谍战惊悚小说，揭示了现代中国人的心理状态"。他评论说："麦家的作品在中国引起如此巨大的反响。阅读其作品，我们能理解截然不同的文化根基，并深入探讨今日中国的思维模式。""小说还体现了中国身份的爱国主张。金珍是革命英雄，他的护卫告诉他：'离开这所房子，你就是国家的人了'，'没有国家就没有小家'。"此外，"透过书本看世界"惠普尔（Whipple，2014）说："我们从中读到了中国的隐秘世界和中国人的思想"，"《解密》不负其名，为中国人生活的众多方面都提供了令人兴奋、耳目一新的见解和洞察"。"书评大全"奥塞夫（Orthofer，2014）评论说："小说对中国人复杂的家庭生活，以及中国大学机构和政府机关的运作，都提供了一些有趣的见解。"

在故事合理性的评价资源中，专业读者认为故事中某些内容的合理性存在质疑。"故事的故事"书评中有这样的负面评价："书中对小说的性质有这样的讲述，'过去那么多年，当时众多亲眼目击她生产的人都已不在人世，但她艰苦卓绝的生产过程，就像一场恐怖的战争被代代传说下来'。对于'代代传说下来'的故事，又有几分可信度呢？也许和'密码协议得到了恰当的实施'等论断那样，几乎无人相信。"（Anon.，2014）笔者认为，专业读者的这种质疑和中西思维方式的差异有关系。中国惯常的思维习惯认为，历史渊源越深远，积淀越厚重，则可信度越高，因此小说中这样的描述能够营造一种幺幻的历史纵深感，使故事笼罩一层神秘色彩，但对于奉行"眼见为实"原则的西方读者则可能构成了一定的理解障碍。

4.3.2 "小说人物"的评价范畴与评价意义

专业读者评价中"小说人物"的评价范畴以及各范畴中正面和负面评价资源数量统计结果如表 4.5 所示。

表 4.5　专业读者评价中"小说人物"的评价范畴与评价意义

评价意义	反应	构成	估值			
	吸引力	复杂性	合理性	原创性	异域性	共通性
正面评价(条)	11	12	1	5	2	14
负面评价(条)	0	0	0	0	1	0
合计(条)	11	12	1	5	3	14

　　总体来看,专业读者对麦家小说人物的肯定程度很高,其正面评价数量占总评价量的 97.83%。下面笔者考察专业读者对各评价范畴的具体关注度和评价意义正面性。首先,根据专业读者在各评价范畴评价数量从多到少的顺序,其关注度从高到低依次为共通性、复杂性、吸引力、原创性、异域性和合理性。因此,专业读者对麦家小说中人物的共通性、复杂性和吸引力关注度最高,人物的原创性、异域性和合理性次之。其次,从各评价因素的评价意义正面性来看,从表 4.5 可见,有关"小说人物"的评价中仅有 1 条负面评价意义,在异域性子范畴中,其正面性为 66.67%,其他子范畴皆为 100%。数据说明,专业读者对小说人物的共通性、复杂性和吸引力关注度和肯定程度都最高。通过关键词检索,我们发现,专业读者评价中有关人物的重要评价高频词依次为 protagonist（4）、genius（3）、autistic（2）、complexity（2）、enduring（2）、extraordinary（2）、mysterious（2）、pleasure（2）等。下面笔者具体呈现专业读者在各评价范畴对小说人物的评价。

　　人物共通性的评价资源主要体现为两方面:一方面,专业读者在麦家作品的小说人物与西方文学作品中的人物形象之间找到了某种关联。如《金融时报》埃文斯(Evans, 2014)评论道:"麦家曾提到博尔赫斯和纳博科夫(Vladimir Nabokov)对他的影响。此外,在他描写的令人同情而又高深莫测的主人公身上,我们还能看到美国作家梅尔维尔(Herman Melville)笔下人物巴特尔比(Bartleby)的影子。"《经济学人》认为,"作者笔下这位独特而不同寻常的主人公,这个集冷漠与温柔于一身的人物，让我们自然地联想到麦卡锡（Tom McCarthy）的经典作品 C（Anon.，2014）"。另一方面，专业读者将小说与现实相联系，认为麦家笔下的人物角色映照了现实世界中的类型群体，并对这一群体进行了关注和反思。从这种意义上说，人物的共通性使作品具有了深刻的普世意义和现实意义。《纽约时报》狄雨霏（Tatlow，2014）引用王德威的观点说："男女英雄都是偶然的个体，甚至是真实存在的人物，他们追求着对事物的彻底参悟，并在其基础上再往前迈了一步。"《泰晤士文学增刊》吴芳思（Wood，2014）评价说："小说围绕中国的 701 组织展开，虽然该组织属于半地下组织，隐蔽于公共视线之外，这一点与英国间谍机构政府通信总部 GCHQ 不同，但两者在运作方式上却是非常相似的。在情报和密码这些迷雾重重的世界里工作的密码破译人员和间谍，他们可以被认为是具有典型特征的类型人群，其思维方式如出一辙。"

在人物复杂性的评价中，专业读者普遍认为人物的复杂性使麦家小说更加深邃和神秘，从而吊足了读者的胃口。《泰晤士文学增刊》吴芳思（Wood，2014）评价道："对人物的复杂性描写是《解密》永恒的魅力。"《金融时报》埃文斯（Evans，2014）说："虽然我们对金珍的遭遇十分同情，但一直都无法真正解开他神秘的生命谜团。"《每日电讯报》欧大旭（Aw，2014）评价说："容金珍这个极具复杂性的生命个体，就如同他费尽毕生精力去破解的密码一样，最终走向了崩溃。"《星期日独立报》评价说，"小说突出表现出的是金珍飘忽不定、无法捉摸的性格"（Anon.，2014）。《华尔街日报》评价《解密》中的人物"细腻而复杂"（Russell，2014）。"书龙"评价说："小说主人公容金珍，既聪慧机智，又困惑茫然，且自带浪漫的诗人气质，他处于整个故事谜团的核心。尽管我们对金珍的家庭、师生关系、婚姻和事业等都有了一些零星的、片段化的了解，但他的'人生密码'仍然无从知晓。"（Anon.，2014）"图书小博客"说："容金珍始终是一个神秘而难以捉摸的人物，但他吊足了读者的胃口。"（Anon.，2014）

在吸引力的评价资源中,专业读者认为作者在人物刻画时所使用的生动语言、对人物心理细腻而真实的分析和描述以及对人物独特性格的塑造,使人物独具魅力。约克大学史密斯(Smith,2014)说:"书中那些非凡璀璨的人物,你将永远无法忘记。"《书页》海因斯(Hines,2014)评价说:"小说中动人的隐喻表达让读者对金珍心生怜惜,对他的故事欲罢不能,即使对数学不大感兴趣的读者也不例外。""透过书本看世界"惠普尔(Whipple,2014)评价道:"这部小说以主人公容金珍所经历的人生苦难和内心煎熬为中心视角,采用了心理分析和个性化描述的方法,让人惊叹不已。对于生活在中国群体文化中的人物,尤其是军队及其秘密情报部门的人物,能够采用这样的方法进行刻画,出乎了我的意料。虽然这部小说不能算是我们所熟知的'心理小说',但作者确实将主人公容金珍作为国家机构内部的一个个体进行了感同身受的描写,使他在从童年到成年早期的发展过程中,形成了我们可以认同的真实个性。""书龙"书评人眼光独到,他为小说人物独特的个性所吸引,他评价道:"容金珍——一个孤儿、数学天才、无与伦比的解密高手。尽管他始终处于故事叙述的中心,但他只为自己发言过两次:一次是用他自己的鲜血写下的血字,表明他对养母终生不渝的爱;另一次是记录在一本失而复得的蓝色笔记本中的文字,这些文字显然被人修改过,只能部分地反映他的想法。"(Anon.,2014)

在人物原创性的评价中,专业读者认为麦家小说中的人物形象不同于西方读者熟悉的文学作品中的典型间谍形象。《金融时报》埃文斯(Evans,2014)评论道:"人们很容易把麦家比作中国的勒卡雷,但《解密》的中心人物、天才解密专家容金珍与勒卡雷的《锅匠、裁缝、士兵、间谍》中的厌世特工斯麦丽(Smiley)有着天壤之别。"《星期日独立报》认为,"金珍有异于任何传统人物形象:他与世隔绝,头脑发达,可能患有孤独症,但绝对是个天才"(Anon.,2014)。约克大学史密斯(Smith,2014)评价说,"主人公容金珍并不是你印象中的英雄形象:他是一个半自闭的数学天才,脑袋大得离奇,还热衷于下棋"。"喧哗"库托(Cueto,

2014)也认为，"金珍出生于不寻常的家庭背景，还可能身患有孤独症，他并不是典型的特工形象"。

在异域性的评价资源中，专业读者认为小说人物反映了中国的某种现实。而合理性的评价资源中，专业读者对小说人物的真实性进行了肯定。"喧哗"库托（Cueto，2014）认为"麦家没有花过多的笔触仔细描述人物的内心世界，但其笔下人物真实、自然、活灵活现地跃然纸上，从流亡异乡的洋先生到孤傲而怀仁的大学校长，以及像谜一样的主人公金珍"。

4.3.3 "叙事特征"的评价范畴与评价意义

专业读者评价中"叙事特征"的评价范畴以及各范畴中正面和负面评价资源数量统计结果，如表 4.6 所示。

表 4.6 专业读者评价中"叙事特征"的评价范畴与评价意义

评价意义	情感	鉴赏								
	反应	构成		估值						
	满意	吸引力	平衡性	复杂性	生动性	异域性	原创性	共通性	文学性	合理性
正面评价（条）	2	24	3	11	3	9	49	11	8	1
负面评价（条）	1	3	2	1	2	0	0	0	0	0
合计（条）	3	27	17		83					

表 4.6 显示，专业读者对麦家小说叙事特征的正面评价数量占总评价量的 93.08%，这一数据说明专业读者对麦家小说叙事特征的肯定程度很高。从专业读者对各具体评价范畴的关注度来看，排前三的为原创性、吸引力和复杂性范畴，评论数量分别有 49 条、27 条和 12 条，占总评价量的比例分别为 37.69%、20.77%和 9.23%，三者之和为 67.7%，可见专业读者对叙事特征的评价数量中，这三个范畴占比近七成，其中尤以原创性范畴最为显著。从评价意义正面性来看，原创性为 100%，吸引力为 88.89%，复杂性为 91.67%。专业读者对麦家小说叙

事特征的原创性关注度最高,肯定程度也最高。对叙事特征的吸引力和复杂性的关注度次之,其中有少数负面评价。通过关键词检索,我们发现,专业读者评价中有关叙事特征的重要评价高频词依次为narrative(7)、prose(6)、interview(5)、meandering(5)、pace(4)、classic(4)、dense(4)、different(4)、digressive(3)、documentary(3)、layers(3)、metafiction(2)、psychological(2)、slow(2)、transcripts(2)等。下面笔者具体呈现专业读者在各评价范畴对叙事特征的评价。

叙事特征原创性的评价资源主要体现为麦家作品所采用的非类型小说叙事方式,使读者"忘我"地参与故事的建构,和作者一道解开书中的秘密。非类型小说叙事方式主要体现为两方面:一是元小说和三分法的叙事结构;二是纪录片式的叙述方式。首先,有关叙事结构原创性的评价资源中,麦家作品吸引专业读者的是其元小说叙事结构。如《纽约时报》林培瑞(Link,2014)认为,"作者偶尔把玩的元小说手法体现了近些年出现的后现代叙事风格"。《金融时报》埃文斯(Evans,2014)评价说:"该小说具有独特的魅力,因为作者'恶作剧'般地改变了叙事方式,重塑了叙事结构。《解密》是一部非传统的间谍小说,体现了元小说迂回曲折的特征,充满了后现代小说般一波三折的故事情节。""图书小博客"评价说:"故事非常巧妙地采取了元小说叙事结构,其叙述者通过走访容金珍人生中的重要人物,将他们的口述内容记录并连贯起来,最后还原容金珍故事的真相。"(Anon.,2014)"地平线上的文字"评价说:"有人认为这是一个元小说形式写就的故事,对此我尚有些不确定。但麦家精心设计的小说结构确实十分巧妙、别出心裁,具有原创性和开拓性。正如他自己所说,他的写作并不是人们想当然认为的模式化的间谍小说。"(Anon.,2014)"透过书本看世界"惠普尔(Whipple,2014)评价道:"作者往往在头一章的结尾预告下一章将要发生的事情,以此来吊起读者的胃口。然后继续讲述这些事件是如何发生的,从而为读者解开悬念,但也告诉了读者下一章的看点。在小说的结尾,作者讲述了他本人关于写作的一些想法,创作这部小说的初衷,并交代了金珍的人生结局,从而营造了这么一种感觉:他希望读者和他一道,共同分享这个故事,一起揭开故事的谜团。"

《风声》采用了多层次叙述视角,分为上部"东风",下部"西风"和外部"静风"的三分结构,这一结构的独特性引起了专业读者的兴趣。《泰晤士报》邓斯(Duns,2020)指出:"这是一部规模宏大的间谍小说,真相总是游离于所有表象之外,故事的发展越来越引人入胜。然后,就在你认为已经把握了整个故事之时,一切情节又全部被颠覆,这种诡秘、诙谐、游戏般的叙述让我们明白,该作品真正最重要的价值在于作者讲述的这个故事以及讲故事的方式。""射击杂志"莫法特(Moffat,2020)评论道:"书才过半,我们就读到了故事的高潮,也就是作者所说的尾声,这实在令人惊讶不已。但实际上,这远不是结局。从这部分开始,麦家直接与读者对话。他声称,要在漫长的故事尾声中,通过走访并聆听故事中的幸存者和他们后代子孙的讲述,来揭开故事中的所有谜团。""水石书店"评论道:"小说按照情节的发展将过去的故事和现在的故事分开来讲述,我觉得这个设计特别妙。过去的故事很精彩,而现在的故事又帮我解开了尚存的疑惑。"(Anon.,2020)凯特(Kate,2020)在博客中评论道:"这三部分在内容上都大不相同,写作风格也略有变化。讲述的故事很容易读懂,细微处的描述也很详细。"

其次,有关纪录片式的叙事方式的评价资源中,专业读者认为,麦家在故事讲述中只是通过采访等形式,客观地、就事论事地陈述事实,其中没有掺杂任何个人情感的因素和感情的渲染,这是一种纪录片式的叙述方式,能够提高故事的可信度,并吸引读者参与故事的建构,专业读者普遍对此表示肯定。如《卫报》希尔顿(Hilton,2014)评价说:"作者对金珍和希伊思秘密生活的真相进行了探索,这是小说的叙事弧线。叙述者为此跑遍了整个中国,追踪关键证人,采访当事人,重新构建金珍的生活轨迹。"《华尔街日报》罗素(Russell,2014)评价道:"全书由一位匿名叙述者,通过一系列的访谈记录和解密文档,步步为营,娓娓道来。"《书页》海因斯(Hines,2014)评价说:"故事的叙事方式设计得非常微妙,有时候当我们跟随金珍的故事进展,试图探索他如谜一般的天才心理时,我们感觉仿佛正和他一道,在狭窄幽深的走廊里穿行。麦家的叙述方式不是直截了当的直线型叙述,而是运用了不同的技巧,从不同的角度,将故事情节徐徐展开。随着故事情节的推进,我们能很明显地感受到一种新闻调查般的语气贯穿其中。""书评大全"奥塞夫(Orthofer,2014)认为:"《解密》更像是一部纪录片,叙述者按照事件发展的时间顺序进行讲述。对事件当事人的采访记录,叙述者与这些当事人碰面的方式,以及他对书中所述信息的获取途径等,叙述者都一一做了交代。作者描述了'自己'调查主人公人生故事前前后后的整个过程,并最终写就了这部小说。麦家在故事叙述中并非自由地发挥小说作者在塑造人物形象和填充故事细节方面的自由,这是一种纪录片式的叙述方法,给人一种新闻纪实的感觉。故事读起来有些像期刊上的人物写实。""犯罪分子"桑托斯(Santos,2014)评价道:"《解密》将叙述者本人对容金珍过去人生经历的探索与对容金珍的朋友、家人和同事的采访记录结合起来。我们跟随着叙述者的脚步,一起痴迷地追寻着容金珍的故事,然后很快意识到,叙述者为容金珍故事所陶醉和痴迷的程度,就如同容金珍被紫密和黑密所吸引一样。""透过书本看世界"惠普尔(Whipple,2014)评价说:"小说是以人物采访的形式展开,从中读者了解到金珍的个人历史和人生故事。这种'采访式'的叙述方式,其特点是客观地、就事论事地'陈述'事实,而不是从内心情感出发,对故事进行主观性的'渲染'。小说中间部分叙事风格有所改变,从客观陈述转为对金珍杂乱无章的梦境以及内心不着边际的遐想的描写,揭示了金珍同样杂乱的内心世界,表现了他令人担忧的变化。""喧哗"库托(Cueto,2014)说,"麦家讲述故事的方式让人感觉他是在做一项研究,其中有大段的对相关人物的采访"。此外,专业读者对《风声》的纪录片式的叙事方式也有评价,如凯特(Kate,2020)说:"以我的理解,《风声》第二部分虚构性地叙述了作者在写作中所遇到的问题和进行的采访,因而该部分有大量的采访记录,这也让我对人物有了更多的探索，我觉得这很吸引人。这样的叙述方式出乎我的意料，它绝对不同于我以前读过的任何作品，我很喜欢。"

此外，叙事特征原创性的评价资源还包括专业读者对叙事节奏和叙述视角的评论。《经济学人》2014 年度"全球十佳小说"推荐中对《解密》的评价是"因其独特的叙事节奏以及完全独创新颖的故事在众多作品中脱颖而出"（Anon.，2014）。《卫报》希尔顿（Hilton，2014）评价说："故事的展开具有'慢热型'风格。"约克大学史密斯（Smith，2014）也认为，"不要指望这部小说和寻常的快节奏惊悚小说一样，缓慢的叙事节奏让其与众不同"。《出版人周刊》评价说："麦家对节奏的细心把握以及民间文学般的叙事风格，成就了一个引人入胜的故事。"（Anon.，2014）"犯罪分子"桑托斯（Santos，2014）也评价道："《解密》以松散的叙述方式对书中人物数十年的生平故事进行了徐徐讲述。"《金融时报》勒波（Lebor，2020）评价《风声》时也说："开篇节奏较慢，与同类型文学中的许多特情小说相比，《风声》的阅读需要你付出一些努力。但这个关于中国情报人员的故事，既灵活多变，又富有张力。当你慢慢咀嚼，细细品味之时，你为之所付出的所有努力一定让你有所收获，尤其在当下。""射击杂志"莫法特（Moffat，2020）也评价《风声》"是个慢热型的故事"。此外，凯特（Kate，2020）还对《风声》叙述视角的原创性进行了评论，她说："书中前半部分的叙事和描述视角发生了变化，从全知视角转变为'老鬼'的个人视角，同时叙事角度亦从第三人称转变为第一人称。在我看来，这样的转变增加了故事的复杂性，也增加了阅读的趣味性，因为下一章或下一节会发生什么，你从来都不能知道。"

从吸引力范畴的评价资源来看，专业读者认为作品中漫谈式的叙述方式、魔幻现实主义的叙述风格、真实性的细节描写、中国小说的叙事传统等因素具有极大的吸引力。"书评大全"奥塞夫（Orthofer，2014）说："麦家不同寻常的叙述方式点亮了整个故事，使人自始至终都感觉饶有兴致。"约克大学史密斯（Smith，2014）评价说："《解密》和读者玩游戏，激发读者参与互动的热情，其魔幻现实主义的叙述风格将你深深吸引,每一页都让你如痴如醉。"《经济学人》认为,《解密》"生动离奇的情节和新颖奇诡的叙事方式,让你从第一页开始就欲罢不能"(Anon.,2014)。《每日电讯报》欧大旭(Aw,2014)指出:"小说中的细节描写让人着迷,而不是乏味,因为麦家把故事情节与现实中的人和事联系了起来。"《纽约时报》林培瑞(Link,2014)评价说:"麦家继承了很多早期中国小说的叙事传统,读者们将会在拨开小说的层层谜团中体会到阅读快感。""犯罪分子"桑托斯(Santos,2014)说:"麦家这种枝节旁生甚至漫谈式的写作风格逐渐将我吸引。"但是,不同书评人的文学批评眼光和审美视角不同,难免见仁见智,因此也有一些负面评价。有的专业读者认为麦家小说的叙事有些拖泥带水,故事情节繁复冗长,损害了阅读的乐趣,不符合西方读者的阅读习惯等。例如,拉曼(Larma,2014)在《观察家报》上评论指出:"麦家的叙事风格有时显得繁重而费力,这是因为小说中包含了一些似乎与其他角色不甚相关的第一人称叙事,且常常以日记或访谈的形式出现,读来颇感冗长,且有时让人觉得费解。"《芝加哥论坛报》陈葆琳(Chen,2014)也认为,"作品缓慢的节奏和松散的聚焦点会让期待拉森(Stieg Larsson)或是西尔瓦(Daniel Silva)式风格的读者感到困惑"。

从复杂性评价资源中我们发现,专业读者普遍认为小说叙事具有复杂性特征,主要体现在叙事结构的复杂性和叙述语言的含糊性等方面,这种复杂性和故事的密码主题相关,体现了作者故设玄机邀请读者一道参与故事解密的用心。《泰晤士报》沃尔什(Walsh,2014)评价麦家小说具有"语焉不详的含糊叙事,悬而未决的故事情节"等叙事风格。《经济学人》指出,"作者喜欢与读者玩游戏:他的叙述经常这样,前面说这个故事'确实是真的,不容置疑的',但紧接着在下一段里,他会立刻为修饰过真相而道歉"(Anon.,2014)。《每日电讯报》欧大旭(Aw,2014)评论说:"读者在阅读小说时有种雾里看花之感,颇感迷惑。这不仅仅是缘于紧凑曲折的故事情节,也非由于数量众多、性格怪诞的人物角色。而是因为作者处心积虑想要扰乱读者的理解,使他们不容易抓住中心视角。这种叙事风格似乎是在复制'解密'这一中心情节的复杂性，从而使一切都显得更加扑朔迷离。"《金融时报》埃文斯（Evans，2014）评价道，"金珍精神崩溃后，便从叙事中消失了。于是小说的剩余部分内容变得支离破碎，既有笔记本中的一些片段，也有记者从金珍以前的朋友和同事口中得到的不大可靠的信息，而读者必须要对这些信息进行过滤，才能找到关于金珍最终命运的线索。在不大娴熟的作家笔下，这样故作玄虚的写作方式可能会让人懊恼，但此处却因其主题的缘故，读者觉得恰到好处，因为我们就是要像解开谜团和破译一直折磨金珍的密码一样，去寻找故事叙述的线索"。《书目》克里斯坦森（Christensen，2013）也认为，"作者处心积虑想要扰乱读者的理解，使他们不容易抓住叙事的中心视角。这种叙事风格似乎是在复制'解密'这一中心情节的复杂性，从而使一切都显得更加扑朔迷离。小说中反转的情节和断裂的故事对读者的阅读领悟提出了挑战，让读者享受解密般的阅读感受"。《书页》海因斯（Hines，2014）也提到这一点，"小说情节并非按照故事的发展顺序展开，而是以一种故事叙述和对关键人物的事后访谈相结合的方式。读者必须读到小说结尾才能明白故事的讲述者是谁，以及讲述这个故事的原因"。"书龙"评论道："故事中匿名叙述者对一名曾经神秘莫测、才华横溢的人物展开了调查，收集相关线索，而该人物在调查伊始就已经精神失常。故事通过叙述者的滤镜层层展开，而小说结构层次之复杂，让人震惊。"（Anon.，2014）复杂性范畴中也有负面评价，《华尔街日报》罗素（Russell，2014）对元小说叙事和语言的含糊性表示不适应，"叙述者写道，'我希望您能够见谅并理解我在这部小说里添加了一些虚构的元素……故事结局最让人不可置信'。这样的话语如何能让人相信其真实性呢？这部小说充满了这种模棱两可、含糊其词的语言，以至于故事最终的结局都需要读者像破译密码一般亲自去破解"。

从异域性评价资源中我们发现，麦家对中国古典小说技法的创造性运用吸引了专业读者的眼球。《纽约时报》林培瑞（Link，2014）指出："麦家的小说继承了中国古典小说的叙事方式。叙述者有时在结尾处故意设置悬念，以激发读者对后面故事情节的兴趣。这正是中国几个世纪以来的小说叙事方式。"《芝加哥论坛报》陈葆琳（Chen，2014）也认为，"全书几乎用一半篇幅描述金珍的家族史和他的童年，跨越了六代人，呈现出错综复杂的人物关系。这种叙事方式沿袭了《红楼梦》等中国古典小说的传统"。《每日电讯报》欧大旭（Aw，2014）评论道："小说中对家族故事和中国历史的厚重描写不是为了强调金珍来自数学世家，也不是为了用我们熟悉的方式介绍历史背景，而是隐含了中国古典小说的风格。小说中充斥着似乎与情节完全无关的故事和人物，结构显得枝繁叶茂。初次阅读的西方读者可能会产生一种挫败感，但这种似梦似幻、慵懒闲淡的偏离使小说走出刀锋相见的惊悚小说的范畴，走入一个充满超现实元素和奇诡情节的世界。"此外，专业读者对《风声》叙事特征的异域性也进行了肯定评价。《泰晤士报》邓斯（Duns，2020）评论道："小说叙事节奏较慢，充斥着大量的历史叙述，并且具有中文叙事中常见的硬朗风格。""射击杂志"莫法特（Moffat，2020）认为，《风声》"对于喜欢尝试不同类型'谜题'的读者来说，绝对是富有异国情调的挑逗"。

在共通性的评价资源中，专业读者认为麦家小说的叙事特征和西方作家作品之间有一种似曾相识的联系。《经济学人》认为，"我们从这部小说中可以读到马尔克斯的魔幻现实主义的风格，也能读到像凯里（Peter Carey）的小说那样把读者带入一个全新的神秘主义的世界"（Anon.，2014）。《华尔街日报》评价说："从一种寓言式的虚构故事延伸到对冷战时期谍报领域的真实描绘，行文有诸如切斯特顿（Chesterton）、博尔赫斯、意象派诗人、希伯来和基督教经文、纳博科夫（Nabokov）和尼采（Nietzsche）等先师的文风手法。"（Anon.，2014）《金融时报》埃文斯（Evans，2014）评价道："麦家驾轻就熟地应用文学体裁，撰写了一个具有博尔赫斯风格的微妙与复杂情节的故事。""地平线上的文字"说："叙述者调查中的探索性基调让人感到一种将真相彻底还原的使命感,这让我想起比内(Laurent Binet)的'$HHhhH$'中的叙述者。"(Anon.,2014)《独立报》威尔逊(Wilson,2014)亦说道:"小说作者曾将自己作品的文体描述为卡夫卡(Franz Kafka)和克里斯蒂(Agatha Christie)的结合。在梦幻般的世界里进行的演绎游戏当然是存在的,但同时也是超小说的。"此外,专业读者还在麦家小说中找到了和中国当代文学作品的相似性。《纽约时报》林培瑞(Link,2014)说:"作者对容金珍硕大的脑袋和离奇的家庭背景的叙述与当代作家苏童和余华的写作风格有类似之处。"《金融时报》埃文斯(Evans,2014)认为《解密》中那些描述朴实意象并带有些许残酷、幽默特征的开篇段落,具有莫言的中国农村小说的味道。

在文学性的评价资源中,专业读者对麦家小说可读性与文学性兼顾的特点表示了肯定,如《纽约客》评价说:"这是一部可读性和文学性兼具的佳作"(Anon.,2014),其文学性主要表现在作品中散文化的语言特色。《经济学人》以具体生动的例子评价道,"这样一个怪异、扭曲、非常的故事,却被作者用优美生动的散文化的语言书写了出来。破译密码的过程就好像'试图伸手去抓住飞在空中的小鸟'。每一个密码都比生命更重要,包括那些毫无温度的密码:金珍曾经试图破解的密码是如此'奸邪、阴险、毒辣、鬼气'"(Anon.,2014)。《华尔街日报》评价《解密》是一部"带有魔幻现实主义色彩的散文文学"(Anon.,2014),在其电视访谈中罗素(Russell,2014)也谈到,《解密》是"一种热烈的非常文学化的散文式书写"。《星期日独立报》评价道:"《解密》故事中有许多逻辑严密的格言警句,从而加大了故事的可信度。"(Anon.,2014)"地平线上的文字"评价麦家小说是"散文式的书写"(Anon.,2104)。"透过书本看世界"惠普尔(Whipple,2014)认为,"《解密》具有独特的叙述风格、故事内容、时代背景和小说主题,可以称得上是一部名副其实的文学小说"。

此外,在平衡性的评价资源中,《芝加哥论坛报》陈葆琳(Chen,2014)进行了负面评价,她认为,"麦家沉溺于描写惊悚小说惯用的曲折情节,但由于没能把握好平衡,小说的悬念被冲淡了,金珍破译顶级密码的过程越来越像一场没有结果的唯我的游戏"。在生动性的评价资源中,《书页》海因斯(Hines,2014)评价说,小说中动人的隐喻表达让读者对金珍这个人物心生怜惜,对他的故事欲罢不能,即使是对数学不大感兴趣的读者也不例外。但也有负面评价,如"故事的故事"书评人说:"我努力在书中寻找一些令人回味的语句,但语句平平,对话也甚少。"(Anon.,2014)在合理性的评价资源中,《经济学人》认为,小说逻辑严谨,具有合理性,"书中充满了苦难深重的人们的情感,但行文紧凑而严谨:容金珍因无法忍受'别人五花八门的习惯',所以他爱上他的妻子,一个'来的时候无声,走的时候无音'的女人"(Anon.,2014)。

4.3.4 "小说主题"的评价范畴与评价意义

专业读者评价中"小说主题"的评价范畴以及各范畴中正面和负面评价资源数量统计结果,如表 4.7 所示。

表 4.7　专业读者评价中"小说主题"的评价范畴与评价意义

有关"小说主题"的评价资源	反应	构成	估值	
	吸引力	复杂性	原创性	共通性
正面评价(条)	2	5	19	18
负面评价(条)	0	0	0	0
合计(条)	2	5	19	18

总体来看,专业读者对麦家作品小说主题的评价数量有 44 条,全部为正面评价,这说明专业读者对小说主题持全面肯定的态度。从专业读者对各评价范畴的具体关注度来看,原创性和共通性的评价数量最多,原创性的评价 19 条、共通性的评价 18 条,麦家小说受到西方专业读者的肯定和表扬,很重要的原因在于其小说主题的原创性和共通性。此外,复杂性的评价数量 5 条,吸引力的评价数量 2 条,说明小说主题的复杂性和吸引力也是专业读者关注的因素。通过关键词检索,

我们发现，专业读者评价中有关小说主题的重要评价高频词依次为 world（8）、cryptography（6）、genius（5）、human（4）、complex（3）、insanity（3）、Snowden（3）、fragile（3）、psychology（2）、truth（2）等。下面笔者将具体呈现专业读者在各评价范畴对小说主题的评价。

在小说主题原创性评价资源中，专业读者的评价主要体现在两方面：其一是对人性和天才本质的探索；其二是麦家小说中的密码主题。首先，专业读者认为麦家作品与西方典型间谍惊悚小说类型的不同之处在于，麦家小说并非惊心动魄、色乱情迷的动作大片，而是对人性和天才本质的深刻思考。如"喧哗"库托（Cueto，2014）认为"《解密》与一般传统的西方间谍惊悚小说丝毫没有相似之处。小说中没有一系列电影大片式的动作描写，也没有出现新奇的间谍小工具，相反，其核心放在了对人类洞察力的书写上"。《出版人周刊》也指出，《解密》的主题"就是不断破译人这个最玄幻的密码"（Anon.，2014）。《金融时报》埃文斯（Evans，2014）认为，"麦家的兴趣似乎更在于描写人性之复杂，并通过文学的方式来揭示苦难的现实"。《泰晤士文学增刊》吴芳思（Wood，2014）指出："归根结底，《解密》永恒的魅力在于探索人性之复杂。"陈葆琳（Chen，2014）在《芝加哥论坛报》评论指出：这部小说告诉我们"人性是最大的谜，是唯一无法破解的密码"。而《纽约时报》书评直接在标题中点明了小说主题，即"深入的人性探索"，书评人评论说："麦家的写作意图是要'照亮'破译密码独特的心理过程。"《书页》海因斯（Hines，2014）评论说："小说通过对一个才华横溢的人物进行细致而复杂的心理描写，以此来表明人性是最深奥的谜团，最难破解的密码"，此外，"故事的终极危机揭示了天才易折的本质"。《星期日独立报》书评人评价说："这部小说的闪光点就在于它对卓尔不群的天才人物所遭遇的艰难苦楚进行了深入探究和思考。"（Anon.，2014）《纽约客》认为《解密》的主题在于"密码学与心理学的关系"（Anon.，2014）。

其次，小说主题原创性的评价中，麦家作品中的密码主题还引发了专业读者对人类处境的现实思考，体现了作品的世界意义。《纽约时报》狄雨霏(Tatlow，2014)将小说与现实世界和当今时代相联系，她指出："《解密》提到了一些关于人类处境的深刻问题。随着斯诺登新闻事件的发生，美国情报部门对全世界大规模实施监视、侦听这一骇人听闻的事件公之于众后，人们对麦家的作品顿时又有了新的认识和感受，其现实意义不容置疑。书中的故事不仅仅关乎中国，更关乎我们今天的世界。"狄雨霏在书评中引用了麦家的观点，"麦家先生说，'容金珍和斯诺登是一个硬币的两面，斯诺登也好，容金珍也罢，他们都是被上帝抛弃的人；可悲的是，不论是哪个国家都有相当一部分这样的人。坦率说，斯诺登揭露的不仅是美国的阴暗面，也是当今世界的阴暗面。这个世界被科技绑架了'"。狄雨霏对哈佛大学东亚系教授王德威的观点表示认同："刺探、密码和阴谋自古以来就一直是人类政治和军事交往的一部分，间谍和密码的艺术与政治已经根植于我们生活的每个层面。""犯罪分子"桑托斯(Santos，2014)探讨了密码术的现实意义，"对麦家而言，密码术并不是民族自豪感和世界统治的关键。如果非要说有什么意义的话，那么密码就是一个险象丛生的竞技场，旨在让天才群体在混乱与欺骗的层层圈套中越陷越深。正如麦家所言，'不论是制造密码，还是破译密码，密码的本质是反科学，反文明的，是人类毒杀科学和科学家的阴谋和陷阱'"。"中参馆"(Parker，2014)也认为，麦家小说引发了人们对密码术的思考，"麦家的小说是关于二战后的密码战，它清晰地描述了这种绝密工作如何将一个人彻底摧毁。……但细读之后读者会发现不同的启示，作者同时描写的还有自我毁灭，这些牺牲最后甚至可能毫无意义。麦家对读者抛出一个问题：破译工作值得付出这么高的代价吗？希伊斯将破译过程形容成一连串疯狂的循环，但最后也不见得会有个赢家。破译密码需要有'恶魔般的智慧'。希伊斯警告容金珍：你在这个领域所获得的每一次成功，都会让他人变得更邪恶、更狡猾。密码战是一种隐蔽的战争，赢得这样的争战是没什么意义的，对人类的进步一无是处。《解密》没有采用惯常的敌我二分法的叙述模式，而是突出了密码战中的普遍挫败感"。

在小说主题共通性的评价中，专业读者在《解密》和其他艺术作品间找到了某种主题上的相似性。《芝加哥论坛报》陈葆琳（Chen，2014）认为麦家的《解密》和宫崎骏的电影《起风了》有些相似，"和宫崎骏最近的电影《起风了》一样，麦家的小说《解密》也探索了一个有远见卓识的天才在 20 世纪中期动荡不安的东亚社会中所经历的种种困境。由于国家经济的落后和思想观念的狭隘，两部作品的主人公都没能有机会在国际舞台上大放异彩，而是只能在黑暗和备受争议的事业中消耗自己的聪明才智"。在小说主题复杂性的评价中，《泰晤士文学增刊》吴芳思（Wood，2014）评价说："小说《解密》对破译密码、政治、梦境解析及其意义做了微妙而复杂的探索。"在吸引力范畴的评价中，《书目》克里斯坦森（Christensen，2013）评价道："在麦家笔下关于密码战争的扣人心弦的故事中，读者感受到了天才和疯子之间界限的模糊。故事结局让人心碎，又发人深省。"

4.3.5 "小说类型"的评价范畴与评价意义

专业读者评价中"小说类型"的评价范畴以及各范畴中正面和负面评价资源数量统计结果如表 4.8 所示。

表 4.8 专业读者评价中"小说类型"的评价范畴与评价意义

有关"小说类型"的评价资源	反应	估值			
	吸引力	异域性	原创性	共通性	文学性
正面评价（条）	2	2	48	3	2
负面评价（条）	1	0	0	1	0
合计（条）	3	56			

表 4.8 显示，专业读者对麦家作品小说类型的评价数量有 59 条，其中正面评价数量占总评价量的 96.61%，这一数据说明专业读者对麦家作品小说类型的肯定程度很高。从专业读者对各评价范畴的具体关注度来看，原创性的评价数量为 48 条，远远高于其他评价范畴，占

总评价量的 81.36％,且其评价意义正面性为 100％,评价意义全部为正面评价。很显然,麦家作品小说类型的原创性因素吸引了英语世界专业读者的目光。"小说类型"的评价范畴中,除原创性外,还有吸引力、异域性、共通性和文学性,评价数量分别为 3 条、2 条、4 条和 2 条,其中吸引力和共通性各有 1 条负面评价。通过关键词检索,我们发现,专业读者评价中有关小说类型的重要评价高频词依次为 thriller(s) (18)、literary (8)、western (5)、bond (4)、conventions (4)、espionage (4)、fable (4)、Borges (3)、cryptography (3)、fiction (3)、historical (3)、mathematical (3)、study (3)等。下面笔者具体呈现专业读者在各评价范畴对小说类型的评价。

小说类型原创性的评价中,专业读者认为麦家作品突破了类型文学的框架,体现为一种非典型性的"杂合"文学,给读者带来了新奇的阅读体验。狄雨霏(Tatlow, 2014)在《纽约时报》书评中援引了王德威和张颐武两位教授的观点,"王德威教授认为麦家的作品'混合了革命历史传奇和间谍小说的文学风格,有西方间谍小说和心理惊悚文学的影响'","张颐武教授评价麦家作品时说,'我时常觉得侦探推理小说有一个麻烦,就是只有数学精神,没有人文情怀。但是麦家的作品既有数学精神,又有人文情怀'"。企鹅出版公司在《解密》的介绍中说:"《解密》是一本关于间谍的小说,而不是传统的间谍小说。麦家被誉为中国间谍小说之父,并开创了一种集间谍、破译密码、犯罪、人生戏剧、历史小说和元小说等元素于一体的新的小说类型。麦家的这部力作结合了历史小说和国家间谍的元素,具有犯罪惊悚小说的紧张节奏。"(Anon., 2014)《华尔街日报》罗素(Russell, 2014)认为:"此书跟一般的传统西方惊悚小说不同,读起来让人感觉它是既具有一定的学术研究性,又涵盖大量悬疑和机密的元素,同时还笼罩着魔幻现实主义色彩的散文文学。"《星期日独立报》评价道:"《解密》绝不是一部传统的间谍小说,它为读者带来的是一种迷人且极不寻常的阅读体验。"(Anon., 2014)"犯罪分子"桑托斯(Santos, 2014)评价道:"《解密》突破了间谍小说的文学体裁,创造了一种完全超出预期的全新的小说类型。""喧哗"书评标题非常醒目地指出《解密》是"一部所有美国读者从来没有接触过的独特的间谍小说",继而又评价说:"有的部分你会觉得很像惊悚间谍小说,有的部分则有神话传说的色彩,还有的地方又像是文学寓言。"(Cueto,2014)"书龙"评价说:"麦家的作品中透露出智慧,引人入胜。并且非常独特,与众不同。这应该能确保他会有更多的作品被西方国家所接受。"(Anon.,2014)此外,在《风声》的评价中,专业读者对其小说类型的"杂合性"也给予了充分肯定。如凯特(Kate,2020)在博客中写道:"当我被邀请阅读《风声》时,我想我要再次涉足未知领域了。历史间谍惊悚小说和元小说的结合是我以前从不熟悉的小说类型。"莫法特(Moffat,2020)在"射击杂志"上评论说,《风声》"具有元小说的特点"。"宙斯之首"出版社评价《风声》为"一部令人眼花缭乱的文学间谍小说"(Anon.,2020)。

在共通性范畴的评价资源中,专业读者在麦家作品中读到了与西方类型小说的某种渊源关系。在西方类型小说体系中,推理、悬疑、惊悚等元素占据着重要的位置,颇能吸引西方读者,如柯南·道尔的《福尔摩斯探案集》、阿加莎·克里斯蒂的《东方快车谋杀案》等,都已成为类型小说的经典。有趣的是,专业读者在麦家作品和这些类型小说之间找到了关联。《纽约时报》林培瑞(Link,2014)指出:"《解密》最明显的渊源来自20世纪50年代从苏联引入中国的'反间谍'小说,其中的典型元素在《解密》中都有体现,包括哥特式的国防、巫师般的外国人、先进的小仪器以及层层掩盖的事实。"在吸引力范畴的评价资源中,专业读者对麦家小说的吸引力进行了正面评价。如史密斯(Smith,2014)在约克大学网站上发表书评说:"这部小说给我带来了意外的惊喜,因为它让我消除了对间谍小说的所有成见,并给我留下了深刻的印象。《解密》和我阅读过的任何西方小说都不一样,这是它对我有着特别吸引力的原因。以开放、包容的心态去翻开这本书吧,它会让你爱不释手,且欲罢不能!"

4.3.6 "中国文学译介"的评价范畴与评价意义

专业读者评价中"中国文学译介"的评价范畴以及各范畴中正面和负面评价资源数量统计结果,如表4.9所示。

表 4.9 专业读者评价中"中国文学译介"的评价范畴与评价意义

有关"中国文学译介"的评价资源分布	反应		构成	估值
	吸引力	合意性	复杂性	异域性
正面评价(条)	8	1	1	1
负面评价(条)	7	0	18	0
合计(条)	16		19	1

表4.9显示,专业读者对"中国文学译介"的评价数量有36条,正面评价数量仅占总评价数的30.56%,这说明专业读者对中国文学译介的肯定程度不高。从专业读者对各评价范畴的具体关注度来看,复杂性的评价数量最多,有19条,其中正面评价仅1条,评价意义正面性仅为5.56%。此外,吸引力的评价数量有15条,正面评价数8条,正面性为53.33%。这些数据表明,专业读者对中国文学译介的关注度以及负面评价主要集中于其复杂性。下面笔者具体呈现专业读者在各评价范畴对中国文学译介的评价。

中国文学译介复杂性范畴的评价主要涉及三方面,即中国文学在海外的现状、中国文学在海外译介的困难以及中国文学海外译介的出路。首先,有关中国文学在海外译介现状的评价资源中,专业读者普遍认为其现状不容乐观。《华尔街日报》罗素(Russell,2014)引用FSG出版集团主编坎斯基(Eric Chinski)的观点说,"当时的麦家或许算得上是全球畅销书作家了,但很多美国读者,甚至是美国出版圈子的人却还没有听说过他"。随即她感慨道:"畅销书作家麦家在此之前都尚未被英语世界读者所知。"此外,在美国出版的《解密》英译本的扉页上,亦赫然写着坎斯基对麦家的评价:"麦家也许是你没有听说过的世界上拥有读者最多的作家。"这一评价被英美各大主流媒体在书评中引用,包括《卫报》、约克大学网站、《纽约时报》、《新共和周刊》和《观察家报》等。约克大学史密斯(Smith,2014)写道:"听说过他吗? 没有。我也是直到读了《解密》才初次听说这位作者。""喧哗"库托(Cueto,2014)一针见血地指出了这一评价背后所反映的中国文学译介当前不容乐观的形势,他指出:"你从未曾听说过麦家,这一事实充分说明进入美国市场的中国图书实在太少了。"《经济学人》也直接指出:"过去三十五年间,中国小说层出不穷,但其中只有少数中国作品和作家在海外拥有读者。"(Anon.,2014)"图书小博客"亦评论说:"许多日本作家如吉田修一、村上春树、川上弘美等都在英语读者中享有盛名,因而有大量的日本小说被翻译成了英文。然而,翻译成英文的当代中文小说却不那么突出。"(Anon.,2014)

其次,有关中国文学在海外译介困难的评价资源主要包括两方面,即中国文学在海外翻译和出版的困难,以及中国文学在海外建立稳定读者群的困难。一方面,专业读者对于中国文学在海外翻译和出版的困难进行了评价。《华尔街日报》罗素(Russell,2014)详细描绘了《解密》在英美出版过程中的重重困难,"2009 年,麦家在国内所取得的巨大成功和影响力并没有在国际上造成足够的轰动,直到一家台北图书版权贸易公司的代理人谭光磊开始尝试将麦家先生 2002 年的处女作《解密》的英文版权推向海外市场。这部作品之前从来没有被翻译成英语,在海外市场也不为人知。为了更好地推介,谭先生准备了四十页的英文样稿和全书概要,'但两年过去了',他说,'我们依旧没有找到一家出版社'。在努力为《解密》的英文版权做了两年的推介之后,谭光磊终于从韩国的首尔国立大学汉语文学院的教授米欧敏那里得到了反馈。对于谭光磊来说,这简直是天赐之物,'我突然就有了这么棒的一个翻译版本,内容还如此完整',他说,'幸亏有她,要不我得花大价钱才能得到这样的英文译本'"。罗素(Russell,2014)在《华尔街日报》"午间休息"(Lunch Break)栏目的电视访谈中将中国文学海外翻译和出版的困难形象地比喻成"鸡与蛋"的问题,她说:"对于中国当代小说来说,要真正在美国或英国出版是很不容易的,就如同'先有鸡还是先有蛋'这一因果两难的问题。由于大多数英国和美国的出版商都看不懂中文,所以作品在送去评估之前,总是需要被译成英文,但作者或是文学代理商在版权协议没有达成的情况下,往往无法负担高昂的翻译费用。因而在没有翻译全本的时候,出版商通常只能依靠简短的英文样章或是读过原文的读者的评论来感知作品的相关信息。这真是一种文学现象。"此外,罗素(Russell,2014)认为中国文学海外译介的困难还与中国海外出版机制尚不健全有关。她提到了《解密》作者对于海外出版的困惑:"麦家先生在通过电子邮件接受采访时表示,在谭先生找到他之前,他根本不认识任何中国作家的版权代理人和翻译家。他写道:'即使我愿意自己委托翻译,也不知道从何下手。'"

另一方面,由于中国文化对于西方读者的陌生性,使中国文学作品在西方建立稳定的读者群有一定的困难。《华尔街日报》罗素(Russell,2014)指出:"对于一般的外国图书来说,想要在英语国家建立读者群是件很困难的事儿。而对于那些外国的出版商和书商来说,中国当代小说存在的挑战是相当艰巨的。"罗素在书评中引用了出版《解密》的英国企鹅出版社和美国 FSG 出版社负责人的观点:"英国企鹅出版社编辑部主任基施鲍姆(Alexis Kirschbaum)认为,'想要从中国小说中创造出商业价值太难了,中国文化对于大部分西方读者来说依旧是相当陌生的概念'。FSG 出版集团主编钦斯基也说道:'除了几位屈指可数的作家以外,中国当代笔耕不辍的作家们并没能成功在美国读者群中站稳脚跟。'"

最后是有关中国文学海外译介出路的评价资源,专业读者认为中国文学要走向世界,英语翻译是必经之路。另外,诺贝尔文学奖获奖可以起到巨大的助推作用。《华尔街日报》罗素(Russell,2014)认为,"翻译成英语是中国文学走向世界的捷径"。她以《解密》为例进行阐释,"2011 年,英国企鹅出版社同时购买了《解密》和《暗算》两本书的全球英文版权，并同意使用米欧敏女士与曼彻斯特大学汉语研究助理教授佩恩合作翻译的英文译本。一年后，英文本问世，各方报价也随之而来，FSG 出版集团的坎斯基最先联系了他们，其他国家及地区的许多语种的出版社也纷纷发来意向。目前该书的版权已经售出 20 个国家，被翻译成十种语言，'英文全本一出，所有版权购买的邀约也就接踵而至了'"。此外，罗素(Russell, 2014)评价说："中国作家莫言于 2012 年获得诺贝尔文学奖之后，一些中国当代作家的作品也相继获得了读者的认可，可见这些作品确实吸引了一部分美国读者。"她援引基施鲍姆的观点说，"中国作家要想得到点儿知名度，还是得获个诺贝尔奖才行"。

中国文学译介吸引力范畴的评价中，专业读者认为中国文学译介近年来取得了显著进步。《经济学人》指出，"近年来中国文学输出取得了进步，中国作家中还诞生了诺贝尔文学奖得主"。书评人还指出，受到西方读者关注和好评的中国文学作品，"大多因其对中国这个在世界舞台上的影响力与日俱增的国家进行了敏锐的洞察。当然也有优秀的作品——有的犀利而深刻，有的耸人听闻，甚至许多作品直指敏感的政治话题"(Anon., 2014)。此外，专业读者着重强调了《解密》的文学魅力，《经济学人》评价道："在这数千种翻译作品中，几乎没有一本书，可以像《解密》一样，让那些对中国缺乏了解和兴趣的人，依旧能读得津津有味。"(Anon., 2014)《华尔街日报》也描述了《解密》打动西方专业读者的过程，"米欧敏超长的翻译译本着实触动了企鹅出版社的基施鲍姆女士，'这种题材丰富的作品我之前从来没遇到过'，她在读完后直接将译本发给了伦敦大学的汉学家和翻译家蓝诗玲，蓝诗玲阅后同样也给出了高度的评价"(Russell, 2014)。

4.3.7　"翻译"的评价范畴与评价意义

专业读者评价中"翻译"的评价范畴以及各范畴中正面和负面评价资源数量统计结果，如表 4.10 所示。

表4.10 专业读者评价中"翻译"的评价范畴与评价意义

有关"翻译"的评价资源分布	判断	鉴赏
	才干	生动性
正面评价(条)	10	10
负面评价(条)	1	0
合计(条)	11	10

如表4.10所示,专业读者对麦家小说翻译的评价数量有21条,仅占所有评价资源总数的3.09%,这说明专业读者对译文本身的质量和风格的评价数量不多。其中正面评价数量有20条,正面性为95.24%,这说明专业读者对麦家小说翻译的肯定程度很高。涉及的评价范畴有判断中的才干和鉴赏中的生动性,评价数量分别为才干11条和生动性10条。从评价意义正面性来看,生动性子范畴的评价意义全部是正面评价,正面性100%,才干子范畴中有1条负面评价,正面性为90.91%。此外,才干评价资源的评价主体都为书评人,客体为译者,即才干评价资源表明的是书评人对译者才干的评价。估值评价资源的评价主体亦都为书评人,客体为译本,即估值评价资源表明的是书评人对译本价值的评价。通过用Wordsmith 6.0软件对专业读者评价中有关翻译的评价资源进行词频统计,我们发现出现频率最高的10个评价词语依次为elegantly/elegant(3)、gifted(3)、prose(2)、vivid(2)、credit(2)、professor(2)、smooth(2)、careful(2)、fluency/fluently(2)、revelatory(2)。这10个评价高频词语中,有6个词语是对译作价值的评价,分别为elegantly、prose、vivid、smooth、fluency、revelatory,从这些词语可以看出,"优雅的""散文般的""生动地""流畅的""启示性的"等语言是专业读者对译文最突出的评价。此外,有4个词语是对译者才干的评价,分别为gifted、credit、professor、careful。可以看出,专业读者普遍认为译者"有天赋""对译作的成功立下了汗马功劳""(是)教授""谨慎"。

在翻译的评价范畴中，专业读者大多认为译者米欧敏和佩恩的翻译水平高超，译文生动流畅，对麦家小说在英美的顺利传播和接受起到了重要作用。《书目》克里斯坦森（Christensen，2013）评论道："才华横溢的译者将带领英语读者走进了中国文学的宝库。"《卫报》希尔顿（Hilton，2014）认为，"功劳归于译者米欧敏，她精湛优雅的译文让作者和读者都大大受益"。可见，克里斯坦森和希尔顿对翻译在译介过程中所起的作用进行了充分肯定。史密斯（Smith，2014）在约克大学网站上发表评论道："公平地说，《解密》是麦家第一部被译成英文的小说，其成功很大程度上要归功于译者米欧敏，她优雅的散文式的译文完全准确地再现了中文小说的魅力。"史密斯从译文与原文关系的角度肯定了译文对原文魅力的再现。"透过书本看世界"惠普尔（Whipple，2014）则另辟蹊径，她首先指出"这部作品对于西方读者来说有一定的阅读难度，主要由于该书原文所面向的并非西方读者，许多关于西方文学传统、文学文体和文学结构标准的解读都不能适用于这部作品"，以此为铺垫，她对译者才干进行了高度肯定评价，"译者的翻译精心细致，并善解人意。译者充分考虑了西方读者对现代中国人的生活以及中国文化不太熟悉这一因素。译文不仅让西方读者兴致盎然，而且还深受启发"。不难发现，惠普尔的评论侧重于两方面：其一，她认为译者充分考虑了译入语读者的阅读喜好和文化认知，在翻译中做了一定的归化处理，使译文符合译入语读者的阅读习惯；其二，她认为英译文中保留了许多独特的中国元素，使译文体现了民族性特征，满足了西方读者的猎奇心理。惠普尔继而提出，对于非汉语读者来说，阅读麦家小说英译文最好的方式是"抛开所有关于中国、关于文学的先入为主的成见，全身心地沉浸在故事的讲述中，对米欧敏和佩恩的译文给予充分信任"。从这些评论可以看出，专业读者都认为麦家小说在西方译介的成功，和译者高超的翻译水平和译文的高质量有直接关系，从而对译者才干和译作价值进行了肯定性评价。

专业读者还将原文和译文进行对比阅读，他们从译文中摘取实例对翻译进行评价。《独立报》威尔逊(Wilson，2014)评论道:"米欧敏的翻译质量上乘,绝对是中英翻译中的典范。如译者将中文'说的话里时常夹杂着鸟一样的语言'译成'he larded his speech with words that sounded like the chirping of a bird',这样的译文原汁原味地保留了中文的语言特色。"《星期日独立报》亦评论道:"《解密》所讲述的故事非常具有可信度,因为其包含了许多逻辑严密的格言警句,而米欧敏将这些格言警句优美而雅致地翻译了出来。比如译者将警句'一个错误的想法比一个完美的考分更正确'翻译成'An interesting but wrong theory is always better than a boring but perfect proof'。"(Anon.，2014)两位书评人都以具体翻译实例对译者才干和译作价值进行肯定评价。

此外,专业读者还通过介绍译者的学术身份、研究方向、学术兴趣等信息对译者才干进行肯定性评价。《华尔街日报》罗素(Russell，2014)在书评中提到,第一译者米欧敏为"韩国的首尔国立大学汉语文学院的教授","生于英国","学术研究的重点是古汉语",且为"麦家先生的忠实读者","她相信这部作品一定可以在英语国家拥有读者"。此外,罗素对合作译者的学术身份也作了简要介绍——佩恩为"曼彻斯特大学的汉语研究助教"。可以看出,书评人对译者的介绍涵盖四方面内容:第一,英语为译者的母语,从而可以肯定译者对译入语的掌握水平;第二,译者为汉语教授,且研究兴趣为古汉语,这说明译者对汉语十分精通,并通晓中国传统文化;第三,译者对麦家小说十分感兴趣,而这种发自内心的对作品的喜爱是译者热情投入的源泉;第四,译者基于对本国读者阅读喜好的了解,判断麦家小说会在英语读者中受到欢迎。

4.3.8 "作者"的评价范畴与评价意义

专业读者评价中"作者"的评价范畴以及各范畴中正面和负面评价资源数量统计结果,如表4.11所示。

表 4.11　专业读者评价中"作者"的评价范畴与评价意义

有关"作者"的评价资源分布	判断	
	才干	韧性
正面评价(条)	138	21
负面评价(条)	0	0
合计(条)	138	21

表 4.11 显示,专业读者对"作者"的评价数量有 159 条,全部为正面评价,涉及的评价范畴包括判断中的才干和韧性,其中才干有 138 条,才干占比 86.79%,韧性有 21 条,韧性占比 13.21%。这些数据说明:其一,专业读者对作者进行了全面、肯定的评价;其二,专业读者对作者的关注点主要在才干范畴。笔者对专业读者评价中有关作者才干的具体评价因素进行了统计,结果如表 4.12 所示。

表 4.12　专业读者评价中作者"才干"的具体评价因素

评价因素	畅销书作家	收入最高作家	作品销量	影视改编	文学获奖	文学与商业双重成功	类型小说作家	国内外影响力	个人经历	写作技术	合计
评价数量(条)	14	6	17	16	12	6	18	20	19	10	138
比例(%)	10.14	4.35	12.32	11.59	8.70	4.35	13.04	14.49	13.77	7.25	100

从表 4.12 可以看出,专业读者对麦家才干的具体评价因素主要包括畅销书作家、收入最高作家、作品销量、影视改编、文学获奖、文学与商业双重成功、类型小说作家、国内外影响力、个人经历和写作技术。其中关注度最大的评价因素是国内外影响力、个人经历、类型小说作家、作品销量、影视改编等。通过关键词检索,我们发现,专业读者评价中有关作者最重要的评价高频词依次为 China/Chinese(46)、literary(13)、novels(12)、most(10)、highest(9)、sold(8)、television(8)、writer(8)、author(8)、bestselling/bestsellers(8)、Mao Dun Prize(7)、million

(7)、popular（7）、success（7）、intelligence（6）、service（5）、years（5）、army（4）、former（4）、liberation（4）、worked（4）、autobiography（4）等。下面笔者具体呈现专业读者在韧性和才干范畴中对作者的评价。

对作者韧性范畴的评价主要涉及作者的家庭背景和童年时期的成长经历。对作者童年经历的描述，一方面体现了西方专业读者介绍中国作家的一贯模式，另一方面亦引出了作者的童年经历对他独特个性的形成所产生的影响。狄雨霏（Tatlow，2014）在专访稿中提到："童年开始，麦家便将内心的恐惧都一一写在了日记上，他的日记本有36本之多。'我有轻度的社交恐惧症'，他说。……那时的他把图书馆当作自己的天堂。这一点简直跟他所崇拜的阿根廷作家博尔赫斯很像，博尔赫斯的一生都在图书馆里度过。麦家先生身上显出一种神秘的气质。"可以发现，"孤独""恐惧""神秘"等是专业读者对麦家独特个性的主要评价，这种独特个性一方面是由于他的童年经历所致，但另一方面又滋养了他文学的种子，使他沉浸在自己的天堂图书馆里，像博尔赫斯那样。《华尔街日报》（Russell，2014）对此用麦家的话进行了阐释，"我不知道自己除了写小说还能做什么。我对现实世界不感兴趣，更愿意活在虚拟世界里，也就是小说的世界。我想我会写更多的小说。我痴迷于这项工作，就像瘾君子痴迷于毒品一样：用虚拟的方式填充我的生活"。

对作者才干范畴的评价中，作者的个人经历是专业读者关注的重点。

专业读者从发生学的角度在对作者的童年经历、独特的个性和军旅生涯经验的评价中，特别突出了作者和作品之间千丝万缕的联系，表现在三方面：其一，麦家小说大多围绕"谍战""特情"等主线展开并深受读者喜爱，因而他在中国享有"特情文学之父""谍战小说之王"的美誉。小说主线与作者职业经验的契合，成为西方读者关注的一个焦点。其二，作者笔下的人物角色和作者本人性格特点和人生阅历的关系。《卫报》希尔顿（Hilton，2014）认为："读者很难回避这样的想法，认为麦家笔下的主人公与作者本人的生平阅历不止一点点联系。……据其出版人说，孩童时期的麦家受到周围人的孤立，他只能通过疯狂地记日记来宣泄孤独，写了 36 册之多，这足以证明他所遭受的疏远以及对写作的沉迷，而这两点在《解密》中都有所体现。"其三，同样孤独的灵魂——作品中密码破译者的孤独和小说家职业的孤独。《卫报》希尔顿（Hilton，2014）评论道："麦家被认为是惊悚小说作家，但是期待小说中满是打斗与惊险情节的读者可能会对《解密》失望了。当然《解密》生动有趣，但并不激情洋溢。作者认为自己关心的是'因为职业缘故而被隔离的人们的经历'，此处他指的是密码工作，但同样也可影射作者自己孤独的职业生涯。"《独立报》威尔逊（Wilson，2014）也认为"《解密》是一本关于作家写作的书。金珍在破译'紫密'的过程中所进行的孤独的奋斗，影射了小说家同样被孤立的职业——无止境地阅读、学习和研究同仁的作品。确实，金珍的生活方式和性格'充满了不稳定性'，'面临与社会脱节的危险'，'总是独自工作独自生活'——而这些在文学界也是普遍的存在。该书与其说是关于如何破解敌人的密码，倒不如说是作者在'破译'他自己本人。这是一本以侦探小说的外衣包裹下的作者自传——绝对是让人痴迷的阅读体验"。

　　此外，表 4.11 还显示，专业读者评价中有关作者才干的评价资源最多，通过对这些评价资源进行关键词检索，我们发现出现频率最高的评价词语依次为 literature/literary（19）、bestseller/bestselling（15）、television（11）、million（11）、most（10）、award(s)（9）、successful/success（8）、highest（8）、sold（8）、Dan Brown（7）、popular（6）、prize(s)（6）、film（5）、Borges（4）等。这些高频关键词中，literature/literary 出现频率最高，达 19 次，观察其具体语境发现，literature/literary 主要和 highest、honor 或 award(s)、prize(s)同时出现，共出现了 8 次，专业读者的评价为"麦家获得了茅盾文学奖，这是中国最高的文学奖项"。这说明专业读者对作者才干的评价中，文学获奖是至关重要的一项评价指标，尤其是获得茅盾文学奖这一中国最高的文学奖项,在很大程度上说明了作者作为文学作家的成功,并得到了西方专业读者的认可。此外,literature/literary 的评价表达还有"中国的文学巨匠""麦家作为文学家,还同时获得了商业上的成功,实属凤毛麟角""中国文学的丹·布朗"等,这些评价除了肯定作者的文学成就以外,还认为文学作品与商业成功的完美结合十分罕见,从而肯定了作者胜人一筹的能力。另外,《纽约时报》上承载 literature/literary 的评价资源体现了麦家对文学的坚守和选择:"在部队的时候,麦家读遍了所有可能读到的图书。""20 世纪 90 年代初期,他去西藏生活了三年,其中花了整整一年时间都在反复读一本书——博尔赫斯的短篇小说集《沙之书》。麦家也热爱文学大师卡夫卡和茨威格的作品。他说:'我喜欢茨威格是因为他写那些爱幻想的人物,而我自己也是那样的人。'"从关键词中我们也可以看出,阿根廷作家博尔赫斯的名字出现了 4 次,专业读者通过对作者观点的引用,如"麦家曾提到博尔赫斯和纳博科夫对他的影响",认为麦家和博尔赫斯之间有一定程度的神似。此外,书评中7 次把麦家和美国作家丹·布朗相提并论,丹·布朗的作品亦以密码破译和秘密情报机构为基本元素,代表作《天使与魔鬼》《达·芬奇密码》在美国乃至世界读者中都享有盛名,并被改编成了电影。将麦家比喻成"中国文学的丹·布朗",一方面说明了两位作家作品在题材上的相似性,另一方面也凸显了对作者在"才干"范畴的肯定评价。

评价高频词中 bestseller/bestselling 出现了 15 次,million 11 次,sold 8 次,评价语言为"麦家是中国畅销书作家""作品在中国的销量达几百万册"等。此外,television 出现了 11 次,film 出现了 5 次,表明专业读者评价中十多次提到麦家小说被改编成了电视和电影后搬上了大屏幕。高频词还有 most 出现了 10 次,successful/success 8 次,popular 6 次,专业读者直接评价麦家是"中国最成功的作家之一""拥有读者最多的作家之一"。显然,"中国最畅销小说作家""几百万册的销量""作品改编成了影视作品"以及"拥有读者最多的作家"等评价资源都是对作者在"才干"范畴的肯定评价。"宙斯之首"出版社评价《风声》为"来自我们这个时代译介最多的中国小说家的作品"（Anon.，2020）。《泰晤士报》邓斯（Duns，2020）评论道："《风声》于2007年在中国首次出版以来，其销量已逾百万册，且其英译本已于近期问世。"《泰晤士报》沃尔什（Walsh，2014）评论道："中国的间谍小说数量不多，这一点并不奇怪。但中国前情报员麦家（原名蒋本浒）成功地挖掘了这一领域，并成为中国报酬最高的小说家。他的作品被改编成电视和电影在黄金时段播出，受到了观众的热捧。同时其作品也得到了文学界的认可，他获得了茅盾文学奖。他的作品销售额超过500万英镑。"企鹅出版公司推介语中对麦家的评价是："麦家（真名蒋本浒）是当今中国最成功的作家之一。他的作品总是位居畅销书之列，销量达三百万册。去年他因新作《风语》而成为中国获得报酬最高的作家。而在小说改编为影视剧方面他也取得了前所未有的成功：他的所有小说都已经或正在改编为电影或电视剧，所有的剧本都由麦家亲自执笔。他几乎荣获了中国所有的重要文学奖项，包括最高文学奖项——茅盾文学奖。"（Anon.，2014）"犯罪分子"桑托斯（Santos，2014）评价道："《解密》是中国畅销书作家、同时也是中国最受欢迎的作家之一——麦家在美国的首次亮相。在中国，麦家既获得了最高文学奖项，也取得了中国作家最高的作品销售额，这两个'最高'的取得是十分罕见的。他的小说在中国一炮走红，所有小说都被改编成电影或电视剧。"此外，各大媒体书评的标题亦以夺人眼球的字眼凸显了作者的才干和成功。《纽约时报》的专访文章题目是"中国最成功的小说家之一，隐蔽的图书馆就是他的天堂"。《华尔街日报》罗素（Russell，2014）书评标题为"中国小说家麦家享誉全世界"。可见，麦家在国内外的成功和影响力吸引了西方专业读者的眼球，成为他们对作者评价的主要因素。

另外，专业读者对作者才干范畴的评价还体现为作者高超的写作能力和技法。如《卫报》希尔顿（Hilton，2014）评价作者"对数学领域探索的写作技法炉火纯青"，"作者在对密码和数学领域的叙述中，写作手法十分高明，从而使读者感受到了这门黑色艺术如迷宫般的不确定性和悖论性,以及从事该职业的人们所具有的献身精神","这部小说吊起了读者的胃口,使他们想要阅读更多这位不同寻常的作家的作品"。《华尔街日报》罗素(Russell,2014)评论道:"通过翻译的笔尖,我们不难发现一个中国顶尖作者的书写能力,他善于挑战读者的智力,并借此实现另类的文学价值。"事实上,除了书评中特别指出的有关作者写作和文学体裁创新能力的评价外,作者获奖、畅销书作家、作品销量、作品改编等评价都是对作者写作能力的隐性评价。

4.4 本章小结

本章中,笔者对《解密》和《风声》专业读者评价中的评价因素、评价范畴及其关注度与评价意义正面性进行了研究。结果如下:

专业读者评价中,小说内容、叙事特征、小说类型和小说主题等文本内因素在关注度和评价意义正面性方面都高于文本外因素。首先,就小说内容而言,主要是对故事与人物的评价。故事的吸引力、原创性、复杂性和异域性以及人物的共通性、复杂性和吸引力是专业读者最为关注的范畴。专业读者认为麦家笔下的故事最具吸引力之处在于故事中玄奥的学科知识的交织、各种元素的"杂糅"、史诗般的家族故事等因素,创新性体现在非惊悚小说情节、深邃的文学思想以及文学写作的新领域,故事复杂性在于其怪诞离奇的情节给人以破解密码一般的阅读体验,而异域性主要涉及故事中丰富的中国元素。但也有专业读者认为故事的复杂性使阅读难度提高,亦有专业读者对故事中某些内容的合理性提出了质疑。专业读者认为小说人物的共通性主要体现在其与西方文学作品中人物的某种关联,以及对现实世界中类型群体的写照。人物的复杂性使麦家小说更加深邃和神秘,吊足了读者的胃口。人物的吸引力在于生动的人物刻画、细腻真实的心理描写、独特的人物性格等方面。其次,叙事特征的评价中,关注度最高的评价范畴依次为原创性、吸引力和复杂性。叙事特征原创性主要在于元小说叙事手法、三分法的叙事结构以及纪录片式的叙述技巧等非类型小说的叙事方式，使读者参与故事的建构。叙事特征的吸引力在于小说漫谈式的叙述方式、魔幻现实主义的叙述风格、真实性的细节描写、中国小说的叙事传统等因素。复杂性主要体现在叙事结构的复杂性和叙述语言的含糊性等方面。但有专业读者认为麦家小说的叙事有些拖泥带水，从而使故事情节繁复、冗长，损害了阅读乐趣，不符合西方读者的阅读习惯，也有专业读者对元小说叙事手法的复杂性和语言的含糊性表示不适应。再次，小说主题的评价中，关注度最高的评价范畴为原创性和共通性。原创性体现在麦家的小说主题与西方典型间谍惊悚小说的差异，麦家小说并非惊心动魄的动作大片，而是对人性和天才本质的深刻思考。主题的共通性主要在于其密码主题引发了专业读者对人类处境的现实思考，体现了作品的世界意义。最后，小说类型的评价中，原创性的评价数量远远高于其他评价范畴，且全部为正面评价。专业读者认为麦家小说突破了类型小说的框架，体现为一种非典型性的"杂合"小说，给读者带来了新奇的阅读体验。

专业读者对文本外因素的评价中，作者是唯一关注度和评价意义正面性都靠前的因素，其关注度仅次于小说内容位居第二，且全部为正面评价，说明作品成功吸引专业读者的关注，其中非常重要的原因在于作者本人。对作者的评价涉及判断中的才干和韧性范畴，尤其以才干为盛。才干范畴的评价主要包括畅销书作家、作品销量、影视改编、文学获奖、文学与商业双重成功、国内外影响以及高超的写作能力和技法等方面。韧性范畴的评价则与作者的个人经历有关，如作者的童年经历、独特的个性、军旅生涯经验与作品之间千丝万缕的联系等。专业读者普遍认为中国文学译介现状不容乐观，其复杂性主要在于中国文学翻译、海外出版以及在海外建立稳定读者群的困难。专业读者对翻译的关注度最低，但对译者才干和译文质量的肯定程度很高。专业读者普遍认为译者米欧敏和佩恩的翻译水平高超，译文生动流畅，对麦家小说在英美的顺利传播和被接受起到了重要作用。

第五章　普通读者评价：以《解密》为例

本章中笔者对《解密》普通读者书评中的评价意义进行研究，所采用的研究方法、研究步骤和语料库工具等与专业读者书评中的评价意义研究基本保持一致，从而可以保证两种书评评价意义比较研究的科学性。利用语料库工具 UAM Corpus Tool3.3u2 对普通读者书评中的评价资源进行人工标注之后，研究分为三个步骤：第一步探究普通读者书评中的评价因素及其关注度与评价意义正面性；第二步探究普通读者书评中评价范畴的关注度与评价意义正面性；第三步探索评价因素所涉及的评价范畴，以及各评价范畴中的具体评价意义，全面、具体地考察普通读者在各评价范畴中对该评价因素进行了怎样的评价。

5.1　评价因素的关注度与评价意义正面性

笔者首先对普通读者书评中的评价因素及其关注度与评价意义正面性进行考察。

5.1.1　评价因素的关注度

通过文本细读与语料库研究相结合的方法进行数据统计，结果发现，普通读者书评中的评价因素包括小说内容、叙事特征、小说类型和小说主题等文本内因素和翻译、作者、中国文学外译等文本外因素，评价因素的评价数量与占比如表 5.1 所示。

表 5.1　普通读者书评中评价因素的评价数量与占比

	评价因素		数量(条)	比例(%)
文本内因素	小说内容	故事	321	46.39
		人物	54	7.80
	叙事特征		134	19.36
	小说类型		57	8.24
	小说主题		33	4.77
文本外因素	翻译		29	4.19
	作者		44	6.35
	中国文学外译		6	0.86
	意识形态		14	2.02
合计			692	100

　　从整体上看，普通读者书评中的评价数量共有692条，主要评价对象包括小说内容、叙事特征、小说类型、小说主题等文本内因素，翻译、作者、中国文学外译等文本外因素，其中小说内容包括故事和人物两种因素。从评价数量的整体分布情况来看，文本内因素的评价数量有599条，占总数的86.56%。文本外因素的评价数量有93条，占总数的13.44%。可以看出，普通读者对《解密》文本内因素的评价数量占总评价数的近九成，这说明《解密》吸引普通读者的关注，文本内因素起到了关键性作用。从具体评价因素的关注度来看，关注度最高的评价因素是小说内容，占比高达54.19%。也就是说，普通读者书评中，有一大半评价资源是对小说内容的评价。关注度位列第二的评价因素是叙事特征，占比19.36%。这说明中国文学作品要能吸引西方普通读者的目光，首先就是要确保高质量的作品内容，包括小说的故事性和人物塑造等方面。其次是叙事方式能够引人入胜，如小说开篇和结尾的精心设计、细腻生动的细节描写以及故事讲述的方式等，因为这些是西方普通读者最为关注的因素。评价因素中，小说类型、作者和小说主题的评价数量占比位居其后，小说类型占比8.24%、作者占比6.35%、

小说主题占比 4.77%。数据说明,这三项评价因素亦是普通读者比较重要的关注点。占比最少的三种评价因素为翻译、意识形态和中国文学外译,翻译占比 4.19%、意识形态占比 2.02%、中国文学外译占比 0.86%。这三种评价因素都属于文本外因素,因此也符合整体分布的数据结论,即普通读者对文本内因素的关注度远远高于文本外因素。普通读者对翻译的关注不高,可能因为他们对汉语的掌握程度普遍不高,无法阅读汉语原文,因而也就无法准确评价翻译质量。普通读者对意识形态和中国文学外译等评价因素的关注度不高,一来说明普通读者在阅读他国文学作品时,并没有掺杂进太多的政治考虑,二来说明他们没有从宏观上考虑翻译文学现状的阅读习惯,而决定普通读者阅读选择的首要因素还是在于作品本身。

5.1.2 评价因素的评价意义正面性

为探讨普通读者对各评价因素在态度上的肯定程度,笔者对普通读者书评中评价因素的评价意义分布进行了考察,结果如表 5.2 所示。

表 5.2 普通读者书评中评价因素的评价意义分布

评价资源	文本内因素				文本外因素				合计
	小说内容	叙事特征	小说类型	小说主题	翻译	作者	中国文学外译	意识形态	
正面评价(条)	278	93	40	31	19	41	4	0	506
负面评价(条)	97	41	17	2	10	3	2	14	186
正面评价占比(%)	74.13	69.4	70.18	93.94	65.52	93.18	66.67	0	73.12
负面评价占比(%)	25.87	30.6	29.82	6.06	34.48	6.82	33.33	100	26.88

数据显示,普通读者书评中的总评价数为 692 条,包括正面评价 506 条,占比 73.12%,负面评价 186 条,占比 26.88%。其中,文本内因素的评价数量为 599 条,其中正面评价有 442 条,正面性为 73.79%。文本外因素的评价数量有 93 条,其中正面评价 64 条,正面性为

68.82%。文本内因素的正面性高于文本外因素。这说明普通读者对《解密》的评价,无论是文本内因素,还是文本外因素,都是以正面评价为主。从具体评价因素的评价意义正面性来看,首先,普通读者书评中小说主题和作者这两种评价因素的评价意义正面性最高,都在93%以上。其次,小说内容、叙事特征、小说类型、翻译、中国文学外译等评价因素的正面性相近,都为65%—75%。这些数据说明,普通读者对《解密》的小说主题以及作者麦家的肯定程度很高。在小说内容、叙事特征、小说类型、翻译、中国文学外译等因素的评价中,以正面评价为主,但有25%—35%的负面评价。

5.2　评价范畴的关注度与评价意义正面性

为考察普通读者对情感、判断、鉴赏及其各子范畴的关注度与肯定程度,笔者对普通读者书评中评价范畴的评价数量与评价意义分布进行了统计,结果如表5.3所示。

表5.3　普通读者书评中评价范畴的评价数量与评价意义分布

评价资源	情感			判断					鉴赏									
				社会评判				社会约束	反应		构成		估值					
	满意	高兴	安全	规范	才干	韧性	诚实	妥当	吸引力	合意性	平衡性	复杂性	原创性	异域性	共通性	文学性	生动性	合理性
肯定评价(条)	52	1	4	0	35	4	0	0	168	36	2	24	90	24	26	9	15	16
否定评价(条)	49	2	6	2	3	0	0	14	40	20	9	26	4	1	0	0	5	5
合计(条)	114			58					520									

首先,从评价资源在态度系统中情感、判断和鉴赏三大范畴的整体分布情况来看,鉴赏范畴中的评价资源有520条,占总数的75.14%,判断范畴中的评价资源有58条,占比为8.38%,情感范畴中

的评价资源有 114 条,占比为 16.48%。可见普通读者书评中的评价资源主要集中于鉴赏范畴,占比超过总评价数的 3/4。情感范畴居中,而判断范畴则占比最少。鉴赏范畴的评价资源最多,这是由书评文本的特定性质决定的。书评是书评人对文学作品的评价,是人对物的评价,而鉴赏范畴正是与人们对事物或现象是否有价值的评价有关,因此,该范畴评价资源数量最多。同时也与前面的分析相吻合,即普通读者更关注作品的文本内因素。判断是对人的行为的评价,在对翻译文学作品的评价中,判断范畴主要体现在对原文作者的写作行为和译文译者的翻译行为上。普通读者书评中的判断资源相对较少,也符合我们前面的分析,普通读者对文本外因素,如作者、译者等不是太关注,因而判断范畴中的评价资源较少亦是情理之中了。普通读者书评中情感范畴中的评价资源数量居中,表明普通读者在书评中会直接地表明自己的内心感受:喜欢还是厌恶,有趣还是无聊,这些情感范畴的评价资源一方面增加了普通读者书评的主观性程度,降低了其客观性和权威性。但另一方面,情感范畴中的评价意义能增加评价语言的生动性和亲切感,因而往往能对其他读者产生影响,与其他读者形成阅读互动。

其次,从具体评价范畴的关注度来看,评价资源数量最多的评价范畴依次是吸引力、满意、原创性、合意性和复杂性,其中吸引力 208 条(占比 30.06%)、满意 101 条(占比 14.60%)、原创性 94 条(占比 13.58%)、合意性 56 条(占比 8.09%)、复杂性 50 条(占比 7.23%)。其中,满意属于情感范畴,是对"我是否对这部作品满意"的评价,具有主观性。吸引力与合意性属于鉴赏中的反应范畴,其中吸引力是指"在感情上某物吸引我的程度"(emotive-"it grabs me"),合意性则与愿望有关,因为喜爱而想要得到某物(desiderative-"I want it"),反应范畴的评价与感情(affection)有关,具有客观性(Martin & White,2005:57)。普通读者书评中,满意和反应范畴的评价数量最多,说明普通读者在对作品的评价中,非常重视个人对这部作品在情感上的喜爱程度以及该作品对个人感情的影响，因而书评中有大量与个人情感（满意范畴）和感情（反应范畴）相关的评价，这样的评价资源，尤其是情感资源数量较多，加大了书评的主观性色彩，但也拉近了与其他普通读者的心理距离。此外，原创性和复杂性属于鉴赏中的估值范畴，是对作品是否具有创新性和复杂性的评价。原创性和复杂性关注度高，说明普通读者在这两项范畴中的评价丰富。关注度居中的评价范畴有才干、共通性、异域性、合理性和生动性，其中才干 38 条（占比 5.49％）、共通性 26 条（占比 3.76％）、异域性 25 条（占比 3.61％）、合理性 21 条（占比 3.03％）、生动性 20 条（占比 2.89％）。其中才干属于判断中的社会评判范畴，是对人的才能的评价；共通性、异域性、合理性和生动性则属于鉴赏中的估值范畴，是对译作价值的评价。

最后，从普通读者书评中评价意义的分布情况来看，普通读者书评中的正面评价共有 506 条（占比 73.12％），负面评价 186 条（占比 26.88％）。这说明《解密》获得了英语世界大多数普通读者的好评，但也不乏批评的声音。对关注度与评价意义正面性综合考察发现：一、吸引力和原创性范畴在关注度和评价意义正面性上都较高，吸引力关注度最高，正面性为 80.77％。原创性的关注度排第三，正面性为 95.74％。说明《解密》的原创性和吸引力既是普通读者非常关注的评价范畴，同时也获得了他们肯定程度较高的评价。二、满意的关注度排第二，合意性和复杂性关注度居中，评价意义正面性分别为满意51.49％、合意性 64.29％和复杂性 48％。说明普通读者在这三项评价范畴中的评价呈现出褒贬参半的局面，尤其是复杂性范畴的负面评价数量超过一半，这说明《解密》的复杂性导致了部分普通读者的阅读难度。三、才干、共通性和异域性的关注度位列其次，评价意义正面性分别为才干 92.11％、共通性 100％和异域性 96％，说明普通读者对这三项评价范畴的肯定程度很高。才干范畴的评价与作者和译者的才能有关，共通性和异域性与译作价值有关，此三项评价范畴的正面性高，说明普通读者对作者和译者的才能以及作品的共通性和异域性特点进行了肯定程度很高的评价。

5.3 评价因素的评价范畴与评价意义

下面笔者分别对小说内容、叙事特征、小说类型、小说主题等文本内因素和翻译、作者、中国文学译介等文本外因素所涉及的评价范畴、各评价范畴的关注度、评价意义正面性以及具体评价意义进行研究。其中,小说内容部分由于涉及的评价资源丰富,为条理清晰起见,笔者将其细分为故事和小说人物两部分进行研究。

5.3.1 "故事"的评价范畴与评价意义

普通读者书评中"故事"的评价范畴以及各范畴中正面和负面评价资源数量统计结果如表 5.4 所示。

表 5.4　普通读者书评中"故事"的评价范畴与评价意义

有关"故事"的评价资源	情感	鉴赏							
		反应		构成		估值			
	满意	吸引力	合意性	平衡性	复杂性	合理性	原创性	异域性	共通性
正面评价(条)	32	125	30	0	10	6	18	17	6
负面评价(条)	22	11	20	4	13	4	2	1	0
合计(条)	54	267							

普通读者对《解密》故事的评价数量为 321 条,占总评价数的 46.39％。其中正面评价数量有 244 条,评价意义正面性为 76.01％。从表 5.4 可见,普通读者对于《解密》故事的评价资源分布在满意、吸引力、合意性、平衡性、复杂性、合理性、原创性、异域性和共通性等范畴。其中吸引力评价数最多,有 136 条。其次为满意和合意性范畴,分别为满意 54 条、合意性 50 条。吸引力和合意性属于鉴赏中的反应范畴,是

对"故事是否有吸引力""故事是否合心意"的评价。满意属于情感范畴，通常是书评人从第一人称视角对故事满意度的评价。此三项范畴的评价数量最多，说明对于故事的评价中，普通读者倾向于表达自己对于故事整体的阅读感受，他们最关心的问题是"故事对我是否有吸引力""是否合我心意"以及"我是否满意"。关注度排其后的是复杂性、原创性和异域性，分别为复杂性 23 条、原创性 20 条、异域性 18 条。可见，故事的复杂性、原创性和异域性也是普通读者的重要关注点。

综合关注度与评价意义正面性考察，结果发现，吸引力范畴的关注度和正面性都很高，其正面性为 91.91％。满意、合意性的正面性较低，其中满意 59.26％、合意性 60％。而复杂性最低，仅为 43.48％。原创性和异域性的正面性较高，分别为原创性 90％、异域性 94.44％。这些数据表明，《解密》故事的吸引力是普通读者喜爱这部作品最主要的因素，但不少普通读者对小说故事的复杂性进行了评价，且大多为负面评价，《解密》故事对相当部分的普通读者来说，造成了一定的理解困难。另外，部分读者对故事的原创性和异域性进行了评价，且肯定性程度较高。通过关键词检索，我们发现，普通读者书评中有关故事的重要评价高频词依次为 Chinese/China（14）、fascinating（11）、suspense/suspenseful（4）、good（4）、interesting（4）、captivating（3）、great（3）、history（3）、intriguing（2）、compelling（2）、twists（2）、culture（2）、layers（2）等。下文中笔者将呈现普通读者在主要评价范畴中对故事的具体评价。

情感涉及读者正面或反面的感情，或喜欢，或讨厌，或有趣，或乏味等。情感范畴中的评价通常以"我"为源头，是读者以直抒胸臆的方式进行的情绪性评价。普通读者书评中，情感范畴的评价资源都集中在"满意"子范畴中。从正面意义的评价语言来看，"enjoy""love"等评价词语频率较高，如读者 Jacqui Murray 评论说："这是我阅读的第二本中文书，两本书我都很喜欢。"有读者生动地描述了自己的阅读感受。如 Maksym Pruglo 说："《解密》读起来让我觉得又惊奇又有趣。"switterbug/

Betsey Van Horn 说:"我的心在不知不觉中完全被这部小说所占据,直到读完最后一页,我还久久不能平静。"读者 Tanstaafl 的评价深情动人:"我写这篇评论的时候,大约还有最后三十页没有读完,因为我想确保自己没有泄露任何关于结局的内容。这是一本让我着迷的书,我舍不得将它读完。这本书十多年前就在中国出版了,但英译本才刚刚上市。我希望麦家有更多的书能被翻译,因为我已经对他着迷了。"Robert Hewitt 提到对书中数学和解密情节的喜爱,他说:"我特别喜欢书中有关数学推理的细节以及围绕解密和加密所展开的论争。"Timothy L Mayer 评价说:"《解密》让我想读更多这位作家的作品,这是我对这部作品最高的称赞。"

普通读者在"满意"范畴的负面评价主要涉及两方面。一是读者认为故事中缺少紧张、刺激情节,与他们期待的间谍惊悚小说不符。SLS 评论说:"直到读到这本书的最后两部分,我才发现故事情节干巴巴的,与惊悚小说背道而驰。老实说,很多次我都不想读下去了,它所谓的精彩我没能领会。"Leslie 也持有相同观点,他说:"我一直在想,故事的'惊悚'部分什么时候会开始呢。书读完一半我才意识到,这并不是破译密码的故事。故事中关于谁制造了'紫密'这个牢不可破的密码,确实是个悬念,但这本书主要还是一个有关人物心理研究的故事,这不符合我的阅读期待。"二是读者对《解密》书名产生了一些误会,他们期待能够从中获得密码学的专业知识,而《解密》有违他们的阅读期待。读者评论中,某匿名读者说:"我很喜欢这本书的书名,然后不断地期待'真正发生点什么',但直到最后读完,我的期待也没有实现。"SF Reader:"让我失望的是这本书没有给我启发,破解密码应该是一种怎样的思维方式。"LRG:"我觉得书中关于编码和解码的讨论很肤浅,不太令人信服。"Cycling Nuton:"我很失望,我期待读到一些有关编码与解码的内容,但这本书却只是讲述了一个不同寻常但无趣乏味的家族故事。"David Ahl 更是将《解密》视为专业的密码学著作,而不是虚构文学,他说:"我曾经从事过密码破译职业,我觉得作者在密码术的描写中有些粗枝大叶，他把 code 和 cipher 等同起来（这两者不是一回事），而且 decoding，deciphering，decrypting 这些词都任意转换。"

　　吸引力和合意性都属于鉴赏中的反应范畴，其评价意义通常与读者对评价因素的反应有关，是对该评价因素是否具有吸引力，是否合乎心意的评价。吸引力的评价意义肯定程度很高，合意性范畴中有部分负面评价。反应范畴的正面评价资源中，频率最高的评价词语依次是 fascinating（9）、interesting（8）、compelling（4）、fantastic（4）、page-turning（3）、captivating（3）、suspenseful（3）、enigmatic（3）、amazing（3）、intriguing（3）、literary（2）、perfect（2）、good（2）、brilliant（2）、charming（2）、mystery（2）、excellent（2）。从高频词来看，读者普遍认为《解密》故事"引人入胜""十分有趣"，这从读者的阅读推荐中可见一斑。Cynthia Liang 评论说："在我读过的中国作品中，这本书特别值得阅读。"Switterbug/ Betsey Van 推荐说："故事引人入胜、悬念重重，对间谍迷和文学爱好者都是不错的选择。"Jacqui Murray 则将此书"强烈推荐给喜欢在故事中读到大量创造性思维和分析解决问题等内容的读者"。Neal Reynolds 说："隆重推荐给对密码和间谍故事痴迷的读者。"Z. Hayes 说："《解密》是对数学和密码学的深入分析，对喜爱阅读这些题材的读者有着特别的吸引力。"

　　通过对正面评价资源进行梳理，我们发现故事中吸引读者的因素十分丰富，神秘的梦境解析、难以捉摸的人际关系、友谊和背叛的交织、个人和家庭的联系等都引起了读者强烈的兴趣。正如读者 Frida Z. 所说："在写这篇评论的时候，我意识到要简要概括《解密》的魅力是非常困难的，书中有很多地方都让我着迷，我无法一一详述。比如书中有关数学探索的某些细节总让我想起纳什（Nash），对情报工作的描述又让我想到斯诺登（Snowden），对梦境迷人而神秘的解析、希伊思和金珍之间飘忽不定但又时而让人感动的关系等，这些都让我着迷。"Topolino 也评价道："小说讲述了背叛、友谊和家庭的故事。十分精彩，绝对值得阅读。"Jacqui Murray 是亚马逊网站上带有徽章标记的读者，这类读者是亚马逊遴选的最值得信赖的书评人,他们往往会对产品进行详细清晰、不偏不倚的高质量的评价。她评价说:"麦家的《解密》出现在我的常青藤书单里的时候,我并不确定我会有兴趣读它。但几处细节吸引了我:这是关于患有孤独症的数学天才——容金珍的故事;故事围绕密码展开——这对我来说是个有趣的话题;该书承诺要检验这位优秀天才的心灵——故事以人物为中心展开。花了一整天的时间读完了这本书,简直太棒了。"S Riaz 4 说:"如果你能以一种开放的思维去阅读,你会发现这是一个神奇的扣人心弦的故事。不久你就会完全沉浸在小说所创造的世界和人物之中。麦家的下一部小说是《暗算》,我希望它也能很快被翻译成英文并出版。"

值得一提的是,《解密》中的数学和密码情节获得了西方读者特别的青睐。Andrew Glasscock 评论说:"这是一部优秀的惊悚小说,它运用丰富的语言和生动的隐喻,深入探讨了复杂精深的数学与密码领域。作者对数字和公式的巧妙研究方法使小说在读者最出其不意之处又增加了一重悬念,而对这位数学家细心谨慎而又具有无限创造力的大脑的生动描述着实令人着迷。期待阅读更多麦家的作品。"Wilhelmina Zeitgeist 说:"书中的数学、梦境和解密情节让我如痴如醉。"Jacqui Murray 评论道:"小说让我着迷的还有作者煞费苦心详细描述的容金珍学习数学的快乐。阅读此书就像享用一顿富含智慧和脑力挑战游戏的欢乐自助餐。如果你对人类大脑并不崇拜,你可能不会像我这样沉醉其中。"而数学专业人员 Joseph Katz 对书中的数学情节更加情有独钟,当他从朋友那里听说这本书里有一些数学内容时,立即对它产生了兴趣,他评论说:"天才就是天才——故事中的主人公是天才,麦家也毫不逊色,麦家找到了一种非常睿智的方法来破解数学和密码难题。"Running Du 敏锐地发现了麦家笔下的密码题材小说的独特性,他评价说:"很难找到第二部如此经典的具有麦氏风格的中国小说。麦家的《解密》让我们置身于小说所营造的紧张气氛之中。解密的过程不仅仅是一系列的思考,更像是一场无形的智力斗争,一场不流血的针锋相对。虽然没有有形的事物，但这本书却给我们呈现了一场幕后角逐，充满了火药味，因为破译密码是前方战场能否取得胜利的关键性因素。阅读这种类型的小说时，读者能感受到他们的情感始终被故事所感染，无法自拔。"mathprof 评论道："小说极具吸引力，它对数学家生活方式的描述惟妙惟肖。"

反应范畴的负面评价资源中，频次较高的评价语言有 boring（3）、tedious（2）、dragging（2）等，表明部分读者认为《解密》故事枯燥、乏味和冗长。究其原因，我们发现，该范畴的负面评价和满意范畴的负面评价针对对象非常相似，都与读者的阅读期待未能实现有关。一方面是普通读者对间谍惊悚小说持有刻板印象，他们用先入为主的思维定式来衡量这个故事，而一旦发现故事与他们的阅读期待不相符时，便失去了兴趣，如有读者评价认为，"所谓的谍战故事一经开始，小说就失败了"，"对于想要阅读中国惊悚小说的读者来说，这本真不合适……它既不是了解中国间谍活动的窗口，也不是惊悚小说"（G. Miki Hayden）；"对于专门寻求激烈、紧张、刺激并伴以高科技密码破解细节的读者来说，读到小说前三分之一的时候可能就读不下去了"（frankp93）；"如果你期望在书中读到悬崖绝壁攀岩的惊险，读到故事结尾出其不意的反转和刺激，读到某种神秘的东西直到最后才让人恍然大悟，惊诧不已，那么你会对这个故事感到失望。"（Patto）另一方面则与读者对密码学专业知识的期待未能满足有关。LRG 说："这本书宣称'是一本关于密码学的书'，这是不合实际的。"YY 说："作者根本不懂密码术。"J. Suni 说："《解密》讲述的绝不是一个有关密码术的惊悚故事。"

读者评论认为，故事的复杂性主要体现在小说的曲折情节、纷繁复杂的故事内容以及神秘悬疑的气氛等，而这种复杂性与小说的密码主题十分契合。如有匿名读者评论说："我们永远都无法捕捉到最内在、最核心的人性秘密，但这样的玄虚和隐晦可能与这个以密码为主题的故事正好契合。"Jacqui Murray 说："故事的悬疑气氛增加了文本的复杂性……你要仔细留意故事中的细节，并且对作者麦家要有充分的信任。"此外,故事复杂性的负面评价主要与读者对小说的阅读和理解存在一定困难有关。Tell Me A Story 说:"这本小说对我来说不属于轻松阅读的类型。大多数人都不能在某个周末的一大早开始阅读,然后在晚饭前就已经读完了。(尽管我确信少数对间谍小说和历史小说情有独钟的读者,他们无疑可以做到。)"C. W. Griffith 也说:"要理解这本小说,实属不易。"Antoine B. 说:"故事非常复杂,我很难理解"。J. Philip Geddeson 认为"小说极其晦涩难懂"。J. Suni 对故事情节有许多困惑,他说:"书中的密码是什么? 金珍破解的过程是什么? 他受到了谁的威胁? 怎样的威胁? 我还是没有找到这些问题的答案。"SLS 和 Leslie 两位读者认为小说的结尾部分难以理解。SLS 说:"尽管小说最后六分之一的内容也揭露了一些真相,并且我并不想错过这部分,因为我觉得这是小说的自我救赎。但这个部分让人读起来感到头晕。"Leslie 也说:"小说的最后部分有些拖泥带水,很难理解。我仍然没有完全明白最后发生了什么,对我来说,小说本身仍然是一个密码。"

故事原创性的关注度为 4.09%,评价意义正面性为 77.78%。对于原创性的正面评价主要在于故事的独特性和创新性,与西方读者所熟悉的间谍惊悚小说故事有区别。评价语言有"particular""strange""novel/novelistic"等。如 S. McGee 评价说:"《解密》与你读过的任何间谍小说都不同,但绝对让你痴迷……小说中的密码是一种敌人,但朋友和老师会不会是另一种敌人呢? 的确,这是这部小说的悬疑所在,和动作电影中的悬疑完全是两回事。"Timothy L Mayer 评价说:"书中没有在拥挤的外国码头的激烈枪战,但有许多为破解密码而进行的冥思苦想。作者没有写到许多密码的例子,对此我觉得感激,因为它们往往会使叙事节奏变得缓慢。《解密》让我想读更多这位作家的作品,这是我对这部作品最高的称赞。"S Riaz 4 评价说:"在你开始阅读此书之前,你得抛开所有关于侦探小说的先入之见。尽管这部小说被标记为侦探、惊悚之列,但它采用的并非一般的、如你期望的勒卡雷(Le

Carre)式的写作形式。"负面评价则认为故事情节并无特别之处，评价语言"nothing special"和"not exceptional"等。如有读者评论说："尽管故事具有一定的可读性，但并无太多特别之处。"（匿名读者）Antonia说："故事主线和情节发展没有什么特别性。"

故事异域性的关注度为7.72%，评价意义正面性为100%，都为正面评价。西方读者为《解密》故事中丰富的中国元素所吸引，他们纷纷评论说："小说确实为我们了解中国社会提供了有趣的见解。"（William F. Farren）"这本书提供了一个特别的维度，让我认识中国。"（Jason Gascoyne）"这是我近年来读到的书写中国最好的小说。"（X. Liu）"这是一个优秀的、充满智慧的故事。我喜欢读中国人笔下的故事。"（Jodi）具体来看，西方读者对《解密》中中国元素的兴趣主要表现在四方面：其一是中国历史。读者评论道："我读这本书的时候，甚至感觉自己就生活在19至20世纪70年代的中国，如此遥远，如此神秘。"（Sue Sha）"我很高兴有机会读到这本书，它让我对毛泽东革命时代的中国有些了解。"（Sincerely Yours）"麦家的文字完美地描绘了旧时代中国的缩影，以及中国人为梦想浴血奋战、英勇牺牲的辉煌年代。即便对于对20世纪的中国不太熟悉的西方读者来说，这本书也为他们提供了得天独厚的机会来一探究竟。"（Chenfan Wang）其二是历史变迁中的中国人民的生活。有读者说："这本小说让读者看到了一代又一代中国人的生活。"（Bellarion）"《解密》在其引人入胜的情节中揭示了许多中国人的生活和中国文化。"（Eliana Cardoso）"麦家将20世纪的中国历史、文化变迁、个人奋斗与时代挑战水乳交融在一起，成就了一个引人入胜的故事。"（A. Silverstone）"西方读者一定会为这本书着迷，因为它展现了中国显赫家族在封建王朝垮台之前的命运起伏。"（Timothy L Mayer）"从容氏家族数代人的命运与政治、历史和文化现实之间千丝万缕的联系中，我们可以读出了其中的层层深意，并获得重要的启发。"（Erika Borsos）"小说中有关中国人生活的内容占了整本书篇幅的一半甚至更多。小说记录了自1873年以来的百年间中国人的生活风貌，从中我们可以读到中国人怎样为孩子取名字,中国家族成员之间的复杂关系以及个人和家庭是如何应对政权更替的。"(David Ahl)其三是丰富的中国传统文化。有读者对《解密》中体现的中国传统文化有浓厚的兴趣。读者 Tribe fan 评论道:"这是一本独特的中国小说,其中许多地道的中国元素,如丰富的儒家思想、中国式的故事讲述方式等交织在一起。此外,小说语言中还点缀着不少中文俗语,如'所有的癞蛤蟆都以为自己会吃上天鹅肉','海不可斗量,人不可貌相'等。"该读者还从书中"给男儿取女人名"的细节中读到了"二元对立的两极——阴和阳、柔和刚必须保持平衡的中国民间信仰",以及从"书中对金珍告别家人奔赴 701 单位前的那顿告别餐的细致描写中"读到了"食物和仪式在中国文化中独特的重要性"。"这部小说讲述了一个西方人能够理解和欣赏的非常有趣而不同寻常的故事,同时也充分展示了中国文化的独特和趣味。"(Snowbrocade)

此外,故事合理性的关注度为 4.55%,评价意义正面性为 60%。读者认为小说主人公的生命历程、小说中所描述的孤独症天才的世界以及密码领域中鲜活的人生故事等内容和情节都具有合理性和可信度。评价语言有"it's impossible not to believe""considerable conviction""genuinely""real""non-fiction""believable"等。如 Tanstaafl 评价道:"这本书的主角容金珍比超级巨星还要璀璨。这是一本关于他的书,关于他的能力和局限,以及他在密码世界这一国际竞技场上的起起伏伏。容金珍的故事让人痴迷,以至于读者觉得这不是一个虚构的故事,因为它是那样的真实可信。"Robert Hewitt 评价说:"小说用大量的令人信服的情节探索了孤独症天才的世界。"此外,"合理性"的负面评价中,读者认为故事中不具备"合理性"的因素主要包括对主人公解密工作的描述、密码领域的各种细节、家族故事的描述等,其评价语言有"rather incredible""very far from reality""unconvincing""little real point"等,如 Bellarion 认为《解密》偏离合理性的情节在于"小说讲述的容氏家族中每一代人都至少有一个出类拔萃的人物,这让人觉得不真实"。故事"平衡性"的关注度为 1.82％,评价意义正面性为 0,全部为负面评价,少数读者认为故事发展失衡,故事情节和人物发展缺少细节。如 Richard Richter 评价道,故事"缺少情节发展的高潮"。故事"共通性"的关注度为 0.91％,评价意义正面性为 100％。"共通性"评价中,读者将小说虚构文学中的情节和内容进行现实性联想,从而在文学虚构与西方现实之间找到了某种联系,使虚构文学具有了一定的现实意义。如 Jo Anne M 将《解密》主人公与爱因斯坦相联系,其书评标题是"一个中国孤儿的故事,他是另一个爱因斯坦吗?"

5.3.2 "小说人物"的评价范畴与评价意义

普通读者书评中"小说人物"的评价范畴以及各范畴中正面和负面评价资源数量统计结果,如表 5.5 所示。

表 5.5　普通读者书评中"小说人物"的评价范畴与评价意义

有关"小说人物"的评价资源	情感			判断	鉴赏				
					反应	构成	估值		
	高兴	满意	安全	规范	吸引力	复杂性	生动性	原创性	共通性
正面评价(条)	1	2	4	0	11	4	2	3	7
负面评价(条)	2	2	6	2	6	0	1	1	0
合计(条)	17			2	35				

从表 5.5 来看,普通读者对《解密》人物的评价数为 54 条,其中正面评价数量占总评价量的 62.96％。具体来看,关注度位居前列的评价范畴依次为吸引力(17 条)、安全(10 条)和共通性(7 条),其评价意义正面性分别为吸引力 64.71％、安全 40％、共通性 100％。这说明,小说人物的共通性得到了众多普通读者的关注,且肯定性程度很高,是小说人物吸引普通读者的关键要素。吸引力的关注度最高,评价意义以正面评价为主,但也有一定数量的负面评价。安全范畴中,负面评价占多数。通过关键词检索,我们发现,普通读者书评中有关人物的重

要评价高频词依次为 hero（3）、personality（3）、genius（2）、interesting（2）、Nash（2）、troubled（3）等。下面笔者将具体呈现普通读者在各评价范畴对人物的评价。

吸引力范畴中的评价资源共有 17 条，其中正面评价为 11 条，评价意义正面性为 64.71%。正面评价中，从评价语言"compelling""fascinating""interesting""gripping"等可以看出，读者认为小说人物"有趣""极具吸引力"。有读者认为小说人物的吸引力主要在于其神秘性与真实性，如容金珍是"历史上真实的神秘人物"（Lilian）；"小说所营造的神秘气氛特别让人着迷，这种神秘性不仅体现在密码本身，还有金珍如谜团一般的个性"（匿名读者）；也有读者认为小说人物的吸引力在于其与众不同的个性和超凡脱俗的才能，如 McGee 认为，"如果你能始终保持开放包容的心态，相信作者正将你带入有趣的故事，那么你一定会为金珍不同寻常的人格和超凡脱俗的才能所吸引，我当然就是这样"；"小说人物个性并不可爱，但奇怪的是，这样不可爱的个性却反而让人觉得可爱"（匿名读者）。另外，对小说人物吸引力的评价还在于小说人物对读者情感的影响和引起的共鸣，如"我为这个情感内敛但又出类拔萃的年轻人的故事所感动"（G. Miki Hayden）；"我完全沉醉在容金珍的人生故事中"（Felicity）；"我脑海里总是出现金珍的身影，我想看透他那无法看透的神秘"（switterbug/Betsey Van Horn）。吸引力的负面评价则体现了读者完全相反的态度，他们认为小说人物"不够具有吸引力"（Margaret E Titone）、"让人乏味"（albert）等。

安全属于情感范畴，涉及人们对周围环境的平和感或焦虑感的评价（Martin & White，2005：49）。该范畴中的评价资源都为负面评价，如读者 S. McGee 评论道："我为金珍深深感到惋惜和痛心。"William S Jamisonon 说："他们的生命如同玻璃一般易碎。"又如 Leslie 评价说："容金珍很可能患有孤独症，是一个令人同情的人物。……他的生存状态每况愈下，直到最后他心理崩溃，精神失常，这个过程几乎让人不忍卒读。"Lady Haase 评价道："我只能去理解他，因为我渴望他的人性光辉不会因他的智慧而减弱。"

小说人物"共通性"的评价资源都为正面评价。读者在麦家笔下的人物身上读到了他们所熟悉的西方文学或影视作品中的人物影子。"容金珍超然的才华以及置身事外的个性让人想起了纳萨尔（Sylvia Nasar）的《美丽心灵》（*A Beautiful Mind*）中的纳什。"（匿名读者）Felicity 说："这个故事与电影《模仿游戏》（Imitation Game）有共同之处，而容金珍是另一个艾伦（Allen），他们都是人中豪杰。"switterbug/Betsey Van Horn 说："如果要找一个美国电影中的相似角色，那就是特托罗（John Turturro），他在数部影片中都扮演一个痛苦的天才形象。"还有读者将麦家小说中的虚构人物与现实人物联系起来，并产生同样的心灵震撼。如 wang duo 说："让我震惊的是，一千年才出一个的数学天才，最后却被一名小偷击垮。我读这本书的时候，总是想起凡·高（Van Gogh）来。我觉得他和小说主人公有共同之处，他们都是天才，都有创造一切的魔力，但另一方面，他们又是那么地脆弱，我为他们感到遗憾和痛心。"

5.3.3　"叙事特征"的评价范畴与评价意义

普通读者书评中"叙事特征"的评价范畴以及各范畴中正面和负面评价资源数量统计结果，如表 5.6 所示。

表 5.6　普通读者书评中"叙事特征"的评价范畴与评价意义

有关"叙事特征"的评价资源	情感	鉴赏									
		反应		构成		估值					
	满意	吸引力	合意性	平衡性	复杂性	合理性	原创性	异域性	生动性	共通性	文学性
正面评价（条）	14	24	2	2	8	10	13	7	2	3	8
负面评价（条）	9	15	0	5	8	1	0	0	3	0	0
合计（条）	23	41		23		47					

普通读者对《解密》叙事特征的评价数量有 134 条，评价意义正面性为 69.4％。从评价范畴的关注度来看，评价数量在各范畴中分布较为均衡，位列前三的为吸引力、满意和复杂性，分别为吸引力 39 条、满意 23 条和复杂性 16 条，评价意义正面性分别为吸引力 61.54％、满意 60.87％和复杂性 50％。显然，普通读者对作品叙事特征在吸引力和满意范畴的评价以正面评价为主，对作品叙事特征的复杂性则持褒贬参半的态度。关注度居中的是原创性、合理性、平衡性和异域性，分别为原创性 13 条、合理性 11 条、平衡性 7 条和异域性 7 条，评价意义正面性为原创性 100％、合理性 90.91％、平衡性 28.57％和异域性 100％。从数据来看，原创性和异域性的评价意义正面性为最高，没有负面评价。平衡性的正面性最低，读者大多对叙事特征的平衡性进行了否定评价。通过关键词检索，我们发现，普通读者书评中有关叙事特征的重要评价高频词依次为 narrative/narrator（7）、style（6）、novel（5）、slow（4）、interview（3）、western（3）、involving（2）、loose（2）、flat（2）、foreign（2）等。下文中笔者将具体呈现普通读者在各评价范畴对叙事特征的评价。

从吸引力范畴的评价资源来看，普通读者认为小说总体上微妙、温婉、神秘、自然、流畅的叙事风格极具吸引力。如 Sincerely Yours 说："小说叙事微妙而不动声色，温婉而迷人。"Wilhelmina Zeitgeist 评论道："小说的写作手法极其微妙，流畅自然，对我来说是一本真正不可多得的好书。"Frida Z. 说："这个故事是以一种干净、优雅、神秘的风格写成的。"Snowbrocade 说："故事以一种悬念重重又引人入胜的方式讲述。"也有匿名读者说："小说的叙述方式和故事情节都非常吸引人，我希望读到更多这样的作品。"

具体来看，叙事特征的吸引力主要体现为小说多声部"复调式"的叙事风格。所谓"复调式"叙事风格，即指小说叙事以"多声部"的方式推进。在《解密》叙事中，往往有多个当事人对主人公进行描述和评论，从而能够全方位、多角度地塑造人物形象。首先，普通读者认为，这种"复调式"叙事风格所营造出来的"真实"氛围，能够使读者沉醉其中，心灵受到震撼。事实上，"'真实'是麦家叙事的关键词，它是小说叙事寻求形式感的核心环节，同时又构成《解密》这部作品耐人寻味的审美素质"（王迅，2015：210）。西方读者对麦家创作中追求"真实"的良苦用心产生了回应，这从评论中可见一斑。Patto 指出："这部小说的叙事结构非常高明，极力使读者相信叙述的真实性，而不仅仅是虚构作品。读完整本书，读者不可能对解密者和他令人心碎的经历的真实性产生怀疑。"Jacqui Murray 评论道："故事的叙事方式使人感觉是一名记者在调查一位名为容金珍的中国知识分子起起落落的一生，我们通过记者的笔记和眼睛来体验容金珍的生活。故事的叙事技巧极其高超，读者读到的似乎只是些零星的、片段式的笔记，但这些笔记最终却完美地构建了一个值得刊印的完整而精彩的故事。故事如此精彩，我都不相信容金珍不是一个现实中的人物。小说中有一些重要的人物传记元素，也有相当篇幅的智力分析的内容，似乎这篇文章最终将刊登在某个情报杂志上。"Hans Henrici 评论说："这是个真实的故事，作者只是做了一些必要的细节改动。这本书很吸引人，结局让人感到痛心。"D. Edger 评论道："对密码分析工作的描述似乎是基于该领域的真实经验。"其次，读者认为多声部"复调式"的叙事风格让他们不是被动地阅读故事，而是获得了一种主动参与感。如 S Riaz 4 说："容金珍身上几乎表现出孤独症的特征，所以我们总是从其他人物口中听到有关他或他的家人的信息，此外我们更多的信息是从信件或日记中得到的。因而，这使我们总是和真实的情形有一段距离。在一定意义上，我们是和叙述者一道，一起慢慢揭开容金珍身上的秘密。"Switterbug/Betsey Van Horn 也说："小说情节迂回曲折，叙事方式出人意料。小说是各种片段信息的集合，它们就像密码一样，使我在阅读时也面临着参与'破译密码'的需要。"Timothy L Mayer 评论道："这本书写了一个关于密码和间谍的故事，作者生动逼真的叙述方式把读者也带入其中。"再次,多声部"复调式"叙事风格所产生的"真实性"效果使读者认为这部作品在文体上更接近传记文学,而非虚构小说。reader 451 对小说的叙述风格进行了生动的描述:"麦家独特的叙述风格使这本小说的文体很难定义。故事叙述中穿插着对一些主要人物的采访,从而叙述者声音呈现为跳跃式转换,从一个话题转换到另一个话题,从动作描述转换到心理剖析,从现实场景转换到完全非现实场景,就好像摄影师在拍摄过程中不断地变换镜头一样。故事情节的发展不是呈现为简单的惊悚小说的形式,而是更多地偏向于传记文学,这亦是作者写作的初衷。"Nancy McLain 评论道:"这本书与其说是一本小说,不如说是一本天才的自传。"Timothy L Mayer 也说:"小说的写作方式像传记文学。"Patto 评论说:"尽管书中有一部分内容与破译密码有关,但其写作方式从根本上来说属于传记文体。"Tell Me A Story 更是将《解密》视为一本回忆录,他说:"我非常喜爱这部天才破译专家容金珍的回忆录。"最后,读者认为这种"复调式"叙事风格不同寻常,它使故事叙述剥离了作者的主观感情因素,因而显得更加冷静和客观,整部作品更加耐人寻味。如匿名读者评价说:"小说叙述冷静而客观,不带有作者个人的感情因素。"读者 frankp93 说:"故事的许多情节都是采用倒叙的形式,通过对不同人物的采访而推进,而与主人公的直接交流几乎没有,这是不寻常的,也是耐人寻味的。我能切身地体会到这位为政府破译密码的数学天才的家人、同事,甚至他后来的妻子试图与他进行沟通和达成理解时所遭遇的重重困难和无可奈何。"

此外,吸引力范畴的正面评价中,读者认为小说开篇的宏大叙事塑造了主人公鲜活生动的形象。Jodi 认为:"故事开篇我们读到了金珍的原生家庭背景,了解了金珍的个性和故事的起因,其阅读是很有趣的。"Switterbug/Betsey Van Horn 评价道:"在金珍加入 701 单位这一秘密组织之前,作者已经花了 150 页的篇幅,用细腻的笔触对金珍进行了全方位的描绘。因而当他正式加入 701 单位时,读者脑海中已经映入了一个生动、鲜活的容金珍的形象。"Patto 认为故事开篇"对主人公声名显赫的家族进行了童话般的叙述"。wbjonesjr1 评价小说开篇"因其独特的人物描写和情节推进的节奏而极具吸引力"。

叙事方式吸引力范畴的负面评价涉及三方面。首先，读者表示对《解密》"元小说"的写作技法难以适从。《解密》叙事中穿插着大量"元小说"的因素，如叙事者从故事中走出来，向读者交代他创作小说的细节和过程等。frankp93 对此提出了异议，他评价说："除非你读过大量的实验小说（我没有），否则小说中叙述者从故事中走出来直接对读者讲述，对他所设计的故事结构进行解释，诉说他个人生活中的种种艰辛最终如何导致他与故事中的人物和事件发生了交集等等，这些元小说技巧的使用会让你深感不安。"其次，有读者对小说"采访式"的叙述方式表示不适应。J. Suni 说："《解密》读起来就像来自报纸上的文章——句子简短，结构简单，没有太多描写，其间还穿插着对主人公的朋友和家人的采访。"C. D. Lynn 评价道："故事是以一种怪异、平淡的报道风格讲述的，这种风格没能将故事情节生动地展现出来。此外，故事中不断出现重复的细节，特别是在对中心人物才能的刻画上，这令人十分恼火。"再次，有读者认为小说开篇的叙述冗长，与主题相关性不大，让人失去阅读兴趣。S. McGee 说："期待小说像西尔瓦（Daniel Silva）式的、那种开门见山就让人觉得惊险刺激的小说风格的读者，将感到茫然、困惑甚至有种挫败感。"D. E. 评价道："作者用了半本书的篇幅描述主人公的生活背景，然后，什么也没发生。"Anubhav Khiwani 说："小说开篇进展缓慢，而且内容与整个故事无关。"Jodi 认为："故事开篇有些信息似乎不太相关，有些还使故事的节奏变得缓慢。"Neil 直接指出："小说前半部分的人物发展和故事情节有些漫无边际，让人无所适从。"也有匿名读者对密码情节的叙述感到冗长，"小说中越到破译密码的情节，其叙事就越发冗长重复"。

叙事特征满意范畴的评价中，我们发现，其正面评价资源主要关于小说开篇的叙事手法。《解密》开篇作者运用细腻的笔触和较长的篇幅对主人公的特殊人格做了追溯性阐释，这是对故事发生的宏大的社会环境的描写,这样的开篇形式和西方小说传统不同,读者对此在满意范畴进行了正面评价。Wilhelmina Zeitgeist 说:"这个故事让我爱不释手,而且从一开始就深陷其中,不能自拔。"G. Miki Hayden 评价道:"小说开篇娓娓道来的宏大叙事让我乐在其中并深受感动。我被一个精神失常却才华横溢的年轻人的故事吸引着、感动着。"Maksym Pruglo 说:"我简直无法停止阅读,因为每一条线索,每一个发掘出来的秘密都紧紧地抓住我的心,让我无法呼吸。"Jddw 说:"有关主人公早期历史的叙述十分有趣。"从这些评价中我们看到西方读者为小说开篇的宏大叙事所吸引和感动。此外,也有读者为小说"娓娓道来的叙述方式"感到震惊。History Major 是一位小说家,他说:"对于这部小说,一方面我为其叙述方式感到震惊,另一方面我又惊讶地发现,小说从头到尾一以贯之这种叙述方式。这种娓娓道来的叙述方式让我自始至终都沉醉在故事中,欲罢不能。"

满意范畴的负面评价资源与小说开篇和结尾的叙述方式有关,也与整部小说的叙事结构有关。一方面,读者认为小说开篇的叙事方式与他们对惊悚小说的阅读期待不符,小说开篇繁重的细节描写使故事节奏缓慢,拖泥带水,以至于读者最终失去耐心和阅读兴趣。如frankp93 对小说开篇的宏大叙事"感到困惑",他说:"小说节奏缓慢,拖泥带水地讲述着主人公的历代祖先的故事以及他的童年和所受到的教育。这使得这个中国富裕家族在二战爆发前后的几十年间所经历的起起伏伏的家族故事无论多么有趣和不寻常,我都对这个宣称与密码和阴谋有关的故事失去了耐心。"也有匿名读者说:"我一直等待情节变得更惊悚一些,但让人难过的是,文本叙事缓慢、迟钝,充满了根本无法推动情节发展的细节描写。全书大概写到一半的时候还只是交代了主角的身世——他还没被招进秘密组织当破译员呢。"LRG 也说:"我觉得小说开篇的叙述过于分散,而且进展迟缓。"另一方面,有读者认为小说独特的叙事结构加大了阅读难度,从而使得小说自身仍然像个难以破解的密码。Tell Me A Story 评价道:"麦家独特的小说叙事结构要求读者参与其中，并寻求合适的方式来解读其笔下人物的心理状态和所处窘境。然而这种怪异的结构并未让我觉得充满挑战，相反，我觉得十分懊恼。"此外，有读者表示对小说结尾的叙述"失去兴趣"。J. Suni 评价道："小说最后四分之一的内容开始揭开整个故事的真相。出乎我意料的是，就在此时，我突然对《解密》失去了兴趣。"还有匿名读者对作品中使用代号而不是真实国家名和地名等感到不适应，"作者在叙述时好像不得不用一些代号如 G 大学或 N 大学、A 市或 B 市，G 地区，X 国等，对此我也觉得懊恼。我认为如果实在不想用真名的话，可以编造一些名称，如 Wallace 大学等"。

叙事特征复杂性范畴的评价资源中，正面评价通常与文学性范畴中的评价相关。部分读者能够以开放和包容的态度阅读译自外国的文学作品，尽管他们认为《解密》的叙事特征比西方间谍惊悚小说更具有复杂性，但他们在复杂性中看到了《解密》所具有的文学性特征，因而对《解密》叙事的复杂性给予了深刻的理解和认同。Sincerely Yours 说："我必须适应文化主题的差异，并以开放和包容的姿态来接受作者的叙述方式和观察视角。这本书我读到四分之一的时候才开始理解故事叙述技巧发生了转变——从平铺直叙的故事讲述转变为旁人视角下的'访谈'策略。"Neal Reynolds 评论道："在神秘间谍小说中密码故事越来越常见。然而这本书中的故事，随着主人公命运的发展，越来越让人觉得它更像一个寓言。因而这是一部挑战读者心智的具有极高文学水准的小说。"Switterbug/Betsey Van Horn 评论说："小说情节迂回曲折，叙述形式出人意料。小说第五部分是各种片段信息的集合，它们就像密码一样，阅读时我也面临着'破译密码'的需要。只有像麦家这样有能力、有自信的作家才能说服读者朝这个方向努力。"

然而负面评价在叙事特征复杂性范畴中占多数，主要涉及三方面。其一是读者对小说结尾叙述的负面评价。Larry Hamelin 评论说："小说结尾有点唐突，后记部分有些漫无边际。"SLS 也认为"尽管小说最后六分之一的部分也揭露了一些真相，但让人读起来感到头晕"。

其二是对作品含糊叙述风格的负面评价。读者 Tell Me A Story 认为阅读起来有一定难度,"由于情报领域的保密性,以及保护中国利益的需要,叙述中有许多模糊的描述和所指,这使得你常常对一些信息感到疑惑。有的是时间年代不详,有的是事件所涉及的国家不具体。另外,金珍生活和工作的年代也交代含糊。这些都使这本书的阅读充满挑战,主要还是由于有些信息不便透露导致的,而不是翻译的问题。也许还有一些英语读者会感到疑惑,是因为他们对中国文化和历史缺乏了解"。其三是对叙事结构的负面评价。Stephen T. Hopkins 说:"我认为小说怪异的叙事结构比其他方面带来的挑战更让人难以适从。"Tobe L. Berkovitz 评论道:"要么你会喜欢这种曲折的叙事结构,要么你读不到 100 页就决定放弃。"

叙事风格原创性的评价主要与《解密》与众不同、不拘一格的叙事风格有关,原创性风格带给西方读者耳目一新的阅读体验。有匿名读者在书评标题中就直接指出,《解密》"完全原创的叙述形式,非常出色"。Larry Hamelin 也说:"小说主题和写作风格都不同寻常,带给读者极好的阅读体验。"

通过对原创性评价资源梳理,我们发现,读者评价主要关于小说开篇的宏大叙事和非传统类型文学的叙事方式两方面。对于小说开篇的宏大叙事,读者 Maksym Pruglo 说:"故事开篇就打开了一个广阔的密码世界,这是我在以前的小说中从未曾读到过的。"S Riaz 评论道:"在你阅读此书之前,你得抛开所有关于侦探小说的先入之见。故事正式开始之前有一段相当长的铺垫。而通常来说,绝大部分小说不会讲述如此大量的细节。"Chenfan Wang 评论说:"尽管开篇的许多内容似乎偏离主题(但许多人认为这部分很容易理解,因为它趣味横生),随着故事的发展,你会发现所有的片段拼凑在一起,成就了一个伟大而令人惊叹的大格局",所以"阅读这本小说的关键就是紧跟作者的叙述思路"。对于非传统类型文学的叙事方式,D. Edger 评论道:"这本小说的叙事方式很是离奇,'违反'了惊悚小说写作的一些'规则',我读起来觉得很有意思。"S. McGee 说:"对于喜欢阅读非传统叙事风格的作品,同时又很有耐心等待作者最终将真相大白于众的读者来说,这绝对是值得一读的好书。"Z Hayesp 评论道:"这本小说讲述的可能不是一个令人血脉偾张、心跳加剧的惊悚故事,但其叙事方式确实让人耳目一新,故事的很多情节都是通过别人对金珍的印象而加以推进的"。此外,有读者眼光独到,他注意到"小说中几乎没有主人公与其他角色直接交流的叙述",他认为"这种叙述方式不太常见"(匿名读者)。读者Frida Z. 从中国文学史的角度评价麦家小说,认为"麦家笔下的人物角色在中国文学史上从未有人写过,同时他还开创了一种全新的中国文学写作模式"。

叙事风格合理性评价与故事叙述的严谨性和可信性相关。Robert Hewitt 称赞了小说写作风格所营造的真实性,他评论道:"小说的写作风格让人感受到了十分真实的'他者文化'。"Jose Elias 则肯定了小说叙事逻辑的严谨性,并基于个人阅读经验,为其他读者提供了阅读建议,他说:"阅读时你需要完全信任作者,紧跟他的写作思路,并留心每一个小细节,才能最终理解小说的旨意。小说中每一个看似割裂的部分,每一个埋下的小秘密和伏笔都会在结尾处贯穿起来,从而整个故事的逻辑线路便清晰地浮出水面。"读者 History Major 对叙事风格合理性的评价更为详细具体,这和他小说家的身份不无关系,他说:"我本人作为一名小说家,总是将故事情节的合理性视为第一要务。和一些普通读者的阅读感受一样,我也没有准备好接受这一事实,即书中讲述的是一个虚构的故事,因为麦家的叙述方式非常具有'真实性',让人觉得他似乎是在一边讲述故事,一边弥补漏洞,而最终他滴水不漏、合情合理地圆满讲完了这个故事,真是让人不可思议。"

叙事风格异域性的评价主要在于西方读者在《解密》中读到了具有异国情味的非西方叙事特征,表现为两方面:其一是小说开篇的叙事风格。frankp93 认为:"小说开篇有民间故事般的叙事风格,非常吸引人。"Topolino 也评论道:"故事开篇的讲述就很有中国民间故事的风格。"Z Hayes 说:"《解密》开篇读起来像一本历史小说,讲述了 19 世纪中国容氏家族的故事。"Leslie 也说:"这本书开头部分就很宏大。第一部分讲述了容金珍的世代祖先的故事,非常吸引人,读起来有中国寓言故事的味道。"其二是非西方叙事方式。Mark Kolier 认为:"非西方的叙事方式并未使西方读者对这本小说的阅读趣味有丝毫减少。"History Major 则表示《解密》非西方叙事方式在自己的意料之中,他说:"我知道这是一部译自中文的小说,因而并未期待它遵循了西方小说的写作规则。"

此外,叙事风格在平衡性、生动性、共通性和文学性评价范畴的评价资源数量相对较少。平衡性评价与小说开篇的宏大叙述有关,有读者认为,"故事叙事背景很精彩,然而小说前半部分的人物发展和故事弧度变得有些失去平衡,铺张太大"(neil)。生动性的正面评价主要与叙事语言有关,读者认为《解密》的"叙述语言丰富"(bei yan),富含"多维度的丰富的隐喻"(Andrew Glasscock)。但也有读者进行了负面评价,SF Reader 评论说:"故事的叙述方式很枯燥。"共通性的评价主要在于读者在《解密》的叙事方式和他们所熟悉的西方作家作品的叙事方式之间找到了某种关联性和相似性。Tribe fan 评论道:《解密》"让人隐约地想起莫马迪(Scott Momaday)的风格"。Frida Z. 评论说:"阅读《解密》时,我立刻就感觉到这部作品与博尔赫斯、纳博科夫、爱伦·坡(Edgar Allan Poe)、詹姆斯(Peter James)、卡尔维诺(Italo Calvino)等一系列作家的作品有着和谐融洽且千丝万缕的联系。这是一部多态性小说,其叙述形式尤其让人想起博尔赫斯的《小径分叉的花园——通天塔图书馆》。"某位匿名读者说:"小说的叙述方式和故事情节都非常吸引人。让我想起了智利小说家波拉尼奥(Roberto Bolaños)的作品,只是这个故事更加引人入胜。"文学性的评价与《解密》"复调式"的非线性复杂叙事有关,体现了读者对《解密》叙事方式的深层理解。Frida Z. 评论道:"如果你以开放包容的心态去阅读这本小说,你会被小说中几乎不可察觉的写作形式上(以及与之相应的故事内容上)的变化所吸引,这就要求你相应地调整你的阅读视角。这是一部集成长小说、心理小说、间谍小说、历史小说等各种标签于一身的文学作品,甚至有时还能说是爱情小说",《解密》迷人、神秘、别具一格,是一部真正的文学力作"。frankp93 评论说:"与类型小说相比,《解密》在叙述语气和节奏上更具有文学性,非线性的叙事方式更为精致而复杂。"

5.3.4　"小说主题"的评价范畴与评价意义

普通读者书评中"小说主题"的评价范畴以及各范畴中正面和负面评价资源数量统计结果,如表 5.7 所示。

表 5.7　普通读者书评中"小说主题"的评价范畴与评价意义

有关"小说主题"的评价资源	反应	构成	估值	
	吸引力	复杂性	共通性	原创性
正面评价(条)	2	2	6	21
负面评价(条)	2	0	0	0
合计(条)	4	2	27	

普通读者对《解密》小说主题的评价数量有 33 条,评价意义正面性为 93.94%,这说明普通读者对《解密》小说主题的肯定程度很高。从各评价范畴的具体关注度来看,评价数量分布并不均衡,主要集中在原创性和共通性范畴,分别有 21 条和 6 条,分别占评价总数的 67.74% 和 18.18%,从评价意义来看,这两个范畴全部为正面评价。这说明《解密》主题的原创性和共通性受到了西方普通读者普遍的关注以及全面的肯定,是《解密》吸引西方普通读者非常重要的因素。此外,小说主题的复杂性和吸引力也有一定关注度,复杂性范畴中都为正面评价,吸引力中褒贬各半。通过关键词检索,我们发现,普通读者书评中有关小说主题的重要评价高频词依次为 genius(4)、character(s)(4)、humanity(3)、society(2)等。下面笔者对具体评价内容进行探讨。

小说主题原创性的评价主要在于西方读者在《解密》中读到了深

刻的、普世性的文学意义,与他们所理解的间谍惊悚类型小说颇有不同。麦家被誉为"中国谍战小说之父",但事实上,麦家在小说中,将"侦探、历史、人性等等有机地融为一体,传达出对世界、人性的深刻体认"(李强、姜波,2014)。不少读者直接指出,"《解密》的精彩不是破译密码的过程,而是对容金珍这个人物的深入剖析。这是一部关于人和人性的小说"(Switterbug/Betsey Van Horn);"与其说这是一本间谍小说,不如说是一本关于间谍的小说"(Donna);"《解密》虽然表面上是一部关于密码的小说,但实际上对密码细节着墨甚少。这是一本关于人的书,关于容金珍和他的一生"(Thom Mitchell);"与其说《解密》是关于破译军事密码的故事,不如说是对因具有独特人格并从事特殊职业而被人群隔离的特殊个体的行为方式和人性的解密"(frankp93);"我无法用具体的文字表达我从书中获得了什么。在我看来,这并不是一个关于破解密码或701单位的故事。故事中的人物以及所传达的深意才是这个故事的精髓"(Harold K Higgins Jr);"在我看来,这本书真正解密的是一个复杂的天才,而不是平庸、老套的破译高难度密码"(匿名读者)。

从这一点来看,西方读者的理解与麦家的写作初衷是一致的,因为麦家的首要目标是对人、人性以及生命本身的书写。这样的人性书写比西方间谍小说中的刀光剑影、色乱情迷更加深刻,它跨越了时空、种族和文化,直抵人心,也打动了西方读者。Platto评价说:"《解密》本身就像一个密码,揭示了隐藏的人性与社会的秘密。我对它爱不释手。"W. R. 说:"这是一个完全原创的故事,书名'解密'不仅意味着破解密码的种种复杂,也暗示了个人命运的未知性和不确定性。"Tell Me A Story看到了《解密》所表现的人性深处的孤独感,他评论道:"故事的结尾部分描述了人在与世隔绝处境中所感受到的深重的孤独感。事实上,这不仅是金珍的生活现实,也是整个世界的真实状态,与哪个国家无关。"Patto说:"麦家用诗性的语言深入探究了难以捉摸的人性,自始至终讲述了一个优秀的故事。"Nadine in Denver的书评标题就是"生命之玄奥——这是一个关于人生的有趣故事",他说:"作者的写作

技术十分精湛,真实地捕捉了现实的本质以及人性中的种种复杂。"匿名
读者说:"人性的复杂才是《解密》永恒的魅力。"可见,对人性的探索让
《解密》具有了世界文学的主题,在西方读者中产生了心灵上的共鸣。

　　此外,西方读者在《解密》中读到的另一个原创性主题是对于天才
的意义和本质的深入思考。Jodi 说:"这个故事实际上并不是关于密
码,而是关于试图破解当时最复杂密码的人。它深入探究了才华横溢
却困顿不安的人类群体的内心世界,让我们对天才的心理有了一些了
解。"Patto 评论道:"这部小说是对个人独特天赋的本质和意义的深入
思考。"bei yan 说:"《解密》讲述了一个关于天才的悲剧故事。通过丰
富的叙述和情节的起伏,故事营造了一种悬疑重重的氛围,从中读者
读到了一个真正天才的逐渐蜕变,以及天才易折的悲伤。"Frida Z. 也
指出:"容金珍这个人物,像历史上的许多天才一样,被赋予了世界上所
有的极端,极端的才华和极端的脆弱。他以其迷人的孤独症气质和魔
鬼般的才华在每一次变形中都闪烁着耀眼的光芒。在他身上烙印着
天使和魔鬼之间的模糊界线,金珍所具有的不确定的、神秘的人格,需
要最终被破译。"LRG 说:"这本书的精彩之处在于对一个性格有缺陷
并患有孤独症的天才人物所进行的悲剧性塑造。"Tribe fan 评价说:
"小说书写了'疯狂'的主题。更具体地说,一方面是具有卓越智慧的天
才人物,而另一方面则是天才时常不得不面对的近在咫尺的万丈深
渊。"还有读者说:"从天才到疯子只有一步之遥。这是一本好书,值得
一读。"(匿名读者)"天才所面临的进退两难的困境是如此相似。"(匿名
读者)有的书评标题直接指出了小说主题,"对谜一般的孤独天才的塑
造""天才之孤寂"。

　　有趣的是,千人千面,有读者对《解密》的主题有独特的思考。
Timothy L Mayer 说:"这本书实在让人惊叹。作者对国家机密的性质
以及人生境况进行了深刻的思考和探索。"Lady Haase 描述说:"我全
身心投入地读完了这部小说。我想,为什么微不足道的一件事就可以
把他击垮? 上帝喜欢对人进行控制,而一个人要声称自己的权利,得付

出巨大的代价。所以当我读完这本书的时候,我思考着为什么我愿意花这么长时间去读它。也许,我是在寻找幸福的结局。也许,我只是享受阅读的过程。"还有匿名读者说:"上帝在给你关上一扇门的同时,一定会为你打开一扇窗,《解密》传达的就是这么一条真理。"

小说主题共通性的评价主要在于西方读者在对《解密》主题的理解中读到了与西方文学艺术作品主题的相似性和熟悉感。Thomas Amstutz 评价说:"这是一个关于天才的引人入胜的故事,它让我想起了奥地利小说家茨威格(Stefan Zweig)的作品《象棋的故事》(*Schachnovelle*)和德国作家聚斯金德(Patrick Süskind)的畅销小说《香水》(*Perfume:The Story of a Murderer*)。当然,这本小说中故事发生的背景不同,但所讲述的天才进退两难的困境却是相似的。故事是通过不同角色的视角讲述的,我很喜欢这种风格。我要把这本书推荐给对上述两本书也同样感兴趣的读者。"William S Jamisonon 评价道:"这本小说像是一部人物传记,和《美丽心灵》相似。书中正文和脚注中都提到了奥本海默(Robert Oppenheimer)和纳什(John Nash)。虽然故事和《美丽心灵》中 Nash 的故事或蒙克(Ray Monk)笔下的《罗伯特·奥本海默:处在中心的人生》(*Robert Oppenheimer:A Life inside the Center*)中的故事并不完全一样,但这绝对是一个精彩的故事,它们都描述了天才本性的脆弱,天才的生命就像玻璃一样,一碰就碎。"

小说主题吸引力的评价与读者对小说主题的理解和反应有关。Tribe fan 说:"小说书写了'疯狂'的主题。它很可能让你陷入沉思,也同样让我久久无法释怀。"Nadine in Denver 评价道:"这是一个关于人生的故事,读来十分有趣。对人的内心世界的错综复杂性感兴趣的读者,一定会为这本书着迷。"但也有负面评价。有匿名读者称:"小说宣称,其主题是对天才内心世界的解读,但并没有实质性内容,只是在空白的黑板前手舞足蹈而已。耐人寻味、雄心勃勃的人物研究,目标很高,但没有完全实现。"

小说主题复杂性的评价与读者对《解密》主题和思想的深刻性理

解有关。A. Silverstone 评价说："《解密》是一部关于容金珍的虚构的心理传记小说。与其说它是一本间谍小说，不如说是关于密码破译者的心理分析。叙述者以一种一层一层剥洋葱的方式，试图揭示故事背后主人公容金珍的人性。有时你会觉得他是个孤独症患者，但从描述中你又发现这似乎不太正确。我们永远都无法捕捉到最内在、最核心的人性秘密，但这样的玄虚和隐晦可能与这个以密码为主线的故事正好契合。"Patto 读到了小说中深刻的思想内涵，他指出，"这部小说是形而上的思想盛宴。它表现了数学的奥秘，天才与疯子的关系，友情的险恶背叛，上帝的本性，欺骗的后果以及梦想的力量"。

5.3.5　"小说类型"的评价范畴与评价意义

普通读者书评中"小说类型"的评价范畴以及各范畴中正面和负面评价资源数量统计结果，如表 5.8 所示。

表 5.8　普通读者书评中"小说类型"的评价范畴与评价意义

有关"小说类型"的评价资源	情感	鉴赏			
	满意	反应	估值		
		吸引力	原创性	共通性	文学性
正面评价（条）	0	0	35	4	1
负面评价（条）	11	5	1	0	0
合计（条）	11	5	41		

总体来看，普通读者对《解密》小说类型的评价数量有 57 条，其中正面评价数量占总评价量的 70.18％。从各评价范畴的具体关注度来看，原创性的评价数量为 36 条，远远高于其他评价范畴，占总评价量的 63.16％，其评价意义正面性为 97.22％。很显然，《解密》小说类型的原创性评价范畴吸引了英语世界普通读者的极大关注和好评。此外，满意范畴的关注度位居其次，有 11 条，但都为负面评价。说明有相当数量的普通读者对小说类型的满意度不高。其他评价范畴还包括吸

引力、共通性和文学性，评价数量分别为吸引力 5 条、共通性 4 条和文学性 1 条，其中吸引力中的评价意义都为负面评价，共通性和文学性范畴中都为正面评价。通过关键词检索，我们发现，普通读者书评中有关小说类型的重要评价高频词依次为 psychological（7）、thriller（7）、cryptography（5）、biography（4）、espionage（3）、historical（3）、combination（3）、gripped（2）、mystery（2）、traditional（2）等。下面笔者对具体评价内容进行探讨。

小说类型原创性的评价中，西方读者认为《解密》不是真正意义上的间谍惊悚小说。事实上，"麦家独创了一种属于自己的文学类型"（李强，姜波，2014），因而对于《解密》的小说类型，读者也众说纷纭，莫衷一是。有匿名读者说："《解密》与你读过的任何间谍小说都不同，但绝对让你痴迷"；Dr Adam Weiss 认为《解密》是"中国人视角下的科技惊悚小说"；Thom Mitchell 评价说，《解密》是"历史小说与心理惊悚小说的巧妙结合"；A. Silverstone 说它是一部"心理传记小说"；Switterbug/Betsey Van Horn 认为它是"侦探故事、历史故事和家族故事的结合"；Topolino 说它是"传统间谍故事与中国民间故事的结合"；Patto 说它"既是间谍小说，也是心理小说"；Neal Reynolds 说它"像一个寓言"；Wilhelmina Zeitgeist 说它"是一部紧张刺激的心理惊悚小说"；Timothy L Mayer 说"《解密》是一本优秀的间谍小说，但更像史迈利（George Smiley）的风格，而不是邦德的风格"；frankp93 认为"作者具有不同寻常的写作目标，而不仅仅是完成一部类型小说"。从评论可见，《解密》与传统间谍小说之间存在的审美差异给西方读者带来了耳目一新的阅读体验。

但也有读者对《解密》中所凸显的非类型小说特点产生了疑虑，认为"对于想要阅读中国惊悚小说的读者来说，我不能推荐这本小说，它既不是了解中国间谍活动的窗口，也不是惊悚小说"（G. Miki Hayden）；"小说内容与我最初的期待有所差距。它并不是我所理解的惊悚小说，也不是经典的间谍小说"（Leslie）；"《解密》不是具有神秘色彩的高科技惊悚小说"(frankp93)；"如果你要找的是一本侦探小说或者间谍惊悚小说，这本不属于这个类型"(Tribe fan)；"这本书在好几次宣传活动中都被称为'惊悚小说'，我敢保证那不是事实"(FiFi's Mom)。笔者认为，对于部分惯于欣赏那种简单而直接的传统间谍小说的读者来说，他们提出这样的批评也是不足为奇的。

5.3.6　"中国文学译介"的评价范畴与评价意义

普通读者书评中"中国文学译介"的评价范畴以及各范畴中正面和负面评价资源数量统计结果，如表 5.9 所示。

表 5.9　普通读者书评中"中国文学译介"的评价范畴与评价意义

有关"中国文学译介"的评价资源分布	情感	鉴赏	
	满意	构成	估值
		复杂性	合意性
正面评价（条）	0	0	4
负面评价（条）	1	1	0
合计（条）	1	5	

尽管近年来，国内有大量的学者在中国文学译介方面付出了许多努力，但形势依然比较严峻。就美国的图书市场来看，"美国每年出版的图书 95％ 都是本土作家的书，只有 5％ 是外国文学。这个外国文学包括亚洲和欧洲。而这个 5％ 里面，中国文学的占比是 3％。所以你要在美国市场上看到中国的小说确实很难"（周佳骏，2019）。

从普通读者对"中国文学译介"的评价情况来看，评价资源数量共有 6 条，正面评价占比 66.67％。正面评价 4 条都集中于合意性范畴，2 条负面评价分布于满意和复杂性范畴。从这些数据可以看出，普通读者对中国文学译介这一评价因素关注度不高，中国文学译介这一话题在普通读者群中未形成讨论规模。但从零星的几条评论中，我们也能管中窥豹，发现一些问题。如读者 Eliana Cardosoon 说："我很少能看到中国文学的英译作品。"Moisio 也说:"我很少读中国文学作品。"这些评论反映了美国市场上中国图书的数量之少。读者 Eliana Cardoso 评价《解密》英译文时说:"中国文学的英译本中很难找到能与之媲美的。"这一评价的含义有两面性,一来是对《解密》的译文进行了高度的肯定评价,但同时也反映了中国文学英译本质量整体上不容乐观。

5.3.7 "翻译"的评价范畴与评价意义

普通读者书评中"翻译"的评价范畴以及各范畴中正面和负面评价资源数量统计结果,如表 5.10 所示。

表 5.10 普通读者书评中"翻译"的评价范畴与评价意义

有关"翻译"的评价资源分布	情感	鉴赏		
	满意	构成	反应	估值
		复杂性	吸引力	生动性
正面评价(条)	2	0	6	11
负面评价(条)	4	4	1	1
合计(条)	6	4	7	12

普通读者对《解密》翻译的评价数量有 29 条,正面评价占比 65.52%。评价范畴中生动性的评价数量最多,有 12 条,评价意义正面性为 91.67%。说明普通读者对《解密》翻译的生动性最为关注且肯定性程度很高。此外,其他评价范畴的关注度依次为吸引力、满意和复杂性,评价意义正面性依次为吸引力 85.71%、满意 33.33% 和复杂性 0%。这说明普通读者对翻译的吸引力的关注度和肯定性程度都较高,但满意的肯定性程度较低,而复杂性范畴中全部为负面评价。表明普通读者对译自他国的翻译文学作品存在一定的阅读难度。通过对普通读者书评中有关翻译的评价资源进行词频统计,我们发现出现频率最高的 10 个评价词语依次为 well(4)、excellent(3)、difficult/difficulty

（3）、readable（2）、smooth（2）、amazed（2）、brilliant（2）、enjoyment（2）、challenge（2）、great（2）。

一方面，从 well、excellent、readable、smooth、amazed、brilliant、enjoyment、great 等高频词来看，这些都是正面评价语言资源，表明读者普遍认为《解密》译文质量很高，"小说译文特别精彩"（Tell Me A Story），"英译文极其出色"（Thom Mitchell）。读者对《解密》译文的正面评价主要体现在译文的可读性强、行文通顺、带给人愉悦的阅读感受等。如 Tanstaafl 称赞道：译文"非常地道，行文流畅，具有很好的可读性"；Switterbug/Betsey Van Horn 评论说，译者"翻译方法灵活，译文流畅，译文读起来像是用英语进行的创作"。还有读者中文水平不错，能够将原文和译文进行对比阅读，他们认为原文写得很好，译文质量和原文完全匹配。Tribe fan 说："这是一部令人惊叹的中文作品，译文也很出色。"Jodi 也说："小说翻译得很好，和作者的写作一样好。"Frida Z. 更是认为，译文不仅在语义层面忠实于原文，甚至还保留了原作的文学特征，他评论道："英译文读起来和原文一样精彩，翻译水平非常高超——译文完美地保留了原作的诗性特征，我对此佩服不已。"

事实上，西方读者，特别是美国读者，他们对待翻译作品一贯持有保守而谨慎的态度，他们往往更愿意选择自己本国的作品，而对翻译作品持有一定成见和负面刻板印象。译者米欧敏在论及中国文学外译困境时就谈到"英国人、美国人，他们好像不太喜欢看翻译的作品"。作者麦家对此亦十分认同，并认为这种现象在美国尤为突出，他说："整体上来说，美国人不但不看中国的小说，连英国的小说都不看。"而原因之一是由于"他们本身的习惯，他们喜欢看自己国家的书"（周佳骏，2019）。尽管如此，我们从翻译的正面评价资源中发现，一些读者认为麦家小说英译本质量之高，在一定程度上改变了他们对待翻译作品的负面印象，刷新了他们对翻译文学的认识。Z Hayes 评论说："尽管这是一本翻译作品，但丝毫没有影响我对它的喜爱，这也证明了米欧敏的翻译水平非常高。"Wilhelmina Zeitgeist 评论道："米欧敏和佩恩的翻译技术巧妙而高超,语言流畅自然。每当我读着这些流畅的语句,想到这居然是翻译语言的时候,总是为译者精湛的水平所深深折服。"Moisio 从读者的角度解释了阅读翻译文学的焦虑,他说:"通常来说,读者在阅读翻译文学时,很难知晓该文本所表现出来的艺术效果是否符合原文作者的意图",也因此会对翻译文学产生心理上的隔阂,"然而在该译作中,米欧敏和佩恩通过极其巧妙的人物形象翻译,传达了比故事情节更深邃的内涵,从而抚慰了读者阅读翻译文学的焦虑"。Snowbrocade 也评论道:"阅读外国作家的作品是一项有风险的事情,有些作品本身不够优秀,也有一些翻译得不够好。但这本书却是个例外。麦家的写作水平极为精湛,译者的翻译也相当地道。"Tanstaafl 从阅读习惯的角度认为,"尽管西方读者对亚洲文学的风格并不十分习惯,但这本书的翻译非常地道,行文流畅,可读性极强"。

但另一方面,从 difficult/difficulty 和 challenge 等高频词可以看出,翻译的负面评价资源主要与译文难度相关,有读者认为译文阅读有难度,对他们来说是一种挑战。西方读者受翻译作品负面刻板印象的影响,对翻译的负面评价主要表现为两点:其一,一些读者认为麦家小说的阅读难度,或多或少是因为翻译。如有读者基于个人对作品的理解有难度,对翻译作品的可理解性提出质疑:"这是翻译的原因吗?有些地方我根本没法理解。"(anonymous)读者 Stephen T. Hopkins 认为,理解难度在一定程度上是由于翻译语言或文化差异所致,他说:"我建议在阅读整本小说之前先试读一章。因为对我而言阅读这本小说是一种挑战,也许是理解翻译语言带来的困难,也许是我错过了书中的一些文化阐释信息。"FiFi's Mom 认为中英两种语言之间的翻译难度影响了译作的可读性:"我读完了这本小说,也读完了所有有关这本小说的评论。我和其他几位读者得出的一致结论是,我们认为这本书的问题很可能出在翻译方面。显然中文小说的翻译是有难度的。我确信这本小说也有同样的问题。"显然,当西方读者对麦家小说的阅读和理解感到一定难度时,他们倾向于将此归咎于翻译作品的缘故,认为中英两种语言的差异之大，必然影响翻译质量和译本价值。其二，麦家独特的写作路数使其作品具有了文学复杂性与深刻性，因而不同于西方读者认知中的间谍惊悚小说这种文学类型。一些读者阅读《解密》时，由于无法辨清译文所承载的文学特征是否和原文相符，是否体现了作者的写作目的，这也部分导致了他们阅读麦家小说的心理焦虑。Reader 451 评论道："麦家独特的写作风格使这部小说的类型很难定义。这也许是由于翻译使然，也许是作者麦家意欲使其小说打上'中国式'的烙印。"该评论认为麦家小说英译文所表现的独特的叙事风格增加了其文学复杂性，同时对该复杂性是翻译使然还是作者的写作初衷表示困惑。C. D. Lynn 评论说："这本书没有达到它作为'惊悚小说'并充满'阅读乐趣'的标准。我怀疑这可能部分由于翻译的缘故，因为故事是以一种怪诞而平淡的新闻报道式的叙事风格讲述的，这种风格没能将故事情节生动地讲述出来。"该读者认为译作所体现出的叙事风格的独特性以及文体上对西方类型小说的偏离等特点不符合其对典型"惊悚小说"的阅读期待，从而导致了其阅读体验上的陌生感和不适应感，并怀疑这可能部分归咎于翻译，并因此对译作价值进行了否定性评价。

5.3.8　"作者"的评价范畴与评价意义

普通读者书评中"作者"的评价范畴以及各范畴中正面和负面评价资源数量统计结果，如表 5.11 所示。

表 5.11　普通读者书评中"作者"的评价范畴与评价意义

有关"作者"的评价资源	情感	判断	
	满意	才干	韧性
正面评价（条）	2	35	4
负面评价（条）	0	3	0
合计（条）	2	38	4

　　普通读者对"作者"的评价数量有 44 条,正面评价占比为 93.19。涉及的评价范畴包括情感中的满意、判断中的才干和韧性,其中才干有 38 条,韧性有 4 条,满意有 2 条,占比为才干 86.36%、韧性 9.09% 和满意 4.55%。从评价意义正面性来看,才干为 92.11%,满意和韧性皆为 100%。这些数据说明普通读者对作者的肯定性程度很高。另外,普通读者对作者的关注点主要在才干范畴。

　　通过对普通读者书评中有关作者的评价资源进行关键词检索,我们发现频率最高的评价词语依次为 most(5)、bestseller/bestselling (5)、army (5)、popular/ widely-read (4)、television/film (3)、successful/success (2)、well-written (2)、famous (2)等。这些高频关键词中,most 出现频率最高,达 5 次,其出现的具体语境为"the most popular author in China today"(当今中国最受欢迎的作家)、"the most popular and widely read author in China"(中国最受欢迎并拥有读者最多的作家)、"one of China's most famous and best-selling authors"(中国最著名作家以及畅销书作家之一)、"one of the most well regarded authors noted for his Chinese espionage fiction"(以间谍小说著称的中国最受尊敬的作家之一)、"the most prestigious national awards"(赢得中国最高级别文学奖项的作家)。此外,bestseller /bestselling 在评价资源中亦出现了 5 次,popular/widely-read 4 次, famous 2 次,successful/success 2 次,这说明普通读者对作者在中国所取得的成就以及在读者中的影响力是他们评价的焦点,亦是吸引他们阅读麦家小说的主要因素。Army 在评价资源中亦出现了 5 次,这是对作者人生阅历的评价。麦家的作品大多与密码、间谍等情节有关,作者在国内也享有"中国间谍小说之父"的美誉,而他的人生阅历中有过一段不寻常的经历,他曾有过长达 17 年的军旅生涯,这种特殊的职业经历与他的作品之间的关系自然吸引了西方读者的目光,也极大地引起了他们的阅读兴趣。另外,高频词 television/film 出现了 3 次,读者 3 次提到麦家小说被改编成了影视作品,是对其成功的肯定性评价。Well-written 出现了 2

次，表明读者对麦家写作能力的肯定。

普通读者对作者麦家的评价以才干范畴中的评价资源数量最多，主要涉及三方面：其一，作者的国内外名望。麦家在中国被誉为"特情文学之父"，其小说被改编成影视作品，风靡全国。这种国内影响力使西方读者相信"麦家能够在中国取得巨大的成功，成为畅销书作家，并赢得中国文学最高荣誉，一定是有道理的"（S Riaz 4），因而引起了他们的阅读欲望。Neal Reynolds 在书评中指出："这是一部翻译作品，由中国著名作家创作而成。"Donna 评论说："我很兴奋能有机会读到这本小说。这部出自一个我不甚了解的国家的享有崇高威望的作家之手的作品，确实值得一读。"Sincerely Yours 评论道："我总是乐于阅读出自名家之手的畅销书的翻译作品。"匿名读者说："这本书出自中国最受欢迎、拥有读者最多的作家之手，仅仅为此，这本书就值得一读。"

其二，作者的职业背景。麦家本人的职业背景比较特殊，使得《解密》这部与密码和间谍有关的题材具有了一定的敏感性，迎了西方读者"一探究竟"的好奇心。Erika Borsos 是亚马逊网站上带有徽章标记的读者，他评论说："我非常高兴收到这本'常青藤书评计划'的样本，因为它出自中国最著名作家和畅销书作者之手"，可以看出，麦家在国内的声望吸引了西方读者的阅读兴趣。继而 Erika Borsos 指出"工作的经历为他书写全球间谍活动背景下破译密码的故事提供了动力。并且可以确定的是，他这种个人的、独特的见解一定在他不同寻常的职业中得到了提升"。可见，Erika Borsos 认为作者不同寻常的职业经历与作者笔下的密码和谍战故事有着必然的联系。Leslie 评论道："这本小说的写作是很棒的，而且我发现有些内容非常有趣并富有启发性。"但也有读者指出："刚拿到这本书时，我以为他的个人经历和专长都会在作品中体现出来。然而我发现，与其说这是一本间谍小说，不如说是一本关于间谍的小说。"（Donna）显然，该读者并不认为作者的职业经历和书中的内容有多少关系，麦家小说并不是真正意义上的间谍小说，而是对间谍这类职业人群的书写，是以人物为中心，而非以情节为中心的作品。总之,无论读者在作品中读出了什么,作者特殊的职业生涯和他的作品主题之间的千丝万缕的联系使西方读者好奇,引发他们遐想联翩,因而也是读者评论中的焦点。

其三,作者的写作才能。Erika Borsos 评论道:"毫无疑问并显而易见的是,这个令人兴奋激动不已的充满神秘的故事,其成功的关键就在于作者精致微妙的想象力以及令人钦佩的书写复杂故事的能力。"Snowbrocade 评论说:"麦家的写作水平极为精湛,故事以一种悬念重重又引人入胜的方式讲述。"Andrew Glasscock 评论作者的写作特点是"丰富的语言和生动的隐喻"。Jacqui Murray 为作者讲述的故事折服,他说:"毫无疑问,麦家是个天才的讲故事的人,一旦他的其他故事被翻译成英文,我肯定会去找来读的。"Leslie 评价说:"尽管这本书的内容与我当初选择阅读它时的期待有所差距,但这本小说的写作是很棒的。"读者 History Major 是一名小说家,他对麦家的写作才能给予了高度赞扬,他说:"这是一本引人入胜的书,麦家是一位十分让人尊敬的小说家。我对麦家的叙述风格佩服至极,希望阅读他更多的作品。"

在韧性范畴的评价中,读者对作者撰写该作品所付出的努力,表现的坚韧的毅力进行了肯定评价。Patto 评论道:"我曾了解到麦家花了十年的时间写就这本书,它曾经长达一百多万字。这并不让我吃惊。我从未遇到过比这更有野心的小说家。"Jose Elias 评价道:"作者耗费十年心血写就的这本书终于取得了巨大的成功。"Cynthia Liang 评论说:"作者一定花了大量的时间和精力来完成这个伟大的故事,我个人认为十分有趣。"满意范畴中,读者表达了对麦家小说的满意和期待。Jacqui Murray 说:"一旦麦家的其他故事被翻译成英文,我肯定会去找来读的。"S Riaz 则表达了自己的阅读期待,"麦家的下一部小说是《暗算》,我希望它也能很快被翻译成英文并出版"。

5.4 本章小结

本章中，笔者对《解密》普通读者书评中的评价因素、评价范畴及其关注度与评价意义正面性进行了研究。研究发现：普通读者书评中小说内容、叙事特征、小说类型和小说主题等文本内因素在关注度和评价意义正面性方面都高于文本外因素。尤其在关注度方面，文本内因素的评价数量占总评价数的近九成。这说明麦家小说吸引普通读者的关注，文本内因素起到了决定性的关键作用，同时普通读者对文本外因素的关注十分有限。

普通读者对文本内因素的评价，首先，在小说内容方面，读者主要是对故事与人物的评价。《解密》故事的吸引力、原创性和异域性是读者喜爱这部作品的主要原因。从正面评价来看：读者认为故事中的数学和解密情节、神秘的梦境解析、难以捉摸的人际关系、友谊和背叛的交织、个人和家庭的联系等都是故事的吸引力所在；故事复杂性主要体现在小说的曲折情节、纷繁复杂的故事内容以及神秘悬疑的气氛等方面；此外，麦家笔下的故事与他们所熟悉的西方间谍惊悚故事不同，因而具有原创性；异域性则主要涉及故事中讲述的中国历史、中国人民的生活、丰富的中国传统文化等内容。从负面评价来看：有读者固守间谍惊悚小说的刻板印象，认为《解密》故事与期待不符，还有读者期待《解密》是一本有关密码学的专业图书，显然这是一种误解，因而在满意和合意性范畴中进行了否定评价。亦有读者认为故事的复杂性对其阅读和理解造成了一定困难，尤其是故事结尾部分特别让人困惑。小说人物的评价中，关注度最高的评价范畴为吸引力、安全和共通性。读者认为小说人物的吸引力主要在于其神秘性与真实性以及与众不同的个性和超凡脱俗的才能。共通性范畴的评价中，读者在小说人物身上中读到了他们所熟悉的西方文学和电影作品中的人物的影子，还有读者将作品中的虚构人物与现实人物联系起来，并产生了同样的心灵震撼。但有读者认为小说人物"不够具有吸引力""不够有趣"。安全范畴中的评价资源都为负面评价,表现了读者为天才人物命运的担心。

其次,叙事特征的评价中,关注度最高的评价范畴依次为吸引力、满意和复杂性。从正面评价来看,读者认为小说多声部"复调式"的叙事风格极具吸引力,因为它使故事叙述因剥离了作者的主观感情因素而显得更加冷静和客观,同时所营造出来的"真实性"氛围使读者认为这部作品在文体上更接近传记文学,而非虚构小说,从而使读者在阅读过程中获得了一种主动参与感。满意范畴的评价中,读者为小说开篇的宏大叙事所感动,为开篇娓娓道来的叙述方式感到震惊。叙事特征的负面评价主要在复杂性范畴,有读者认为小说怪异曲折的叙事结构加大了阅读难度,读者并未体会到挑战的快感。有读者认为叙述语言隐约含糊,从而使许多信息模糊不清。也有读者认为小说结尾的叙述拖泥带水,很难理解。

再次,小说主题的评价中,关注度最高的评价范畴为原创性和共通性。原创性评价中,读者认为麦家小说的主题是对天才的意义和本质的深入思考,具有深刻的、普世性的文学意义,不同于他们所理解的间谍惊悚类型小说的主题。小说主题共通性的评价在于读者在对麦家小说主题的理解中体会到了与西方文学艺术作品主题的相似性和熟悉感。

最后,小说类型的评价中,原创性范畴的评价数量远远高于其他评价范畴。读者认为作者的写作目标并不在于完成一部类型小说,因而《解密》并不是真正意义上的间谍惊悚小说类型,其非类型文学特征给读者带来了耳目一新的阅读体验。但对于部分惯于欣赏简单、直接的传统间谍小说类型的读者来说,他们对麦家的小说类型提出了批评。

普通读者对文本外因素的评价中,作者的关注度和正面性都相对较高。对作者的评价涉及情感中的满意以及判断中的才干和韧性范畴,尤其以才干范畴中的评价资源数量最多。才干范畴的评价主要包括作者的写作能力、国内外知名度及职业背景。读者对翻译的关注度不高,涉及生动性、吸引力、满意和复杂性等评价范畴。读者认为译文可读性强，行文通顺，带给人愉悦的阅读感受，并在一定程度上改变了他们对翻译作品的负面印象，刷新了他们对翻译文学的认识。但也有读者认为麦家小说的阅读难度或多或少是因为翻译，这导致了他们阅读麦家小说的心理焦虑。

第六章 译者评价和读者评价在麦家小说国际传播中的作用

　　英国当代语言学家魏多逊(H. G. Widdowson, 2004：8)认为,意义是通过语言标示功能的实现(indexical realization)而产生的。也就是说,通过语言的使用,与言外现实(extralinguistic reality)产生联系,才产生了意义。基于意义的这一定义,他将"文本"(text)和"话语"(discourse)进行了区分。他指出,"文本"除非通过与语境发生接触(contextual connection)而"被激活"(activated),否则将一直"处于休止状态"(inert)。而话语则指的是"语码在语境的激发和作用下(this acting of context on code),从原来所处的休止状态进入活跃状态(activation),是符号以语境为标指而实现的转化"(转引自刘亚猛,2009：66)。刘亚猛和朱纯深(2015)认为这一论断同样适用于中国文学译介与接受研究,因此,他们提出了中国文学译本在接受体系中"可激活""被激活"与"活跃存在"的重要概念。

　　刘亚猛(2009：67)认为译者"在源文本的基础上,根据目标语言作为一个'符号系统'具有的语法和语义规则生成的可被目标读者理解的文本"是不足够的,这样产生的译文很可能只是在目标文学体系中处于一种魏多逊所说的不起作用的"休止状态"。中国文学译本要想融入新的语境,译者须"在源文本的基础上,根据和目标语境发生接触并对目标社群产生影响的需要",使译本成为在目标文学体系中的"可激活"文本。译本成为"可激活"文本的标志是其能够"体现出对目标社群特有的情趣及价值的了解及敏感,对其读书界实际上采用(而非口头上宣示)的文学标准有所洞察,对目标读者在其所处特定历史语境中感受到的具体关切、渴求、兴趣、焦虑、失落等等有所呼应"(刘亚猛、朱纯深,2015:5)。此外,中国文学译本仅仅具有"可激活"属性并非其"走出去"的充分条件,关键还要能够赢得异域权威书评机构和书评家的广泛关注和积极评价,从而使译本在接受体系中"被激活"。译本"被激活"的根本标志在于"它成为目标社群阅读实践及基于阅读的文化精神生活不可或缺的一部分"(刘亚猛,2009:67)。朱纯深(2004:9-10)进一步阐释提出,对于特定文学作品来说,这是一次"全方位的互文语境迁徙",亦即通过开启新的言说在译入的互文语境中得到阅读而安身且立命,通过翻译而获得的这种"新","不但是针对作品原作的'新',也是针对接受文化的大众阅读史的'新'"。另外,对于"活跃存在"的内涵,刘亚猛和朱纯深认为与达姆罗什(David Damrosch)关于"世界文学"的定义十分相关。达姆罗什(2003:4)提出,"世界文学"指的并不是由"不可胜数因而无从把握的各国经典作品"构成的那个集合,而仅是那些其流通范围超越了自己的文化"原产地","活跃地存在于"(actively present)其他文学体系的作品,以及体现于这类作品的"流通模式及阅读模式"(a mode of circulation and of reading)。因此,中国文学译本在接受体系的"活跃存在"主要表现为其拥有广大的异域读者并在异域读者群中广泛地"阅读"与"流通"。

　　麦家小说自2014年在英美出版以来,获得了众多权威书评机构以及书评家的高度评价,麦家也成为"西方媒体和出版界最为青睐的中国当代作家"(季进、姜智芹,2021:305)。此外,麦家小说创造了中国作家在海外销售的最好成绩。《解密》上市当天销量进入美英亚马逊前10000名,之后名次一直上升,进入英美图书总榜文学书前50名。从麦家小说的流通规模及受欢迎程度来看,其在英美文学体系中具有"可激活"属性,成功"被激活"且"活跃存在"于英语读书群体的事实当无可置疑。鉴于此,在本章中,笔者对译者评价、专业读者评价和普通读者评价在麦家小说国际传播中从"可激活"文本到成功"被激活"并"活跃存在"于接受体系的过程中所发挥的作用进行具体分析,从而认识这三种评价在中国当代文学国际传播中的意义。

6.1　译者评价：译本成为"可激活"文本

芒迪(2012)的译者评价翻译观认为，任何译文都是译者决策的结果，体现着译者的评价。译者评价可以表现为译者对原文中重要因素的保留，但更重要的是体现为译者对文本中评价意义丰富的"关键之处"进行的阐释和干预。译者评价是译者的主体性立场的体现。民族文学只有在翻译中成为"可激活"文本，才能具备走向世界的潜力。也就是说，要使民族文学作品突破地域属性，在世界读者中得以流通和阅读，以往所谓准确流畅、规范地道、传情达意的"好"翻译并不够。译者需要和接受体系的文学文化语境发生接触，对译语读者特有的阅读期待、文学标准、接受心理等了然于胸，并在翻译过程中，尤其是对文本中评价意义丰富的"关键之处"的决策中将这些因素考虑在内，从而使译本具备在接受文学体系中成为"可激活"文本的属性。

通过对麦家小说的译者评价分析，我们发现，译者评价的作用在于使麦家小说在目标语文化中成为"可激活"文本。首先，从翻译选材来看，译语读者的阅读喜好是麦家小说英译者选择翻译对象时极为重要的考虑因素。选择合适的翻译对象是译者翻译活动的起点，麦家小说英文本的第一译者米欧敏这样描述自己翻译选材的思路历程，"西方同样有间谍小说，因此我认为他们也会愿意阅读一本中国'间谍小说'。所以我之所以选择翻译麦家老师的作品，是因为除了作品本身的优质性外，它也符合西方文学的既定类型，这意味着它已经拥有了西方读者基础"(贾子凡，2018)。米欧敏是土生土长的英国人，从小受到英语文学和文化的熏陶，对英语读者的阅读期待有着准确的把握，对西方阅读市场能做出正确判断。她认为，麦家小说本身就具有"优质性"，"也符合西方文学的特定类型"，因而原文文本就具有一定的"可激活"潜质，"它已经拥有了西方读者基础"。

其次,从翻译原则来看,尽管译者在译文的忠实性与可读性之间尽量寻找平衡,但译语读者的语言习惯和接受标准是译者评价的重要考虑因素,从而使译文具有了"可激活"的属性。米欧敏说:"在我翻译的作品中,我试图准确地传达中文的原意,但也会保持其①语言习惯。如果可以的话,我不希望读者意识到它是一部翻译作品,但同时我也尽量避免使用非标准和非典型的用法,因为我想确保人们在十年、二十年甚至五十年之后,仍然可以阅读和理解它。无论翻译中国的古代还是现代文学作品,这一直都是我的原则。"(季进、姜智芹,2021:303)显然,在翻译麦家小说时,译者虽然力图准确传达原意,但更重要的是对译语读者负责,灵活照顾译语读者的语言习惯。米欧敏坦言:"我一般都会注意译文与原文保持基本的忠实,多从英语读者的阅读习惯思考,注意译文的地道与流畅,在译者、读者、作者之间进行多方思考,灵活应对。"(孙继成,杨纪荣,2019)可见,译者通过采用灵活的翻译策略,使译文与原文保持"基本的忠实"的同时,"英语读者的阅读习惯"是译者决策的主导因素。译者认为,这样的译作才可能跨越时间和空间的限制,"在十年、二十年甚至五十年之后",在远涉重洋的"他者"文化里,开出新的生命之花。此外,从前文对译者评价的具体分析中我们不难发现,译者在具体的翻译实践过程中,在正确理解和欣赏原作意义的同时,充分考虑到了译文将要面对的真实读者的文学趣味和阅读喜好,通过采用灵活的翻译策略,使译文成为"可激活"文本,从而使译文在异域的接受更加自然、顺畅。

2018 年,米欧敏获得了中国出版业面向海外的最高奖项"中华图书特殊贡献大奖"。此外,她所翻译的《解密》和《暗算》被《经济学人》杂志高度评价为"翻译界的瑰宝"(贾子凡,2018)。可见,译者评价对麦家小说的国际传播功不可没,成功地使译文具备了在译语读者中"可激活"的潜质,为译本在英语世界"被激活"以及在英语读者中"活跃存在"

---

① 指"英语读者的"。——作者注。

奠定了良好的基础,有效地推动了麦家小说在英语世界的翻译、传播和接受。

6.2 专业读者评价:译本"被激活"

刘亚猛和朱纯深(2015:5)认为,"对于正力争进入世界文学殿堂的中国文学作品,在解决了翻译和流通这类技术障碍之后,必须面对的棘手问题是如何在英语文学体系中被'激活'并在其中活跃地存在下去"。继而他们指出,"中国文学作品英译除非赢得英语读书界有影响书评家的正面评析及解读,几无可能在英美读书话语网络中引起广泛兴趣及讨论",因此,"赢得书评舆论是中国文学走向世界的一个关键前提"(刘亚猛、朱纯深,2015:8),专业读者评价的作用就在于使中国文学译本在英语文学体系中"被激活",即使其"成为目标社群阅读实践及基于阅读的文化精神生活不可或缺的一部分"(刘亚猛、朱纯深,2015:5)。

研究南美文学的美国学者波拉克(Sarah Pollack)认为,拉美文学能够吸引美国读者并得以跻身当代世界文学前列,其中很重要的原因在于20世纪70年代以来以马尔克斯为代表的南美作者群体多次荣登《纽约时报》每年年终发布的"值得一读"(notebook)及"最佳"书单,因为这"被美国读书界看成是衡量当年英译本新书质量的最具公信力的指标"(刘亚猛、朱纯深,2015:7)。同样,麦家小说的国际传播中,"经典文库"和"权威榜单"的认可和评价也是其强有力的推手。一方面,《解密》和《暗算》英译本被双双收入"企鹅经典"文库。该文库自1935年创建以来,已成为国际文学经典的标志,其权威性和影响力从其收入的作家和作品便可见一斑,如詹姆斯・乔伊斯的《尤利西斯》、博尔赫斯的《沙之书》、加缪的《局外人》、纳博科夫的《洛丽塔》、马尔克斯的《百年孤独》和《霍乱时期的爱情》等。此前中国文学作品中被该文库收录的只有《红楼梦》、鲁迅的《阿Q正传》、钱钟书的《围城》和张爱玲的《张爱玲小说集》等四部,而麦家的《解密》和《暗算》成为继这四部作品之后入选该文库的两部中国当代文学作品。另一方面,麦家小说入选了诸多"权威榜单"。《经济学人》将《解密》评为 2014 年度"全球十佳小说"(Anon.,2014)。《每日电讯报》评选《解密》为"全球史上最杰出的 20 部间谍小说"之一(Kerridge,2017)。《泰晤士报》评选《风声》为五部"月度最优秀间谍小说新作(The best new thrillers for March 2020)"之一(Duns,2020)。《金融时报》评选《风声》为"危机时期最值得阅读的间谍小说新作(The best of new thrillers to read in a time of crisis)"(Lebor,2020)。在这些榜单中,入选的小说大多出自英语世界名家之手,且位于畅销小说之列。如《每日电讯报》评选的 20 部间谍小说中就包括风靡英语世界的"邦德系列"的原著《俄罗斯情书》《谍影重重》的原著《伯恩的身份》等经典作品。上榜的作家中有不少是诺贝尔文学奖获得者,如吉卜林(Rudyard Kipling)、毛姆(W Somerset Maugham)、康拉德(Joseph Conrad)、勒卡雷、格林(Graham Greene)等。在《风声》入选的两个榜单中,它是唯一一部非英美作家的作品,也是唯一译自非英语国家的翻译作品,这在一定意义上助推了《风声》在西方读者中的关注度和影响力。当然,这些权威榜单并非凭空产生,也"不可能是作为个体的读者在一个舆论真空中独立产生的。称职的读书栏目编辑不仅看书,更大量阅读跟书相关的信息尤其是评论。他们最终以报社名义发布的书单必然是在比较、权衡、汲取、扬弃各种流通中的评论意见——包括他们特地征求的社外专家意见——之后做出的抉择。而他们的书榜反过来又成为其他编辑、书评家及读者形成自己意见及选择的重要参照及依据"(刘亚猛、朱纯深,2015:8)。读者 wbjoncsjr1 在书评中对此直言不讳,他说:"《经济学人》上书评对我来说通常是非常可信的。因此,在《经济学人》对《解密》进行了热情洋溢的赞美,并评选其入围 2014 年度'最佳小说'后,我迫不及待地开始了阅读。"

　　研究发现,专业读者评价所具有权威性、肯定性、专业性、相对客观性和导向性等特点,成功地吸引了译入语读者对麦家小说的关注和阅读,从而极大地促进了麦家小说英译本在译入语文化语境中"被激活"。

6.2.1 专业读者评价的权威性

专业读者评价的权威性主要体现在书评人的权威性和书评发行媒体的权威性两方面。首先,书评人的权威性主要体现在其身份和职业方面。为西方媒体撰写麦家小说书评的主要有汉学家、记者、作家、学者、专业评论家等,他们往往身兼数职,具有一定社会影响力,在英语读者中享有一定声望,因而其立场和观点具有权威性。从汉学家身份的书评人来看,林培瑞(Perry Link)和吴芳思(Frances Wood)都是汉学家,他们精通中文,在中国文学、文化、历史等领域造诣颇深。他们与中国社会联系十分密切,并著书立说,致力于向西方传播中国文学和文化。如吴芳思撰写的有关中国的著作多达十余本,包括《中国古今文学选萃》(*Great Books of China*:*From Ancient Times to the Present*)、《中国的魅力:从马可·波罗到 J. G. 巴拉德》(*The Lure of China*:*Writers from Marco Polo to J. G. Ballard*)等。希尔顿(Isabel Hilton)、沃尔什(Megan Walsh)和拉曼(Alexander Larman)等书评人是英国媒体记者,为《独立报》《星期日泰晤士报》《卫报》《每日电讯报》《观察家报》等多家媒体撰稿,主要发表有关文学和艺术方面的文章。此外,希尔顿还是中国问题专家,曾是《卫报》专栏作家,为该报撰写关于中国问题的文章长达 23 年。她还创立了"中外对话"(China Dialogue)网站,致力于中国环境问题研究,并因此获得大英帝国官佐勋章(OBE)。希尔顿还曾担任英国广播公司新闻节目"今夜世界"和文化交流节目"晚间电波"的主持人。拉曼除记者身份外,还是英国历史学家和作家,著有作品《燃烧的星》等。狄雨霏(Didi Kirsten Tatlow)是《纽约时报》的记者,罗素(Anna Russell)是《华尔街日报》的记者。书评人中还有不少专职作家或作家兼学者。莫法特(Gwen Moffat)是英国犯罪小说与间谍惊悚小说家,著有《我脚下的世界》等作品。威尔逊

(Edward Wilson)是美国著名生物学家,被《时代》杂志评为对当代美国影响最大的 25 位美国人之一,他所著《论人性》和《蚂蚁》曾两度获普利策奖。海因斯(Emily Bartlett Hines)是美国作家、学者,她撰写的关于政治、文化等方面的文章刊登在《时事》《纳什维尔场景报》等刊物上。桑托斯(Richard Z. Santos)是美国《得克萨斯月刊》专栏作家,著有小说《相信我》等。克里斯坦森(Bryce Christensen)是美国南犹他大学终身荣誉教授、作家、编辑,《美国家庭》杂志创始人。他的研究兴趣包括中国文学、乌托邦文学等,著有《获胜》《教授》等小说。拉伯(Adam Lebor)是美国黑色犯罪间谍小说家,同时也是记者和文学评论家,为《经济学人》《泰晤士报》《纽约时报》等众多报纸杂志撰稿。陈葆琳(Pauline Chen)为美国华裔作家,《纽约时报》专栏作家,获得过布莱克福德文学奖、科克伍德创作文学奖、美国国家期刊奖等奖项。欧大旭(Tash Aw)是英籍华裔马来西亚英语作家,其英语小说《和谐绸庄》获英国惠特布列最佳小说新人奖、英国《卫报》"第一本书奖"以及国际 IMPAC 都柏林文学奖等奖项,其新作《没有地图的世界》得到《卫报》《时代杂志》《华盛顿邮报》《出版人周刊》《书单》等主流媒体共同推荐。此外,书评人中还有密码学等相关领域学者,如埃文斯(David Evans)是美国弗吉尼亚大学计算机专业教授,对密码学研究有着浓厚的兴趣。

其次,从发行媒体来看,发表《解密》和《风声》英文书评的主要是网络媒体(不包括纸质媒体网络版)和英语国家纸质媒体。网络媒体包括图书出版和发行机构网站、文学书评网站、英美国家的大学网站和专业电子期刊网站等,如对世界各国文学奖项进行追踪解析的"书评大全"网站、亚太美国中心创办的"书龙"网站、英国约克大学网站、美国俄亥俄州立大学网站等。这些网站具有可及性强、传播迅速等特点,同时具有较高的权威性。刊载专业读者书评的英美纸质媒体主要有专业性、普及性和图书行业性三种类型,包括美国的《纽约时报》《华尔街日报》《纽约客》《新共和周刊》《华盛顿邮报》《芝加哥论坛报》《出版人周刊》《书页》《书目》等和英国的《泰晤士报文学副刊》《纽约时报书评周刊》《泰晤士报》《卫报》《每日电讯报》《金融时报》《独立报》《经济学人》等。其中部分媒体发表麦家小说书评多篇，如《华尔街日报》发表了4篇，《泰晤士报》3篇，《每日电讯报》《经济学人》《金融时报》《纽约时报》等都发表了2篇书评。这些主流纸质媒体同样具有可信度高、影响力大、覆盖面广等特点。据笔者统计，在这些主流媒体上发表的《解密》和《风声》的书评有40多篇。当40多位具有权威性的专业读者从不同角度对麦家小说进行评论，并在各大权威媒体上公开发表时，就形成了一张强大的极具权威性的舆论网，对英美读者的信息获取和阅读选择产生了有效的影响，有力地推动了麦家小说在英美两国的流通和阅读。

6.2.2　专业读者评价的肯定性

文学作品一旦经过翻译进入他者的文化语境中，便开启了一段异域旅行的际遇，而专业读者评价对于该文学作品在异域旅行的遭遇和命运有着非常重要的作用。中国文学作品要能够在英语读者群中阅读和流通，"赢得权威书评机构和书评家的积极评价"非常重要（刘亚猛，朱纯深，2015：5）。专业读者评价具有权威性，因而其阅读立场、文学观点、褒贬态度等都会对译入语读者的阅读偏好和认知产生重要的影响。我们可以认为，专业读者对一部翻译作品的肯定程度，在某种意义上决定了该作品在译入语文化语境中的遭遇和命运。通过对麦家小说专业读者评价的考察，以及对专业读者评价与普通读者评价进行比较研究，笔者发现，专业读者对麦家小说的肯定性评价是译文本在译入语读者中"被激活"的又一重要因素，具体表现在如下两方面：

首先，与普通读者评价相比，专业读者评价的整体评价意义正面性更高。由表4.2和表5.4可知，专业读者评价的整体评价意义正面性为87.33%，普通读者书评的整体评价意义正面性为73.12%。说明专业读者对麦家小说的肯定程度更高。专业读者评价的肯定性尤其体现在对文本内因素的评价中，其评价意义正面性（95.27%）高出普通读者书评中的评价意义正面性（73.39%）20多个百分点。其次，具体考察每一项评价因素的评价意义正面性可以看出,大部分在 90％ 以上,其中小说主题和作者的正面性达到 100％。中国文学外译属于文本外因素,专业读者对其评价不高,是因为他们认为中国文学外译这一课题,在目前的情形下,还存在一定难度和问题。专业读者对作者、小说内容、叙事特征、小说类型、小说主题、翻译等因素的肯定性程度都非常高,对小说主题和作者的评价全部为正面评价。

笔者认为,专业读者评价的肯定性一方面体现了专业读者评论的专业性。专业读者的阅读水平更高,认知视角更多元,对文本的理解更深刻,更能以跨语言、跨文化的眼光来欣赏和阅读译自他国的翻译文学作品,因此专业读者的评论更为全面和深刻。另一方面,专业读者评价的肯定性也与其书评文本的目的性和功用性相关。专业读者书评的重要目的之一就是要向普通读者介绍和推荐新出现的作家和作品,吸引他们对作家和作品的关注,从而影响他们的阅读选择。因此专业读者通常会根据自己对普通读者阅读喜好的判断,对作家和作品中最为关键的特点进行正面评价,以引起普通读者的阅读兴趣。

6.2.3　专业读者评价的相对客观性

专业读者评价的相对客观性特点同样可以从两方面阐释。首先,从"专业读者书评"语料库的文本信息来看(如图 4.1 所示),第一人称词符数占总词符数的 0.56％,第二人称词符数占总词符数的 0.20％,第三人称词符数占总词符数的 4.16％,第三人称占比远高于第一和第二人称词符数。其次,通过对"专业读者书评"语料库和"普通读者书评"语料库的文本信息比较(如图 4.1 和图 2.1 所示),我们发现,两种书评中第一人称词符数分别占各自总词符数的 0.56％("专业读者书评"语料库)和 1.78％("普通读者书评"语料库),专业读者书评中的第一人称词符数占比不及普通读者书评的三分之一。两种书评中第二人称词符数分别占各自总词符数的 0.20％("专业读者书评"语料库)和 0.37％("普通读者书评"语料库),专业读者书评亦低于普通读者书评。但是,两种书评中的第三人称词符数分别占各自总词符数的 4.16%("专业读者书评"语料库)和 3.25%("普通读者书评"语料库), 专业读者书评中的第三人称词符数占比更高。一般来说,我们认为,文 本中的第一和第二人称词符数比例和文本的主观性程度成正比,比例 越高,则说明文本的主观性越高。而文本中的第三人称词符数比例与 文本的客观性成正比,第三人称词符数比例越高,则文本的客观性越 高。因此,数据表明,专业读者书评具有相对客观性的特征,而普通读 者书评则表现出较大的主观性。

其次,专业读者评价中评价资源数量在评价范畴中的分布情况也 在很大程度上显示了专业读者评价的相对客观性特点。专业读者书 评在情感范畴中的评价资源数量只有 3 条,仅占总评价数的 0.4%,而 普通读者书评中情感范畴的评价数量占比为 16.48%。态度系统中, 情感是对人的行为的反应,与人们高兴或是难过、满意或是不满意等 感情有关,情感的源头是有意识的参与者。在书评中,情感范畴的评价 资源通常是书评人自我感情的表达,如"我感到很高兴,能够读到这本 书"。因此,情感范畴的评价往往带有很强的主观性色彩。在麦家小说 的专业读者书评中,情感资源数量极少,说明专业读者评价具有主观 性较低、客观性较强的特点。

6.2.4 专业读者评价的专业性

"专业性"是专业读者评价的基本属性,体现为书评视角的宏观性、 思想的深刻性、内容的广泛性、行文的规范性等方面。通过对麦家小说 专业读者评价和普通读者评价的比较,我们发现专业读者评价具有显 著的专业性特征。首先,从两种书评的评价资源数量在评价因素的分 布上来看,专业读者评价中文本内因素和文本外因素的评价资源数量 之比为 1.65(423∶256),普通读者书评中文本内因素和文本外因素的 评价资源数量之比为 6.44(599∶93)。可见,尽管专业读者和普通读者 都是对文本内因素的关注高于文本外因素,但与普通读者相比,专业读者对翻译、作者、中国文学外译等文本外因素有更多的关注,他们更关心作品出自谁之手,翻译质量怎样,整个中国文学外译的大环境如何等,这体现了专业读者评价视角的宏观性和系统性以及文学评论中的政治敏感性。此外,与普通读者书评相比,专业读者对小说类型、小说主题等体现文学评论专业性的评价因素的关注度也更高。

其次,从评价范畴来看,两种书评中评价资源数量占比差异最为显著的是判断范畴。确切地说,是判断中的才干范畴。才干范畴中,专业读者的评价资源数量占比比普通读者高出 16.45%。在翻译文学评论中,判断范畴主要是对译者、作者等人的行为和个性的评价,而才干范畴主要是对作者写作才能和译者翻译才能的评价。因此,专业读者评价中判断范畴评价资源数量更多,说明与普通读者相比,专业读者对作者和译者等文学作品译介过程中的重要参与者更为关注,评价更具全面性和丰富性。另外,原创性、复杂性、异域性和共通性等体现文学评论专业性的评价范畴中,专业读者评价中的评价资源数量亦高于普通读者书评。这些评价范畴都属于鉴赏中的估值范畴,是对作品价值的评价。总之,两种书评评价资源数量分布的差异性也体现了专业读者评价的专业性特点。

再次,从评价范畴的评价意义正面性来看,专业读者对于麦家小说的评价,无论在文本内因素还是文本外因素方面,其肯定程度都要高于普通读者。尤其在复杂性范畴中,专业读者评价的正面性为73.08%,普通读者书评的正面性为 48%,前者高于后者 25 个多百分点,这是专业读者评价“专业性”的体现。专业读者具有更开阔的视野、更为深邃的理解力和洞察力以及更强的跨文化能力,因而更能在麦家小说的复杂性中领悟更为深层次的文学内涵,体现了专业读者思想的深刻性。如吴芳思(Wood,2014)在《泰晤士文学增刊》上评论说:“对人物的复杂性描写是《解密》永恒的魅力。”《书目》克里斯坦森(Christensen,2013)认为,麦家小说的复杂性和主题十分契合,让读者享受解密般的感受,他评论说:“作者处心积虑想要扰乱读者的理解,使他们不容易抓住叙事的中心视角。这种叙事风格似乎是在复制'解密'这一中心情节的复杂性,从而使一切都显得更加扑朔迷离。小说中反转的情节和断裂的故事对读者的阅读领悟提出了挑战,让读者享受解密般的阅读感受。"

最后,从文本特征来看,图 4.1 和图 2.1 显示,专业读者书评和普通读者书评的文本长度分别为 23278 和 23255 个单词,分别有 990 和 1144 个句子,平均句长分别为 23.5 和 20.3,平均词长分别为 5.02 和 4.79。平均词长是对文本难度的反映,其数目越大,说明所用词语越复杂,文本难度越大。英语是形合语言,其平均句长数量越大,则说明句子逻辑关系更严谨。根据数据可知,专业读者书评的词长和句长都比普通读者书评要大,说明专业读者书评的文本难度更大,语言逻辑性更强。从词语密度来看,专业读者书评和普通读者书评中的句子词位数分别为 12.8 和 10.8,文本词位数比例分别为 54.82% 和 53.60%。句子词位数是指句子中不同单词的个数,句子词位数越大,说明句子词语密度越大。文本词位数比例是指文本中不同单词的数量占整个文本单词数量的比例,比例越大,说明文本的词语密度越大,词语越丰富。从两种书评的数据可见,专业读者书评中的句子词位数和文本词位数都大于普通读者书评,说明专业读者书评的词语密度更大,词语丰富度更高。总之,从两种书评的文本难度和词语密度等数据可以看出,专业读者书评与普通读者书评相比,文本难度更大,语言逻辑性更强,这亦体现了专业读者书评文本的专业性特点。

6.2.5 专业读者评价的导向性

专业读者评价的导向性主要体现在专业读者在读书界的"意见领袖"作用。从麦家小说的专业读者评价来看,权威观点往往在专业读者圈内部就被反复引用,从而使该观点的影响力不断向外辐射。如 FSG 出版集团主编坎斯基评价说:"当时的麦家或许算得上是全球畅销书作家了,但很多美国读者,甚至是美国出版圈子的人却还没有听说过他。"随即《华尔街日报》罗素（Russell，2014）引用该观点说："畅销书作家麦家在此之前都尚未被英语世界读者所知。"美国出版的《解密》英译本的扉页上，亦赫然写着坎斯基对麦家的评价："麦家也许是你没有听说过的世界上拥有读者最多的作家。"旋即这一评价被《卫报》《纽约时报》《新共和周刊》《观察家报》和约克大学网站等英美各大主流媒体在书评中引用，从中我们不难看出专家观点的导向性特点。此外，通过对专业读者书评和普通读者书评的比较研究我们发现，两种书评存在着不少共同性，这也在一定程度上体现着专业读者书评对普通读者在鉴赏角度、关注对象、评价意义等方面的导向性。

这些共同性主要表现为专业读者书评和普通读者书评在评价资源数量的分布上具有相似性。专业读者评价中有关作者的评价资源十分丰富，不仅评价意义全部为正面评价，而且其评价资源数量在所有评价因素中仅次于小说内容而位居第二，这说明专业读者对作者麦家表现出了极大的关注和兴趣。而对普通读者书评中评价因素的关注度考察发现，近90％的评价资源都与文本内因素有关，而作者是唯一关注度靠前的文本外因素，这说明普通读者深受专业读者评价影响，对作者也有较高的关注，这也体现了专业读者评价的导向性作用。这与专业读者书评的目的性有关，专业读者一般来说都具有深厚的文学专业知识，他们或受报纸、期刊等邀约，或出于喜好自觉对某部作品撰写评论，并在各大媒体上公开发表。因而专业读者往往会在书评中对新出现的作家和作品进行介绍，并对读书界产生舆论影响，这是专业读者书评重要的目的。此外，作者麦家个人身上的众多"神秘性"亦引起了专业读者的兴趣，他们基于自己对普通读者阅读偏好的判断，在书评中对作者进行了丰富的介绍性评价和并给予了高度肯定，迎合了普通读者的阅读趣味，吸引了他们的目光，给他们的阅读选择带来了直接的影响，从而促进了麦家小说在接受文学体系中"被激活"，这从普通读者的书评中可见一斑。Sincerely Yours 评论道："这是一本出自外国名家之手的畅销书，而我总是非常乐于阅读这样的文学翻译作品。"S Riaz 4 也说:"麦家能够在中国取得巨大的成功,成为畅销书作家,并赢得中国文学最高荣誉,一定是有道理的。"Donna 认为,"作者的个人经历和专长一定会在作品中体现出来"。从这些评论可以看出,普通读者从专业读者书评中获知了作者的重要信息,包括个人不俗的成绩以及独特的职业经历,这对他们的阅读选择产生了重要的影响。不仅如此,普通读者在阅读过程中与作者对话,并产生思想上的共鸣。Jacqui Murray 评论道:"阅读这本书,就像享用一顿富含智慧和脑力挑战游戏的欢乐自助餐。如果你对人类大脑并不崇拜,你可能不会像我这样沉醉其中。正如作者所说:'我觉得不工作是最让人筋疲力尽的,因为此时你的脑子空空如也,就好像在做梦,你过去的经历会乘机抓住你的弱点,乘虚而入。工作是忘记过去的方法,甚至也是抛弃过去的理由。'"S. McGee 评论说:"如果你能始终保持一个开放包容的心态,相信作者正在将你引入有趣的内容,那么你一定会为金珍不同寻常的人格和卓尔不群的才能所吸引。我当然就是这样,我为金珍深深感到惋惜、痛心。""阅读和欣赏这部小说时,你需要撇开对悬疑小说先入为主的成见,不要总是认为它'应该'是什么样子,而是要把关注点放在这个特别的故事上,正如这个特别的作家告诉我们的那样。"

此外,专业读者书评和普通读者书评的主要评价因素相同。专业读者对麦家小说的评价中,涉及的评价对象主要有小说内容、叙述特征、小说类型、小说主题等文本内因素,翻译、作者、中国文学外译等文本外因素。而普通读者的书评中也主要体现为对这些因素的关注和评价,这与专业读者评价的导向性有关。另外,两种书评在评价意义方面亦表现出了一定的相似性。首先,在评价因素中,小说主题和作者的评价意义正面性都很高,专业读者的评价意义正面性为 100%,全部是正面评价。受专业读者评价影响,普通读者也对这两种评价因素进行了肯定程度很高的评价。其次,在评价范畴中,两种书评在情感、判断和鉴赏范畴的评价意义正面性表现出了相同的趋势,都是鉴赏范畴的正面性最高,判断范畴居于中间,而情感范畴正面性最低。从具体评价范畴来看,两种书评在才干、妥当、原创性、吸引力、异域性、共通性等评价范畴中的正面性都很高,且数据十分接近。

刘亚猛和朱纯深(2015:5)在谈及国际译评对中国文学域外接受的重要性时指出,"除非为这些评论所看重,英译中国文学作品将不可能在域外读者中产生阅读兴趣并成为他们富有意义的阅读经历"。麦家小说的海外出版方深谙其道,在《解密》英译本上市前的大半年中,对其样书的宣传工作做足了功课,吸引了众多知名书评人和各大主流媒体对其撰写书评。麦家海外版权代理谭光磊曾在 2013 年底参加"汉学家与中外文化交流"座谈会时说:"按照西方的惯例,书上市前均有一个样书宣传推广期,一般为三到四个月。《解密》的样书宣传竟罕见地长达八个月,在此期间出版社三次派出《纽约时报》《大西洋月刊》等明星媒体的文字、摄像、摄影记者到杭州专访麦家。""虽然迄今麦家的书在海外还没有正式上市,但从 2013 年 7 月份,FSG 和企鹅推出《解密》的样书宣传后,已经引起海外各路媒体高度关注……多家权威报刊以及亚马逊网站都对《解密》给予了较高评价,有的书评家不惜溢美之词,把麦家捧得很高。《泰晤士文学增刊》甚至这样介绍麦家:20 世纪 80 年代中国文坛出现了莫言、苏童、余华、王安忆等一批优秀作家,但从 21 世纪以来中国文坛崛起的只有一个作家,那就是麦家。"①

综合以上分析我们发现,麦家小说的专业读者评价所具有的权威性、专业性和相对客观性特点、对读书界阅读认知的导向性作用以及对麦家小说评价的高度肯定性等因素有力地促进了麦家小说在译语读者中的阅读和流通,使译作从"可激活"文本,到真正"被激活"。这一点从普通读者对《解密》评价的关键词检索中亦可得到有力印证。通过对普通读者书评中的评价关键词进行检索,我们发现,recommend/recommended 频率为 11 次,Economist 频率为 7 次。这表明他人对作品的推荐力度在很大程度上影响了普通读者的阅读选择,而刊登在权

---

① 参考谭光磊 2013 年 12 月在"汉学家与中外文化交流"座谈会上的发言稿。

威媒体(如《经济学人》)上的专业读者评价在对普通读者的影响力方面又首屈一指。亚马逊网站上不少读者在评论中提及了专业读者书评对他们阅读选择的影响,如:"《经济学人》告诉我这本小说值得一读,于是我果断地读了一遍。"(Hack Steele)"这本小说被《经济学人》誉为对中国政府真正运作方式的极好洞察……这是我许多年来买的第一本小说。"(J. Philip Geddeson)"《经济学人》和《华尔街日报》上的书评都推荐这本书是必读书。"(Hans Henrici)"我是从《经济学人》书评上看到这本书的,非常同意书评中的评论。""我决定要买这本书来读,恰是因为我看到了《经济学人》上的书评。"(匿名读者)"这本书是我看到了《经济学人》上的书评后去买来读的。"(Antoine B.)"我看见《经济学人》上提到了这本书,我就去找来读了。"(匿名读者)

6.3　普通读者评价:译本"活跃地存在"

专业读者书评和普通读者书评虽然是两种通过不同渠道、以不同形式发表的评论,但两者之间并非孤立存在,而是交织互动、相辅相成,共同构成英语世界公共话语中一个具有特殊型构及功能的意见网络。研究发现,麦家小说的普通读者书评所具有的互动性、相对主观性、文本性、大众性和多元性等特点,使译本在接受文学体系中"活跃地存在"。

6.3.1　普通读者书评的互动性

普通读者书评具有广泛的参与。随着自媒体时代的到来,每个人都可以在网络上撰写书评,书评已经进入大众化时代。比如亚马逊就最早提出了"人人都是书评家"的理念,所有人都可以自由地表达自己的阅读感想和意愿(何星,2014)。早在 2009 年就有报道指出,当时亚马逊已有累计 500 万用户参与图书评论,评论总数多达数千万条。普通读者书评的参与者来自社会各阶层,评论者身份各异,因此普通读者书评具有全社会广泛的参与。

　　普通读者书评具有很好的互动性。以亚马逊读者书评机制为例，亚马逊读者可以根据需要对书评进行检索，检索标准包括：最佳书评（top reviews）/最近书评（most recent）；所有书评人（all reviewers）/仅实际购买者（verified purchase only）；所有星级/仅 5 星/仅 4 星/仅 3 星/仅 2 星/仅 1 星/所有正面评价（all positive）/所有负面评价（all critical）；文本，图像，视频（text，image，video）/仅图像和视频评价（image and video reviews only）。通过这样分门别类地检索，读者基本可以获取自己需要的产品信息，并决定该产品是否合适。此外，在每一条"读者评论"下方都有"有用"（helpful）和"举报"（report abuse）两个选项，读者可以根据自己的阅读感受对其他读者的评论进行反馈，如果觉得该评论对自己有用，则选择"有用"，如果发现里面有虚假信息等不实情况，则可以选择"举报"。因此，大多数读者评论下方都会显示多少人认为这条评论有用，多少人进行了举报。也有读者在其他读者评论下方留言进行反馈，如 Lu C 在 S. McGee 的评论下方留言道："谢谢你的评论！它给了我希望。我一直在听这本小说的有声读物，听到这些数学细节简直让我发疯！现在我会继续听下去，因为我知道事情最终会变得更有趣。"Wulfstan 又在 Lu C 评论下方写道："这听起来十分有趣，谢谢。"可见，普通读者以书评的方式进行的互动激活了作品在读者间的阅读和流通。

　　此外，亚马逊书评机制还有关键词检索功能，该机制根据具体读者书评自动提取出其中的关键词，这些关键词一般涉及人物角色、主要故事、作者、译者（翻译作品而言）、整体质量等。比如亚马逊网站上显示的《解密》书评的关键词有"容金珍、麦家、数学天才、主要角色、写得不错、解密、米欧敏、容氏家族、小黎黎、解放军"等。读者只需根据自己的兴趣点击某个关键词，与该关键词相关的读者评论便可以一目了然。从麦家小说普通读者书评的关键词检索中，我们发现 recommend/recommended 的频率有 11 次之多，部分原因在于普通读者在书评中会真实而又诚恳地向其他读者推荐好的作品,如有不少读者在《解密》书评中写着:"强烈推荐这本书";"推荐给对密码学领域特别感兴趣的读者";"如果你喜欢书写真实人物,同时又极富睿智性的作品,那么我推荐这本书";"如果你喜欢阅读既富有丰富的创造性思维又不断破解谜团的故事,那么这本书强烈推荐给你";"我确信喜欢间谍故事和历史小说的读者,会在某个周末的早晨拿起这本书,然后津津有味地读上一整天"。此外,普通读者的阅读兴趣和阅读选择在很大程度上受其他读者对作品推荐力度的影响,其中包括主流媒体上刊载的专业读者书评的影响,亦包括普通读者之间的相互影响。有读者在《解密》的书评中提到"这本书是别人送给我的礼物","这本书是别人向我推荐的"(Woon Socket),"我是从朋友那里听说这本书的。朋友说里面有一些数学技巧,而我是数学专业硕士研究生,所以我决定把这本书找来读读,看看自己能不能理解这些技巧,破解数学把戏。阅读过程中我成功过,也失败过。天才就是天才——故事中的主人公是天才,麦家也毫不逊色,麦家找到了一种非常睿智的方法来破解数学和密码"(Joseph Katz)。从这些普通读者之间的推荐和响应中,我们可以看出,普通读者书评的互动性是麦家小说在读者群中"活跃存在"的重要原因。普通读者书评的这种互动反馈模式一方面提升了书评的阅读趣味性,增加了读者的参与度,另一方面普通读者之间的互动信息在很大程度上反映了他们真实的阅读喜好,对其他读者的阅读选择具有重要的参考意义。

6.3.2 普通读者书评的相对主观性

普通读者书评的相对主观性特点可以从两方面阐释。首先,从上文分析可知,普通读者书评中的第一人称词符数占比(1.78%)是专业读者书评中的第一人称词符数占比(0.56%)的三倍多,第二人称词符数占比(0.37%)亦高于专业读者书评中的第二人称数占比(0.20%),但第三人称词符数占比(3.25%)则低于专业读者书评中第三人称词符数占比(4.16％)。一般来说,文本中第一和第二人称数量越高,第三人称数量越低,则文本的主观性越强。因此,这些数据表明普通读者书评具有较大的主观性特征。

其次,从普通读者书评和专业读者书评中评价资源数量在情感、判断和鉴赏范畴中的分布情况来看,两种书评在情感范畴的评价资源数量分别为普通读者书评 114 条、专业读者书评 3 条,占比分别为普通读者书评 16.47％、专业读者书评 0.44％。可见,普通读者书评中情感范畴的评价远远多于专业读者书评。更具体来看,情感中满意范畴的评价资源数量在两种书评中悬殊,占比分别为普通读者书评 14.6％、专业读者书评 0.44％。情感与人们的感情有关,其源头是有意识的参与者,因此情感范畴中的评价通常是书评人自我感情的表达,带有较强的主观性。普通读者书评中情感范畴的评价资源数量较多,说明普通读者评价时,较多进行自我情绪表达,因而增强了书评的主观性色彩。但同时,这种主观性评价也使普通读者书评内容更丰富,语言更有温度,表达更接地气,因而更容易引起其他读者的共鸣。如switterbug/Betsey Van Horn 说:"我的心在不知不觉中完全被这部小说所占据,直到读完最后一页,我还久久不能平静。"Tanstaafl 说:"这是一本让我着迷的书,我舍不得将它读完……我希望麦家有更多的书能被翻译,因为我已经对他着迷了。"

6.3.3　普通读者书评的文本性

与专业读者书评相比,普通读者书评更关注文本本体,而非文本外因素,这体现了普通读者书评的文本性特点。从麦家小说的普通读者书评来看,文本内因素和文本外因素的评价资源数量之比为 6.44(599：93),文本内因素评价资源数量是文本外因素的六倍多,而专业读者书评中文本内、外因素的评价资源数量之比仅为 1.65(423：256)。可见与专业读者相比,普通读者对作品所讲述的故事、塑造的人物、叙事特征、小说主题以及小说类型等文本内因素更加关注,其关注点更为微观。普通读者对一部作品喜好的判断更加取决于作品本身的因素。具体来看，专业读者书评中小说内容的评价资源数量占比为27.98％，普通读者书评中的占比为54.19％，后者几乎是前者的两倍。这表明，与专业读者相比，普通读者对小说内容的关注度明显更高，也远远高于对其他评价因素的关注度。也就是说，普通读者的所有评价资源中，有半数以上的评价资源与小说内容有关。位居第二的评价因素是叙事特征，占比19.36％。由此可见，对于西方普通读者来说，他们最关心的因素首先在于与故事和人物相关的小说内容方面，其次则是小说以怎样的方式写就，够不够吸引人等。

此外，从评价意义来看，普通读者书评中文本内因素的正面性为73.79％，高于文本外因素。其中，小说内容的正面性为74.13％，仅次于小说主题和作者这两项评价因素。这说明普通读者对文本内因素的关注度与肯定性程度比文本外因素都更高，尤其体现在对小说内容的评价上，普通读者对麦家小说的内容十分关注，且肯定性程度较高，从而在一定程度上有效地促进了麦家小说在普通读者群中的阅读和流通。

6.3.4　普通读者书评的大众性

普通读者书评的大众性特点表现在以下方面：首先，与专业读者书评相比，普通读者书评文本难度更低，内容更浅近，语言表述更体现了"普通读者"的特点。从上文对文本信息的比较来看，两种书评文本长度相差不大，但普通读者书评中句子数量更多，平均词长和平均句长数据更小，词语密度更小，词语丰富度更低，这些数据都表明，相较于专业读者书评而言，普通读者书评中简单词语更多，复杂词语更少，简单句更多，复杂长句更少，用词丰富度不高，因而普通读者书评的文本难度更低，体现了其大众性特点。

其次，在两种书评的评价范畴研究中我们发现，普通读者书评中满意、吸引力和合意性这三种评价范畴中的评价资源数量占比在较大程度上高于专业读者书评,两种书评中满意范畴的占比分别为普通读者书评中 14.6％、专业读者书评中 0.44％；吸引力范畴的占比分别为普通读者书评中 32.06％、专业读者书评中 16.2％,合意性范畴占比分别为普通读者书评中 8.09％、专业读者书评中 1.62％。可见,这三组数据都体现了较大的差异性。满意属于情感范畴,是书评人对评价对象满意或者不满意的情绪性评价,其主语通常是书评人,表达的是人对物的感受,因而具有主观性。吸引力和合意性都属于鉴赏中的反应范畴,是对评价对象是否具有吸引力、是否合心意的评价,其主语通常是评价对象,评价意义相对客观。但无论是主观性的满意范畴中的评价还是客观性的反应范畴的评价,都表达了书评人与评价对象之间的关系。可见,普通读者的评价在"个人对作品的感受"以及"作品是否合心意、是否有吸引力"方面评价更加丰富。与异域性、复杂性、文学性、共通性等体现文学批评专业性的评价范畴相比,满意、合意性和吸引力等范畴则与阅读喜好和阅读心理有直接的关系,这三种评价范畴中的评价资源数量相对较高,体现了普通读者书评更具个人性、情绪性等特点,在某种意义上是一种大众性的表现。

最后,从评价意义正面性来看,专业读者书评和普通读者书评中正面性差异最大的评价范畴为合意性、复杂性和满意。两种书评中合意性范畴的正面性分别为专业读者书评中 100％、普通读者书评中 64.29％,两者差为 35.71％；复杂性范畴的正面性分别为专业读者书评中 73.08％、普通读者书评中 48％,两者差为 25.08％；满意范畴的正面性分别为专业读者书评中 66.67％、普通读者书评中 51.49％,两者差为 15.18％。这说明在这三种评价范畴中,专业读者和普通读者对麦家小说的肯定程度存在较大差异,专业读者在较大程度上高于普通读者。这三种评价资源中,满意属于情感范畴,是读者对作品满不满意等情绪的主观表达。合意性属于鉴赏中的反应范畴,是对作品合不合心意的评价。只有复杂性属于鉴赏中的估值范畴,是对作品复杂性的评价。从数据可以看出,普通读者在合意性和满意范畴的肯定程度较低,与该读者群体对作品复杂性的肯定程度较低有直接的关系。与专业读者相比,普通读者在复杂性范畴的评价肯定性程度更低,这和普通读者的阅读水平和理解能力参差不齐有关,也和阅读翻译文学作品的难度有关。部分读者认为作品的复杂性导致了阅读难度,从而在合意性和满意范畴进行了负面评价。如 C. W. Griffith 评论说:"要理解这本小说,实属不易。"Antoine B. 也说:"故事非常复杂,我很难理解。"J. Philip Geddeson 认为"小说极其晦涩难懂"。Leslie 评论道:"小说的最后部分有些拖泥带水,很难理解。我仍然没有完全明白最后发生了什么,对我来说,小说本身仍然是一个密码。"这些负面评价和普通读者的阅读能力、鉴赏水平、文学素养等有关,因而也在一定程度上体现了普通读者书评的大众性特点。

6.3.5 普通读者书评的多元性

普通读者在读书网站上发表评论,是一种个人行为,通常只是为了表达自己的阅读感受,和其他读者的评论形成呼应和互动,并且一般会对其他读者的阅读选择提出建议。因此,普通读者撰写书评时,往往目的性不明显,功利性不强,突出个人阅读感受和体验,书评中呈现出百花齐放、百家争鸣的局面,更具有多元性。

外国文学作品的普通读者是个"极为多元复杂"的群体(刘亚猛,朱纯深,2015:7),因而其书评亦具有多元性,突出地表现在书评中评价意义的矛盾性和冲突性。如在满意和吸引力范畴的评价中,其正面评价意义突出地体现在小说中的数学和解密情节方面,不少读者认为这部分内容对他们有特别的吸引力。Andrew Glasscock 评论说:"这是一部优秀的惊悚小说,它运用丰富的语言和生动的隐喻,深入探讨了复杂精深的数学与密码领域。作者对数字和公式的巧妙研究方法使小说在读者最出其不意之处又增加了一重悬念,而对这位数学家细心谨慎而又具有无限创造力的大脑的生动描述着实令人着迷。期待阅读更多麦家的作品。"Wilhelmina Zeitgeist 说:"书中的数学、梦境和解密情节让我如痴如醉。"但与此形成鲜明反差的是，也有不少读者认为小说中的数学和解密情节不够精彩，与他们的阅读期待相背离，因而在满意和吸引力范畴进行了负面评价。如 SF Reader 评论说："让我失望的是这本书没有给我启发，破解密码应该是一种怎样的思维方式。"LRG 认为，"书中关于编码和解码的讨论很肤浅，不太令人信服"。CyclingNuton 也说："我很失望，我期待能够从中读到一些有关编码与解码的内容，但这本书却只是讲述了一个不同寻常但无趣乏味的家族故事。"又如，在原创性范畴的评价中，普通读者的评价也体现了评价意义的多元性。正面评价认为麦家小说与他们所熟悉的间谍惊悚故事有区别，故事具有独特性和创新性。如 S. McGee 评价说："《解密》与你读过的任何间谍小说都不同，但绝对让你痴迷……小说中的密码是一种敌人，但朋友和老师会不会是另一种敌人呢？的确，这是这部小说的悬疑所在，和动作片中的悬疑完全是两回事。"而负面评价则认为故事情节并无特别之处。如匿名读者评论说："尽管故事具有一定的可读性，但并无太多特别之处。"Antonia 也说："故事主线和情节发展没有什么特别之处。"

此外，普通读者评价的多元性还体现在以下相反的评价意义中：首先，有关书名的理解上，普通读者的评论中也有正面和反面两种完全相左的评价意义。如有读者评论道："小说的内容与其书名'解密'非常匹配，对中国人生活的许多方面都提供了令人兴奋的独到见解"（匿名读者）。但也有读者持相反观点，"我很喜欢这本书的书名，然后不断地期待'真正发生点什么'，但直到最后读完，我的期待也没有实现"（匿名读者）。其次，在对小说中的细节描写的评价上，普通读者的评价也呈现出评价意义的多元性。如 Timothy L Mayer 认为，"作者没有写到许多密码的细节，对此我觉得感激，因为许多的密码细节往往会使叙事节奏变得缓慢"。而 sharon r grand 却对细节描写不太满意，他说："小说似乎要讲一个非常宏大的故事，却缺少足够的细节。故事只是不断地讲述密码是如何让主人公变得疯狂。但这加密和解密的细节是怎样的呢?"

　　综上所述,我们发现,麦家小说的普通读者书评所具有的互动性、相对主观性、文本性、大众性以及多元性等特点,使译作从"被激活"到在读者群体中"活跃地存在"。

6.4　本章小结

　　译者评价、专业读者评价和普通读者评价在麦家小说翻译、传播和接受过程中,发挥了不尽相同的作用。一方面,译者作为原文的首要读者,在翻译麦家小说的过程中,基于对原作的正确理解和对译语读者阅读期待的充分考虑,通过采用灵活的翻译策略,对原作中文化信息丰富的语言进行了译者评价,从而使译本成为接受文化语境中的"可激活"文本。另一方面,专业读者评价和普通读者评价并非孤立存在,各种观点相互参考、冲突、烘托、制衡,交织互动,相辅相成,共同汇合成英语读者对麦家小说的意见网络和舆论氛围。当然,专业读者和普通读者的评价并不平等,两者处于不同层次,享有不同声望,具有不同的性质和特点,因而在舆论网络中的影响力和号召力不尽相同,在麦家小说的国际传播中亦发挥着不尽相同的作用和功能。专业读者评价因其具有的权威性、肯定性、相对客观性、专业性和导向性等特点,使译本在译语文化语境中"被激活",而普通读者评价则以其互动性、相对主观性、文本性、大众性和多元性等特点能够使麦家小说在接受文学体系中"活跃地存在"。因此,译者、专业读者和普通读者这三种不同类型的读者对麦家小说的评价发挥了其各自的作用,并最终形成了一股合力作用,共同构成了麦家小说在英语世界翻译、传播与接受的有力推手。三种读者评价的作用如图 6.1 所示:

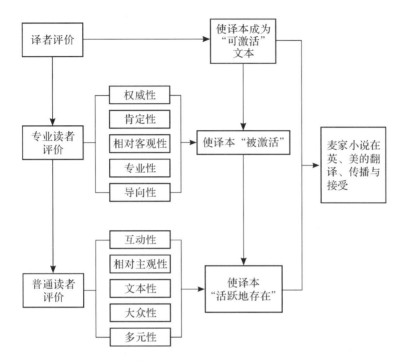

图 6.1　三种读者评价在麦家小说国际传播中的作用

第七章　结　语

本书对于中国当代小说国际传播的启示主要包括优秀的文学内核、面向读者的翻译选择、作者的"在场"以及英语读者审美视角与文化态度的"平视化"趋势等四个方面。

7.1　文学写作:优秀的文学内核

在专业读者和普通读者对麦家小说英译本的评价研究中,我们发现,这两种读者对小说内容、叙事特征、小说类型和小说主题等文本内因素的关注度和评价意义正面性都高于文本外因素。这表明,无论对于哪种层次的西方读者群体来说,作品本身的质量才是赢得读者青睐的关键。中国文学要走向世界,吸引各类读者群体的关注,最重要的前提是要在文本内因素上下功夫,只有内核优秀的文学作品才可能吸引世界读者的眼光。此外,从评价范畴来看,专业读者和普通读者在才干、原创性、异域性和共通性评价范畴中的肯定程度很高,正面性都在90%以上。其中才干是对人的个性和行为的评价,与作者、译者等文本外因素有关,而原创性、异域性和共通性范畴的评价资源都与文本内因素有关。这说明,从麦家小说英译本的读者评价来看,优秀的文学内核主要体现为小说内容、叙事特征、小说类型和小说主题等文本内因素的原创性、异域性和共通性特征。

通过对麦家小说文本内因素原创性、异域性和共通性的评价梳理,我们发现:

首先,原创性评价中,西方读者认为麦家笔下的故事没有典型的惊悚小说情节,既没有令人兴奋的剧情转折,也没有神通广大的反面角色,小说只是平和、细致地追忆了一名破译家的一生,却激发了读者更深层的思考。此外,"作品中所描述的秘密世界大多数中国人并不知道,而外国人则更是一无所知"(Tatlow,2014),麦家对文学写作新领域的开拓亦是其原创性的体现。叙事特征方面,读者认为元小说和三分法的叙事结构以及纪录片式的叙述方式"具有独特的魅力"(Evans,2014),它吸引读者参与作者构建的世界,自主思考谜题的答案,预判事件可能的结果,整个阅读过程贯穿着读者与作者思想的碰撞,甚至文化背景的相遇和相融。在小说主题方面,读者认为麦家小说对人性的探索和对天才本质的追问这一主题使其比西方间谍惊悚小说更具有深刻性。此外,小说的密码主题还引发了读者对人类处境的现实思考,"书中的故事不仅仅关乎中国,更关乎我们今天的世界"(Tatlow,2014)。而在小说类型方面,读者认为麦家小说突破了类型小说的框架,体现为一种非典型性的"杂合"小说,给读者带来了新奇的阅读体验。

其次,异域性评价中,作品对中国历史、中国文学和文化传统以及中国人民的生活和心理状态的描写使读者感觉"故事带我们开启了令人神往的中国神秘之旅,读起来绝对是一种享受"(Anon.,2014)。叙事特征的异域性评价则与麦家对中国古典小说技法的创造性运用有关,读者认为"麦家的小说继承了中国古典小说的叙事方式。叙述者有时在结尾处故意设置悬念,以激发读者对后面故事情节的兴趣。这正是中国数百年来的小说叙事方式"(Link,2014)。

最后,共通性评价中,西方读者认为麦家作品在小说内容、叙事特征、小说主题和小说类型等方面都与西方作家作品之间有一种似曾相识的联系。如他们在麦家小说中读到了西方读者熟悉的文学人物形象,同时,他们认为麦家笔下的人物映照了现实世界中的某种类型群体。此外,读者在麦家小说和其他文学作品间找到了某种主题上的相似性,如"麦家追溯了容氏家族与其祖国之间的关系,这一点亦与博尔赫斯相仿——博尔赫斯的作品常常围绕着民族主义的概念和影响而展开"(Fan，2014)。麦家小说的共通性特征拉近了其与西方读者的心理距离,并在某种意义上使其具有了深刻的普世意义和现实意义。

麦家小说读者评价研究表明,中国文学作品要能够成功走出国门,引起世界读者的兴趣,必须具有原创性、异域性和共通性等优秀的文学内核。作品的原创性体现的是作家基于个人生活经验、文学修养以及对世界的独特体悟而在作品中形成的具有个人风格的创作特征,是作家对已有文学创作的突破和创新。就麦家小说而言,西方读者普遍认为麦家拓展了文学写作的新领域,他笔下的人物及其所从事的特殊职业从不为世人所知,因而十分具有吸引力。当被问及"为什么写这种人"时,他坦言说这是因为他自己"有个独到的生活,就是小说里的那种生活,特别单位'701'的生活"(季进、姜智芹,2021:271)。麦家基于个人独特经历的文学写作使其作品具有原创性特征,并赢得了世界读者的认可。

此外,中国文学作品要能够吸引西方读者,还必须具有异域性。作品的异域性体现为作品中所独具的"地方色彩"和"民族味道",是一国文学区别于他国文学最显著的烙印。中国文学必须立足于当代中国思想现实,探索中国文学样式,致力于说好自己时代、自己民族、自己文化的故事,因为随着中国经济的发展,国力的强大,西方读者会对中国越来越感兴趣,具有异域性的作品也必将越来越为西方读者喜爱,而只有生于斯、长于斯的中国本土作家创作出的扎根于本民族文化的作品才能满足他们的文化需求。相反,一味跟随西方文学标准而创作的作品在英语读者中必将遇冷,因为那一套话语体系属于英语世界,中国作家再怎么努力模仿,都很难超越英语世界的本土作家,其效果只能是"东施效颦"。俄罗斯翻译家罗季奥诺夫(Aleksei Rodionov)在谈及当代中国文学在俄罗斯的传播时也一针见血地指出了中国文学具有异域性特征的重要性,"历史性和文化底蕴是中国文学在俄罗斯成功传播的不可缺少的条件。那种深受西方文化影响的当代中国文学(比如,先锋文学、美女文学等)对俄罗斯读者难以有大的吸引力,或者说它们要想在俄罗斯受欢迎,就必须在某些方面超越西方的文学传统"(罗季奥诺夫,2019:45)。

以上分析表明,中国文学作品要得以成功译介,融入世界文学的大家庭,必须具有体现作者个人印迹的原创性与"地方色彩"的异域性。但宇文所安在分析英译中国诗歌的读者特点时指出,"这一群体虽有通过鉴赏外国诗歌领略异域风情的雅兴,却缺乏为真正了解其他诗学传统而付出艰辛努力的勇气。他们感兴趣的是那种使他们'骨子里觉得熟悉'(essentially familiar)同时又因为带有某些地域色彩及异域主题而略显陌生的译诗"(刘亚猛,朱纯深,2015:6-7)。据此论断可知,中国文学作品仅具有原创性和异域性还不够,还要使西方读者"骨子里觉得熟悉",也就是说,中国文学还须具有共通性。共通性不仅体现为中西文学手段的相似性,更体现为文学主题的普世性方面。从麦家小说来看,其得到西方读者的认可,很重要的原因在于作品对普遍人性的探索,体现了小说主题的世界性和共通性。季进(2018)指出,"麦家通过自己的作品,讲述了中国英雄的故事,以意志的力量克服了人类弱点和人类局限,将'信仰'上升为一种沟通中西、超越时空的精神与品格,这才是麦家小说打动中西读者的最重要的力量"。因此,就中国文学作品而言,要想真正走出国门并走进西方读者,必须从普遍人性出发,以文学的深刻性来"促进不同国家、不同民族和不同地域的人们对人的存在和人性的思考,促进灵魂的共鸣与精神的升华"(高方,许钧,2010:9)。

7.2 文本翻译:面向读者的翻译选择

麦家小说在英语世界译介的成功,和其译者做出的面向读者的翻译选择有密切关系。无论是在翻译初期对原文文本的选择,还是在翻译过程中对具体翻译方法和策略的选择,当代西方读者的特点都是译者发挥主体性和进行译者评价的重要影响因素。在选择翻译麦家小说时,英译者米欧敏对译文读者进行了充分考虑,"有许多精彩的现当代中国小说很难翻译成欧洲语言,是因为大多数欧洲人并不太了解中国历史和文化背景,不了解中国人的生活。所以如果书中没有相关注释,欧洲读者无法理解相关内容,也就很难欣赏这些作品,这会使作品更具学术性,不似一本可以用来休闲阅读的书"。但她认为,麦家小说的"谍战"元素可以拉近与西方读者的距离,"西方从未全面了解过中国的现当代文学。麦家小说中的谍战元素便会成为一个'突破口',吸引更多的西方读者。通过作品中对解密和国家命运的描写,让他们体验到一个不一样的中国,从而加深对中国的了解"(贾子凡,2018)。可见,译者对原文文本的选择是基于其对西方读者阅读喜好的充分考虑和正确判断的基础之上,因而为麦家小说的成功译介奠定了良好的基础。此外,在麦家小说的翻译中,译者基于对译语读者的接受程度、阅读习惯、思维方式等因素的考虑,充分发挥其主体性,对原文中评价意义丰富的"关键之处"进行了有效的译者评价。比如,在处理原文中丰富的情感意义时,译者采用了灵活的翻译策略,对中西方文化中共通的普遍情感意义进行了完美再现和保留,而对于超出了西方读者文化认知的情感意义则进行了适当改写,从而缓解了译语读者阅读翻译文学的焦虑。米欧敏在论及中文作品外译时说,虽然"我也不能确定这些作品要求读者具备多少相应文化或历史背景的知识储备,有时候这确实会使人们疏远这些翻译作品。但是,全新翻译内容的出现确实令人兴奋,所以我也希望这些全新译本可以找到合适的信息呈现方式,便于读者理解"(贾子凡,2018)。可见,米欧敏基于对当前西方读者了解中国"文化或历史背景"程度的判断,认为中文作品翻译要以"便于读者理解"为导向,努力找到"合适的信息呈现方式"。以上分析表明,麦家小说译者在原文文本和翻译策略的选择方面都充分关注了当代西方读者的特点,因此为麦家小说国际传播的成功迈出了第一步。

谢天振(2011:6)也提出了中国文化"走出去"必须面向当代西方读者的重要性。他从译介学的理论视角,提出了"制约中外文化交流的两个重要因素",即"语言差"与"时间差"的问题,以此来分析中国文学和文化"走出去"后所面临的当代西方读者的特点。"语言差"是指"操汉语的中国人在学习、掌握英语等现代西方语言并理解与之相关的文化方面,比操英、法、德、俄等西方现代语言的各西方国家的人民学习、掌握汉语及理解相关的中国文化要来得容易"。"时间差"是指"中国人全面、深入地认识西方、了解西方,积极主动地译介西方文化至今已经持续了一百多年的历史了,而西方人对中国开始有比较全面深入的了解,也就是中国经济崛起的这二三十年的时间罢了"。"语言差"的存在,"使得我们目前阶段不能指望在西方有许多精通汉语并深刻理解中国文化的专家学者,更不可能指望有大批能够直接阅读中文作品、并能比较深刻地理解中国文化的普通读者"。而"时间差"的存在,则使得当代西方"缺乏相当数量的能够轻易阅读和理解译自中文的文学作品和学术著述的读者。从某种程度上而言,当今西方各国的中国作品的普通读者大致相当于我们国家严复、林纾那个时代的阅读西方作品的中国读者"。谢天振(2011:7)认为,"正是由于这两个问题的存在,我们在推动中国文化'走出去'时,必须面向当代西方读者,关注他们在接受中国文学和文化时的以上特点"。

事实上,从历史的眼光来看,"语言差"和"时间差"的问题并非固定、静止和一成不变的,因而西方读者对于中国文学和文化的理解能力、接受意愿、欣赏角度以及对于中西文学文化之间差异的容忍度和包容度等都是变化的。中国文学译介要取得成功,首要的关键点在于译者在翻译文本和翻译策略等方面的选择要面向当前的西方读者,符合特定时期西方读者的接受特点。就目前阶段来说,杜博妮(McDougall,2007:22)指出,阅读翻译文学的西方读者通常具有本国文学的阅读经验,同时对其他文化充满好奇,他们会形成自己的阅读习惯和偏好。在阅读中国小说英译时,不会将其与中文原著进行比较,而是和英语文学作品,甚至和译自其他语言的英译作品进行比较。因此,就目前阶段的翻译选材来说,章艳(2015:14)的论断不无道理,她认为,"对于国外译者出于市场需要和读者偏好在选材上所表现出来的某些倾向,我们不必苛求,更不要带着民族主义的色彩去批评。我们应该相信,不同题材的文本能为中国小说赢得各种读者,随着更多类型的题材被译介,在正面和负面兼有的状态下更容易激发读者的信任感,从长远来说其实是为中国小说争取了读者"。此外,从翻译策略的选择来看,由于"语言差"和"时间差"的存在,"当今西方国家的翻译家们在翻译中国作品时,多会采用归化的手法,且对原本都会有不同程度的删节"(谢天振,2011:6),其带来的益处不言而喻,使译本在西方读者中的接受更加顺利。但显然这种翻译策略只是中国文学翻译当前阶段的权宜之计。随着中国经济的日益崛起和世界影响力的不断增强,会有越来越多的西方读者对中国语言、文学和文化产生兴趣,因而无形中"语言差"和"时间差"会逐步缩小,译者的翻译策略也会应时而改变。

7.3 文本传播:作者的"在场"

在麦家小说英译本的专业读者评价和普通读者评价研究中,我们发现,作者是唯一在关注度和评价意义正面性两方面都靠前的文本外因素。尤其在专业读者评价中,有近四分之一的评价资源是对作者的评价,其关注度仅次于小说内容而位居第二,而且作者的评价意义全部为正面评价。在普通读者评价中,作者的关注度和评价意义正面性在文本外因素中首屈一指。这说明,无论对于专业读者还是普通读者来说,作者麦家都是其评价的重要因素。通过对有关作者的具体评价资源进行分析,我们发现,麦家个人的众多方面都引起了西方读者的兴趣,如麦家身上的神秘气质,他的特殊工作经历,与他笔下这群因从事解密工作而不能见光日的小说人物之间到底存在多少关联;麦家的许多作品在国内外被改编成了影视剧,受到观众热捧,产生了较大的影响;麦家小说曾长期位于畅销小说之列,但同时他也斩获了中国最重要的文学大奖——茅盾文学奖;他在功成名就之后回归书房,静心写作,并创立扶持青年作者的"麦家理想谷"这样的公益平台等等,这些方面都被西方媒体津津乐道。从中我们看到,西方读者对麦家的评价涉及个人的气质性格、写作成就、独特经历、国内外影响、兴趣爱好和公益事业等众多方面,因而一个全新、立体的中国当代作家形象便在西方读者心中树立起来,充满了神秘感和吸引力,在很大程度上促进了麦家小说在读者中的阅读和流通。

因此,我们认为麦家小说能够吸引英语读者,很重要的原因在于作者的"在场",而不是"缺席"。这一方面要归因于西方出版社和主流媒体对麦家及其作品进行的积极广泛的宣传和推广。按照西方惯例,新书出版之前有三至四个月的样书宣传推广期。而《解密》的样书宣传竟罕见地长达八个月。在此期间,《解密》的美国出版社 FSG 特派一支摄制团队从纽约飞到杭州,用一周时间,花重金为《解密》拍摄宣传片,为新书造势。此外,《纽约时报》《华尔街日报》等重要媒体记者也专程从美国到杭州对麦家进行采访。另一方面,麦家本人在其作品域外传播过程中主动参与全球营销,参加各种国际书展,深入许多国家和城市进行图书宣传推介活动,同时接受了相关方面的采访多达数百场,与译者、西方作家、评论家、读者等开展面对面的座谈,谈他的作品《解密》《暗算》和《风声》,谈他的创作、经历和成长,也积极传递中国的主流价值观。有评论家认为,"不论是麦家个人,还是其作品,都向世界展示了一个不一样的中国作家形象:既是主流的,又是商业的;既是公益的,又是诗意的。或许正是这种多角度的新鲜形象,赢得了海外媒体的好感,开启了报道中国主流作家的新篇章"(季进,姜智芹,2021:222)。

麦家小说成功译介的经验告诉我们,在中国文学的国际传播中,作者的"在场"是有效的"润滑剂"和巨大的推动力,作者的"在场"主要表现为几下几方面:首先是作者在翻译过程中的"在场"。中国文学作品要走出国门,离不开翻译。译作的产生,应该是作者和译者"共谋"的结果。在这一过程中,无论在译文文本篇章布局的宏观层面,还是具体语言翻译策略的微观层面,作者都要从原文生产者的角度出发,为译者提供建设性意见,从而在原文与译文、原作与译作、原文读者与译文读者之间达到某种平衡。其次是作者在西方文学评论界的"在场"。文学作品的译介和传播与文学研究与评论是分不开的。作者要积极和西方评论家产生互动和交流,"在条件成熟的情况下,还可以在国外著名大学的汉学系组织作家的作品研讨会,展开作家与评论家面对面的交流,深化对作品的认识与批评。对于国外汉学家们的一些观点,应该特别重视。对一些批评意见,要抱着积极的态度"。对于中国当代作家来说,要积极在"国际文坛中与他者相互交流和相互借鉴,在不同的认知中,在与不同观点的接触中,反观自身,丰富自身"(高方,许钧,2010:9)。最后是作者在西方读书界的"在场"。由于东西方文学文化视角不尽相同,西方读者对中国文学作品的思想性、文学性、艺术性等特质可能在理解上不能十分到位,甚至可能出现偏差,而作者是文学作品的生产者,能够对自己的创作理念、灵感来源、艺术手段等方面做出权威阐释,因此作者要深入西方读书群体,与读者进行交流,促进西方读者对中国文学的深层理解,消除误解,从而达到以文学沟通文化、促进思想交流、产生情感共鸣的目的。

7.4　英语读者的接受态度:"平视化"趋势

麦家小说在英语读者中颇受好评,与英语读者对中国文学的接受态度有所改变有关,其审美视角与文化态度呈现出向"平视化"转变的趋势。英文书评中,有读者认为麦家小说阅读有困难,因为"故事有时有点复杂""要回忆起他们谁是谁的时候,总是需要费一些工夫"。笔者认为,这种困难与阅读翻译作品直接相关。如中国读者阅读外国翻译作品时,情况如出一辙:时而外国作品的叙事方式成为我们理解作品的"拦路虎",如海明威的"冰山"式叙事,就需要我们对情节和人物做大量的"脑补";时而外国作品的人名给我们的阅读造成了较大困扰,如马尔克斯的《百年孤独》里有几代人循环往复的人名,假如我们手上没有一张人物表,也很难弄清楚作品中的人物关系。但是我们评论海明威时,会强调作品内在的张力,评论《百年孤独》时,会将作品主题与人物重名相联系,而不是基于中国读者的阅读习惯,去否定作者的叙事方式,因为我们在欣赏外国作品时采取的是平视的审美视角。同样,英语读者在感到"故事有时有点复杂"时,他们建议"在手边放一份人物名单是有帮助的"。在"费一些工夫"去努力回忆书中人物的时候,他们认为"努力是值得的,因为这样可以帮你厘清书中的人物关系"。笔者认为,这是英语世界读者审美视角和文化态度的进步,他们没有仅从自己阅读习惯的角度,从书的商业价值出发,狭隘地认为这些困难损害了其阅读乐趣,而是愿意付出努力去做些实在的事情。他们对待中国文学的审美视角和文化态度由基于自我文化优越感的俯视视角逐渐转变为努力了解"他者文化"的"平视化"视角。在一定程度来说,英语世界读者阅读中国文学不再是为了寻求简单的"阅读快感",而是更高层面的文学和美学追求,而实现这个转变的基础是中国文化自信的觉醒和英语世界自我文化优越感的逐渐瓦解。

此外,英文书评还体现了英语读者对中国历史文化的浓厚兴趣。其中屡见书评人直抒胸臆地表达"我期望能从中了解到很多关于 20 世纪中国历史的知识","我还希望这本书能让我长些见识",笔者认为这亦从某个侧面反映了英语世界的自我文化优越感逐渐被打破,他们对中国当代文学作品的审美视角和文化态度日益改善。但这种审美视角和文化态度的改善,不能仅当作一个孤立的当代文学"走出去"的现象来看,而应基于当代中国社会政治、经济、文化全面发展的综合性背景下来考察。季进(2021:47)认为:"由于政治、经济、文化等因素的制约或推动……全球化语境下世界市场和文学资本的博弈,也使中国话语权稳步提升。"因此,英语世界对中国当代文学作品的审美视角和文化态度的改变,英语世界读者希望了解当代中国,绝不仅是因为想读懂一篇中国当代的小说作品。恰好相反,正是因为英语世界读者对当代中国高速发展的实际情况产生了兴趣,才会将文学作品当作了解的窗口,产生了通过文学作品"长见识"的阅读期待,而这又正好印证了我们的观点——中国文学作品要扎根于本民族文化,才能具有真正走出去的潜质——两者相辅相成。

参考文献

[1] 白烨.麦家"走出去"的解密[N].人民日报,2014-7-1.

[2] 布占廷.基于评价理论的语言学书评标题研究[J].外语与外语教学,2013(4).

[3] 蔡虹.广告英语中的评价性语用指示词研究——基于评估理论的分析[J].解放军外国语学院学报,2005(2).

[4] 陈春华,马龙凯.新冠肺炎新闻评论中的态度资源与形容词型式——基于型式语法的研究[J].外语教学,2022(3).

[5] 陈令君.基于自建英语学术书评语料库的评价参数模型探析[J].外语与外语教学,2012(2).

[6] 陈梅,文军.评价理论态度系统视阈下的白居易诗歌英译研究[J].外语教学,2013(4).

[7] 陈明瑶.新闻语篇态度资源的评价性分析及其翻译[J].上海翻译,2007(1).

[8] 陈诗沁,尤建忠.浅议亚马逊的书评机制与书评建设[J].出版参考,2012(2).

[9] 陈香,闻亦.谍战风挂进欧美:破译中国文学走出去的"麦家现象"[N].中华读书报,2014-5-21.

[10] 陈翔.群体认同与个人本位——中西传统文化的人格理想比较[J].西南科技大学学报(哲学社会科学版),2008(1).

[11] 陈月红,代晨.信达很重要 灵活不能少——以米欧敏英译《解密》为例[J].当代外语研究,2016(1).

[12] 程弋洋.中国当代类型文学在西班牙语世界——以麦家《解密》西译本批评与接受为例[J].复旦外国语言文学研究(2020秋季号).

[13] 崔莹辉.价值评价视域下《道德经》英译本目标受众的评价研究 [J].外语学刊,2017(4).

[14] 单慧芳,丁素萍.用评价理论分析童话《丑小鸭》[J].西安外国语学院学报,2006(3).

[15] 董丹.评价理论视角下意大利主流媒体对十九大报道的积极话语分析[J].外国语文,2019(4).

[16] 段亚男,綦甲福.态度系统视域下文学语篇隐喻性称呼语的人际意义探究[J].解放军外国语学院学报,2021(4).

[17] 樊建伟.出版物汉英标点符号用法差异探析[J].新闻研究导刊,2021(11).

[18] 高方,许钧.现状、问题与建议——关于中国文学走出去的思考[J].中国翻译,2010(6).

[19] 葛浩文.我行我素:葛浩文与浩文葛[J].史国强,译.中国比较文学,2014(1).

[20] 管彬尧,杨玉晨.有形语篇中无声语言的不对称现象——对英汉招聘广告人际意义的多元文化差异探讨[J].外语教学,2011(2).

[21] 管淑红.《达洛卫夫人》的人物思想表达的评价功能——叙述学与文体学的分析[J].山东外语教学,2011(03).

[22] 郭恋东.跨语言及跨文化视角下的《风声》英译本研究[J].小说评论,2020(4).

[23] 何明星.由《解密》的海外热销看欧美对于中国当代文学的接受屏幕[J].对外传播,2014(11).

[24] 何星.基于出版传播的图书评论研究[D].武汉:武汉理工大学,2014.

[25] 何中清.评价理论中的"级差"范畴:发展与理论来源[J].北京第二外国语学院学报,2011(06).

[26] 侯林平,李燕妮."评价理论"框架下译者主体性研究的新探索——《翻译中的评价:译者决策关键之处》评析[J].中国翻译,

2013(4).

[27] 黄芳. 评价理论视角下死亡主题演讲中英文网络评论的态度比较研究[J]. 解放军外国语学院学报,2019(1).

[28] 胡燕春. 提升当代文学海外传播的有效性[N]. 光明日报,2014-12-8.

[29] 胡壮麟. 语篇的评价研究[J]. 外语教学,2009(1).

[30] 季进. 从中国文本到世界文学——以麦家小说为例[N]. 人民日报(海外版),2018-4-11.

[31] 季进. 论当代文学海外传播的"走出去"与"走回来"[J]. 文学评论,2021(5).

[32] 季进,姜智芹. 麦家作品的世界之旅[M]. 镇江:江苏大学出版社,2021.

[33] 季进,臧晴. 论海外"《解密》热"现象[J]. 南方文坛,2016(4).

[34] 贾子凡. 米欧敏:与麦家作品的不解之缘[N]. 国际出版周报,2018-10-22.

[35] 姜望琪. 语篇语义学与评价系统[J]. 外语教学,2009(2).

[36] 焦丹,贺玲玲. "麦家现象"对中国文学译介海外传播模式构建的启示与思考[J]. 翻译研究与教学,2021(2).

[37] 李君,张德禄. 电视新闻访谈介入特征的韵律性模式探索[J]. 外语教学,2010(4).

[38] 李强,姜波. 从"麦旋风"解密中国文学走出去[N]. 人民日报,2014-8-4.

[39] 李淑晶,刘承宇. 基于评价系统的生态话语分析——以特朗普退出《巴黎气候协定》的演讲为例[J]. 外语与外语教学,2020(5).

[40] 李战子. 评价理论:在话语分析中的应用和问题[J]. 外语研究,2004(5).

[41] 李玲. 优秀翻译:让世界读懂中国[N]. 中国文化报,2018-8-25.

[42] 刘丹. 版权代理人与"中国文学走出去"——以《解密》英译本版权

输出为例[J].中国版权,2016(6).

[43] 刘世生,刘立华.突破疆界:评价理论视角下的话语分析[M]//刘立华.评价理论研究.北京:外语教学与研究出版社,2010.

[44] 刘世铸.基于语料库的情感评价意义构型研究[J].外语教学,2009(2).

[45] 刘世铸.评价理论观照下的翻译过程模型[J].山东外语教学.2012(4).

[46] 刘晓琳.评价系统视域中的翻译研究:以《红楼梦》两个译本对比为例[J].外语学刊,2010(3).

[47] 刘兴兵.Martin评价理论的国内文献综述[J].英语研究,2014(2).

[48] 刘亚猛."拿来"与"送去"——"东学西渐"有待克服的翻译鸿沟[C]//胡庚申.翻译与跨文化交流:整合与创新.上海:上海教育出版社,2009:63-70.

[49] 刘亚猛,朱纯深.国际译评与中国文学在域外的"活跃存在"[J].中国翻译,2015(1).

[50] 罗季奥诺夫.论中国当代文学传播俄罗斯的潜力[C]//中国作家协会.汉学家文学翻译国际研讨会演讲汇编,2019(2).

[51] 吕敏宏.中国现当代小说在英语世界传播的背景、现状及译介模式[J].小说评论,2011(5).

[52] 麦家.暗算[M].杭州:浙江文艺出版社,2009.

[53] 麦家.风声[M].北京:北京十月文艺出版社,2017.

[54] 麦家.解密[M].北京:北京十月文艺出版社,2014.

[55] 毛现桩.英国电视公益广告态度意义多模态认知评价分析[J].北京第二外国语学院学报,2018(6).

[56] 缪佳.麦家小说《风声》在英语世界的评价与接受——基于英文书评的考察[J].新文学评论,2022(4).

[57] 缪佳,范伊莹.《暗算》人物形象的译者评价效果研究[J].中国当

代文学研究,2020(6).

[58] 缪佳,汪宝荣.麦家《解密》在英美的评价与接受——基于英文书评的考察[J].中国现代文学研究丛刊,2018(2).

[59] 缪佳,余晓燕.麦家《解密》在海外阅读接受状况的调查及启示——基于美国亚马逊网站"读者书评"的数据分析[J].当代文坛,2019(2).

[60] 缪立平.谭光磊:华文版权经纪的实践者[J].出版参考,2013(5).

[61] 聂尧.基于评价理论的文本情感分析——以 *Last Orders* 与 *As I Lay Dying* 为例[J].外语学刊,2015(5).

[62] 彭宣维.金凯与弗朗西丝卡相互吸引的语言学依据——《廊桥遗梦》反应性鉴赏成分的文体特点[J].外语学刊,2013(6).

[63] 钱宏.运用评价理论解释"不忠实"的翻译现象——香水广告翻译个案研究[J].外国语,2007(6).

[64] 钱秀金.麦家《解密》的域外传播[J].外文研究,2017(2).

[65] 乔媛.麦家《解密》英译本的再视角化研究[J].中国现代文学研究丛刊,2020(12).

[66] 秦烨.麦家与世界文学中的符码叙事[J].中国现代文学研究丛刊,2019(10).

[67] 饶翔.中国文学:从"走出去"到"走进去"[N].光明日报,2014-4-30.

[68] 尚必武.《灿烂千阳》中的态度系统及其运作:以评价理论为研究视角[J].山东外语教学,2008(4).

[69] 沈利娜.在偶然和必然之间:麦家作品缘何走红全球[J].出版广角,2014(8 下).

[70] 沈利娜.麦家作品的全球推广——也说作家"走出去"和出版"走出去"[J].出版广角,2015(6 上).

[71] 施光.法庭审判话语的态度系统研究[J].现代外语,2016(1).

[72] 时贵仁.古筝与小提琴的协奏曲——麦家文学作品走向海外的启

示[J].当代作家评论,2017(2).

[73] 司炳月,高松.外宣文本中英级差资源分布与翻译——以 2019 年政府工作报告双语文本为例[J].上海翻译,2019(5).

[74] 司显柱.评价理论与翻译研究[J].浙江外国语学院学报,2018(5).

[75] 苏奕华.翻译中的意义对等与态度差异[J].外语学刊,2008(5).

[76] 孙继成,杨纪荣.从晏子到麦家"解密"中国文化——访英国汉学家、韩国首尔国立大学教授米欧敏[EB/OL].[2019-2-14].http://www.cssn.cn/yw/202208/t20220831_5485571.shtml.

[77] 滕梅,左丽婷.中国文学对外传播的译介途径研究——以《解密》的海外成功译介为例[J].外语与翻译,2018(2).

[78] 汪宝荣.阎连科小说《受活》在英语世界的评价与接受——基于英文书评的考察[J].南方文坛,2016(5).

[79] 王捷.中国当代文学的有效输出与传播——麦家《解密》的译介模式研究[J].东方翻译,2021(3).

[80] 王绍平,等.图书情报词典[M].上海:汉语大词典出版社,1990.

[81] 王迅.文学输出的潜在因素及对策与前景——以麦家小说海外译介与传播为个案[J].文艺评论,2015a(11).

[82] 王迅.极限叙事与黑暗写作——麦家小说论[M].北京:作家出版社,2015b.

[83] 王迅.《解密》之中有当下世界文学写作的密码[N].文汇报,2018-2-12.

[84] 王雅丽,管淑红.小说叙事的评价研究——以海明威的短篇小说《在异乡》为例[J].外语与外语教学,2006(12).

[85] 王颖冲.中文小说英译研究[M].北京:外语教学与研究出版社,2018.

[86] 王振华.评价系统及其运作:系统功能语言学的新发展[J].外国语,2001(6).

[87] 王振华."硬新闻"的态度研究——"评价系统"应用研究之二[J].
外语教学,2004a(5).

[88] 王振华."物质过程"的评价价值——以分析小说人物形象为例
[J].外国语,2004b(5).

[89] 王振华,李佳音. 高危话语与极端活动：基于评价性语言的心理
实现性讨论[J].当代修辞学,2021(2).

[90] 魏建刚.一个西方译学研究的全新视角——《翻译中的评价——
译者决策过程中的关键点》述评[J].中国翻译,2013(3).

[91] 吴越."麦氏悬疑"拓展西方读者群[N].文汇报,2014-2-25.

[92] 吴赟.译出之路与文本魅力——解读《解密》的英语传播[J].小说
评论,2016(6).

[93] 夏云,李德凤. 评价意义的转换与小说人物形象的翻译效果——
以《飘》两个译本为例[J].外语与外语教学,2009(7).

[94] 肖家鑫,巩育华,李昌禹,等."麦家热"能否复制[N]. 人民日报,
2014-7-29.

[95] 谢天振.译介学[M].上海：上海外语教育出版社,2005.

[96] 谢天振.中国文化如何才能真正有效地走出去？[J].东方翻译,
2011(5).

[97] 谢天振.中国文学走出去:问题与实质[J]. 中国比较文学,2014
(1).

[98] 徐珺.评价理论视域中的商务翻译研究[J].解放军外国语学院学
报,2011(6).

[99] 杨晓峰.从文学的视角看美国的个人主义和中国的集体主义价值
观[J].河南社会科学,2009(5).

[100] 杨信彰.语篇中的评价性手段[J].外语与外语教学,2003(1).

[101] 余继英.评价意义与译文意识形态——以《阿Q正传》英译为例
[J].外语教学理论与实践,2010(2).

[102] 于建平,岂丽涛.用评价理论分析《好了歌》的英译[J].西安外国

语大学学报，2007(2).

[103] 袁传有，胡锦芬. 惩治犯罪:公诉词语类的评价资源分析[J]. 广东外语外贸大学学报，2012(3).

[104] 张德禄. 论话语基调的范围及体现[J].外语教学与研究,1998 (1).

[105] 张德禄. 评价理论介入系统中的语法模式研究[J].外国语,2019 (2).

[106] 张德禄,刘世铸. 形式与意义的范畴化:兼评《评价语言:英语的评价系统》[J]. 外语教学与研究,2006(6).

[107] 张海燕,王珍娜,吴瑛. 由《解密》看中国当代文学在拉美的出版传播[J].出版发行研究，2021(7).

[108] 张杰. 法兰克福书展举办"麦家之夜" 英国出版方签走《风声》版权．［2018-10-12］. http://www. chinawriter. com. cn/n1/ 2018/1012/c403994-30337586. html.

[109] 张美芳. 语言的评价意义与译者的价值取向[J].外语与外语教学，2002(7).

[110] 张韧.英文报纸书评的评价研究［M］.郑州:河南大学出版社,2011.

[111] 张淑卿.鲁迅、莫言与麦家:中国文学海外传播启示录[J].学术交流,2015(3).

[112] 张伟劼.《解密》的"解密"之旅——麦家作品在西语世界的传播和接受[J].小说评论,2015(2).

[113] 张先刚. 评价理论对语篇翻译的启示[J]. 外语教学,2007a(6).

[114] 张先刚. 翻译研究的评价视角[J]. 安阳师范学院学报,2007b (6).

[115] 张稚丹.《解密》海外传奇解码［N］. 人民日报(海外版),2014- 5-23.

[116] 章艳.西方小说汉译参照系中的当代中国小说英译[J].外语与

翻译,2015(2).

[117] 赵霞,陈丽.基于评价理论的人际意义研究——以《傲慢与偏见》中 Elizabeth 的话语分析为例[J].江苏大学学报(社会科学版),2011(6).

[118]《中华读书报》记者.麦家:中国谍战走向世界[N].中华读书报,2014-3-26.

[119] 周佳骏.《解密》为何能畅销全球[J].文化交流,2019(4).

[120] 周晓梅.显化隐化策略与译者的价值取向呈现——基于《狼图腾》与《无风之树》英译本的对比研究[J].中国翻译,2017(4).

[121] 朱纯深.心的放歌[M]//朱纯深,译.古意新声·品赏本.武汉:湖北教育出版社,2004:6-15.

[122] 朱向东,贝清华.官本位的成因解析[J].人民论坛,2010(26).

[123] 朱永生.概念意义中的隐性评价[J].外语教学,2009(4).

[124] Abbamonte, L. & F. Cavaliere. Lost in Translation: The Italian Rendering of UNICEF "The State of the World's Children 2004" Report [C]//M. Gotti & S. Šarčević. *Insights into Specialized Translation*. Bern: Peter Long, 2006: 235-260.

[125] Anon. Review of *Decoded* [EB/OL]. *Publishers Weekly*. [2013-12-16]. http://www.huffingtonpost.com/2014/02/10/pw-picks-books-of-the wee_7_n_4760062.htm.

[126] Anon. Get into Characters: The Chinese Novel Everyone Should Read [EB/OL]. *The Economist*. [2014-03-24]. https://www.economist.com/books-and-arts/2014/03/24/get-into-characters.

[127] Anon. Mysteries: Brainy Games [EB/OL]. *The Wall Street Journal*. [2014-02-14]. http://online.wsj.com/news/articles/SB10001424052702304181204579365191062121168.

[128] Anon. China in Their Hand [EB/OL]. *Independent on Sunday*. [2014-01-26]. http://www.independent.co.uk/arts-entertainment/books/reviews/book-review-decoded-by-mai-jia-trs-by-olivia-milburn-and-christopher-payne-9083013.html.

[129] Anon. Review of *Decoded* [EB/OL]. BookDragon. [2014-04-14]. http://smithsonianapa.org/bookdragon/decoded-by-mai-jia-translated-by-olivia-milburn-and-christopher-payne-2/.

[130] Anon. Summary of *Decoded: A Novel* [EB/OL]. Penguin Books. https://www.penguin.co.uk/books/185893/decoded/.

[131] Anon. Review of *Decoded*. The Story's Story [EB/OL]. [2014-04-03]. https://jseliger.wordpress.com/2014/04/03/briefly-noted-decoded-mai-jia/.

[132] Anon. Review of *Decoded* [EB/OL]. A Little Blog of Books. [2014-11-23]. https://alittleblogofbooks.wordpress.com/2014/11/23/decoded-by-mai-jia.

[133] Anon. Review of *Decoded* [EB/OL]. Lines from the Horizon. [2014-04-30]. http://nihondistractions.blogspot.com/2014/04/decoded-novel-by-mai-jia.html.

[134] Anon. Review of *The Message* [EB/OL]. Waterstones. [2020-04-14]. https://www.waterstones.com/books/reviews/isbn/9781789543032#review-144394.

[135] Anon. A Dazzling Literary Thriller Set in Japan-occupied China from the Most Translated Chinese Novelist of our Time [EB/OL]. [2020-11-12]. https://headofzeus.com/books/9781789543032.

[136] Anon. Books of the Year [EB/OL]. *The Economist*. [2014-12-06]. https://www.economist.com/books-and-arts/2014/12/04/page-turners.

[137] Aw，T. A Newly Translated Spy Thriller from the Bestselling Writer Mai Jia Sheds Light on the Modern Chinese State of Mind [EB/OL]. *The Telegraph*. [2014-03-05]. http://www. telegraph. co. uk/culture/books/10667139/Decoded-by-Mai-Jia-review. html.

[138] Bednarek，M. *Evaluation in Media Discourse：Analysis of a Newspaper Corpus* [M]. London & New York：Continuum International Publishing Group，2006.

[139] Bolouri，S. Critical Discourse Analysis of a Political Text：Using Appraisal Theory [C] //Wu，C. Z. &C. Matthiessen & Herke，M.. *Proceedings of ISFC* 35：*Voices Around the World*. Sydney：The 35th ISFC Organizing Committee，2008：322-327.

[140] Chen，P. "Decoded" is No Spy Thriller，but it does Reveal Certain Truths [EB/OL]. *Chicago Tribune*. [2014-03-28]. http://www. chicagotribune. com/features/books/chi-decoded-mai-jia-20140328,0,7951767. story.

[141] Christensen，B. Review of *Decoded* [EB/OL]. *Booklist*. [2013-12-15]. http://www. booklistonline. com/Decoded-Mai-Jia/pid=6450641.

[142] Coffin，C. Constructing and Giving Value to the Past：An Investigation into Secondary School History[C] // Chiristie，F. & J. R. Martin. *Genre and Institutions：Social Processes in the Workplace and School*. London：Cassel，1997：196-230.

[143] Coffin，C. The Voices of History：Theorizing the Interpersonal Semantics of Historical Discourses[J]. *Text*. 2002 (4)：503-528.

[144] Coffin，C. *Historical Discourse：The Language of Time,*

Cause and Evaluation[M]. London：Continuum，2006.

[145] Cueto，E. Mai Jia's "Decoded" Is a Spy Thriller Like None You've Ever Read［EB/OL］. Bustle.［2014-02-14］. http://www. bustle. com/articles/15137-mai-jias-decoded-is-a-spy-thriller-like-none-youve-ever-read.

[146] Damrosch，D. *What is World Literature?*［M］. Princeton：Princeton University Press，2003.

[147] Duns，J. The Best New Thrillers for March［EB/OL］. *The Times*.［2020-03-02］. https://www. thetimes. co. uk/article/the-best-new-thrillers-for-march-2020-the-aid-worker-who-turn ed-to-terror-2nlfsdrnx.

[148] Eggins，S. ，Slade，D. *Analyzing Casual Conversation*［M］. London：Cassell，1997.

[149] Evans，D. Review of *Decoded*［EB/OL］. *Financial Times*.［2014-03-28］. http://www. ft. com/intl/cms/s/2/0ac50c66-b343-11e3-b09d-00144feabdc0. html♯axzz2xdLpn9Kz.

[150] Fan，Jiayang. China's Dan Brown is a Subtle Subversive［EB/OL］. *New Republic*.［2014-03-25］. http://www. newrepubl ic. com/article/117138/mai-jia-chinas-dan-brown-subtle-subversive.

[151] Forbes，M. Book Rview：Mai Jia's *In the Dark* Shines a Light on China's Secret World［EB/OL］. *The National*.［2015-08-27］. https://www. thenational. ae/arts-culture/book-review-mai-jia-s-in-the-dark-shines-a-light-on-china-s-secret-world-1. 81 808.

[152] Haarman L. ＆ L. Lombardo. *Evaluation and Stance in War News：A Linguistic Analysis of American，British and Italian Television News Reporting of the 2003 Iraqi War*[M]. London：Continuum，2009.

[153] Halliday, M. A. K. *An Introduction to Functional Grammar* [M]. London: Edward Arnold, 1994.

[154] Hilton, I. An Intriguing Chinese Thriller [EB/OL]. *The Guardian*. [2014-04-05]. http://www. theguardian. com/ books/2014/apr/05/decoded-by-mai-jia-review.

[155] Hines, E. B. A Riveting Code to Crack [EB/OL]. *BookPage Magazine*. [2014-03-14]. https://bookpage. com/search/? utf8=&query=decoded.

[156] Holmes, J. The Name and Nature of Translation Studies [C]// J. Holmes. *Translated! Papers on Literary Translation and Translation Studies*. Amsterdam: Editions Rodopi B. V., 1972: 172-185.

[157] Hood, S. *Managing Attitude in Undergraduate Academic Writing: A Focus on the Introductions to Research Reports* [M]. New York: Continuum, 2004.

[158] Hunston, S., Thompson, G. *Evaluation in Text, Authorial Stance and the Construction of Discourse* [M]. Oxford: Oxford University Press, 2000.

[159] Hunston, S. *Corpus Approaches to Evaluation: Phraseology and Evaluative Language* [M]. New York: Routledge, 2011.

[160] Iedema, R., S. Feez & P. R. R. White. *Media Literacy (Write it Right Literacy in Industry Research Project-Stage 2)* [M]. Sydney: Metropolitan East Disadvantaged School's Program, 1994.

[161] Kate, B. Review of *Decoded* [EB/OL]. [2020-04-13]. https://beccakateblogs. wordpress. com/2020/04/13/book-review-the-message-by-mai-jia/.

[162] Kerridge, J. The 20 Best Spy Novels of All Time [EB/OL].

The Telegraph. [2017-01-06]. http://www.telegraph.co.uk/books/what-to-read/the-best-spy-novels-of-all-time.

[163] Korner, K. *Negotiating Authority: The Logogenesis of Dialogue in Common Law Judgments* [D]. University of Sydney, 2000.

[164] Labov. W. & J. Waletzky. Narrative Analysis [C]// J. Helm. *Essays on the Verbal and Visual Arts*. Seattle: University of Washington Press. 1967: 12-14.

[165] Labov, W. The Transformation of Experience in Narrative Syntax [C]// Labov, W. *Language in the Inner City: Studies in the Black English Vernacular*. Philadelphia: Pennsylvania University Press, 1972: 354-396.

[166] Larman, A. Decoded by Mai Jia [EB/OL]. *The Observer*. [2014-02-02]. http://www.theguardian.com/books/2014/feb/02/decoded-mai-jia-review-thriller.

[167] Lebor, A. The Best of New Thrillers to Read in a Time of Crisis [EB/OL]. *Financial Times*. [2020-04-12]. https://www.ft.com/content/83fb967e-7b1d-11ea-9840-1b8019d9a987.

[168] Lefevere, A. *Translation, Rewriting and the Manipulation of Literary Fame* [M]. Shanghai: Shanghai Foreign Language Education Press, 2004.

[169] Link, P. Review of *Decoded* [EB/OL]. *The New York Times*. [2014-05-02]. http://www.nytimes.com/2014/05/04/books/review/decoded-by-mai-jia.html?_r=0.

[170] Liu, Xinghua & A. McCabe. *Attitudinal Evaluation in Chinese University Students' English Writing: A Contrastive Perspective* [M]. Singapore: Springer, 2018.

[171] Mai, J. *Decoded: A Novel* [M]. Milburn, O. & C. Payne

(trans.). London: Penguin Books, 2014.

[172] Mai, J. *The Message* [M]. Milburn, O. & C. Payne (trans.). London: Head of Zeus, 2020.

[173] Mai, J. *In the Dark* [M]. Milburn, O. & C. Payne (trans.). London: Penguin Books, 2015.

[174] Mani, K. R. S. Appraisal Theory: A Functional Analysis of Sarojini Naidu's Poem [C]// Wu, C. Z. &C. Matthiessen & Herke, M. (eds.) *Proceedings of ISFC 35: Voices Around the World*. Sydney: The 35th ISFC Organizing Committee, 2008: 396-399.

[175] Martin, J. R. Macro-proposals: Meanings by Degree [C]// W. C. Mann & S. Thompson. *Discourse Description: Diverse Analyses of a Fund Raising Text*. Amsterdam: Benjamins, 1992: 359-395.

[176] Martin, J. R. *English Text: System and Structure* [M]. Amsterdam: John Benjamins, 1992.

[177] Martin, J. R. Beyond Exchange: Appraisal Systems in English [C]// Hunston, S. & G. Thompson. *Evaluation in Text: Authorial Stance and the Construction of Discourse*. Oxford: Oxford University Press, 2000: 142-175.

[178] Martin, J. R. & D. Rose. *Working with Discourse: Meaning beyond the Clause* [M]. London & New York: Continuum, 2003.

[179] Martin, J. R. & P. White. *The Language of Evaluation: Appraisal in English* [M]. Basingstoke: Palgrave Macmillan, 2005.

[180] McDougall, B. S. *Fictional Authors, Imaginary Audiences: Modern Chinese Literature in the Twentieth Century* [M].

Hong Kong: The Chinese University Press, 2003.

[181] Moffat, G. Review of *The Message* [EB/OL]. [2020-03-05]. http://www. shotsmag. co. uk/book_reviews_view. aspx? book _review_id=2439.

[182] Munday, J. *Evaluation in Translation: Critical Points of Translator Decision-making* [M]. London/New York: Routledge, 2012.

[183] Munday, J. , S. R. Pinto & J. Blakesley. *Introducing Translation Studies: Theories and Applications* (Fifth Edition) [M]. New York: Routledge, 2022.

[184] Orthofer, M. A. Review of *Decoded* [EB/OL]. [2014-01-28]. http://www. complete-review. com/reviews/china/maijia. htm.

[185] Parker, E. Inside the Mind of a Chinese Hacker [EB/OL]. Chinafile. [2014-07-01]. http://www. chinafile. com/inside-mind-chinese-hacker.

[186] Pym, A. *Method in Translation History* [M]. Manchester: St Jerome, 1998.

[187] Roberts, C. Review of *The Message* [EB/OL]. Crime Review. [2020-12-19]. http://www. crimereview. co. uk/page. php/ review/8932.

[188] Russell, A. Chinese Novelist Mai Jia Goes Global [EB/OL]. *The Wall Street Journal.* [2014-04-04]. http://stream. wsj. com/story/latest-headlines/SS-2-63399/SS-2-499918/.

[189] Russell, A. The "Dan Brown" of Chinese Literature Makes U. S. Debut [EB/OL]. Wall Street Journal Live (TV INTERVIEW). [2014-04-03]. https://finance. yahoo. com/video/dan-brown-chinese-literature-makes-181703746. html.

[190] Santos, R. Z. Fresh Meat: *Decoded* by Mai Jia [EB/OL].

[2014-03-18]. http://www. criminalelement. com/blogs/2014/03/fresh-meat-decoded-by-mai-jia-china-translation-cryp-tography-richard-santos.

[191] Smith, A. Have You Read: Decoded [EB/OL]. [2014-09-16]. http://theyorker. co. uk/arts/art-and-literature/literature/15028-have-you-read-decoded.

[192] Tatlow, D. K. A Chinese Spy Novelist's World of Dark Secrets [EB/OL]. *The New York Times*. [2014-02-20]. http://sinosphere. blogs. nytimes. com/2014/02/20/a-chinese-spy-novelists-world-of-dark-secrets/.

[193] Walsh, M. Security Cameras in Tiananmen Square Getty Images [EB/OL]. *The Times*. [2014-03-15]. http://www. thetimes. co. uk/tto/arts/books/fiction/article4031279. ece.

[194] Widdowson, H. G. *Text, Context, and Pretext* [M]. Oxford: Blackwell Publishing, 2004.

[195] Whipple, M. Review of *Decoded* [EB/OL]. Seeing the World Through Books. [2014-04-17]. http://marywhipplereviews. com/mai-jia-decoded-china/.

[196] White, P. R. R. Telling Media Tales: The News Story as Rhetoric [D]. Sydney: University of Sydney, 1998.

[197] White, P. R. R. Dialogue and Inter-subjectivity: Reinterpreting the Semantics of Modality and Hedging [C]// M. Coulthard, J. Cotterill & F. Rock (eds.). *Working with Dialogue*. Tubingen: Neimeyer, 2000: 67-80.

[198] White, P. R. R. Appraisal: An Overview [EB/OL]. [2001]. http://www. grammatics. com/ appraisal.

[199] Wilson, E. Review of *Decoded* [EB/OL]. *The Independent*. [2014-02-14]. http://www. independent. co. uk/arts-entertainment/

books/reviews/decoded-by-mai-jia-book-review-9124426. html

[200] Wood, F. Review of *Decoded* [EB/OL]. *Times Literary Supplement*. [2014-01-22]. http://www. thetls. co. uk/tls/public/tlssearch. do? querystring = decoded § ionId = 1797&p = tls.

附录 A　麦家小说英译本世界各地
拥有馆藏的图书馆数量

中文名	外文名	译者	格式	出版社	出版年份	馆藏量（家）
《解密》	*Decoded：A Novel*	Olivia Milburn，Christopher Payne	印刷版图书	New York：Farrar，Straus and Giroux	2014	576
《解密》	*Decoded：A Novel*	Olivia Milburn，Christopher Payne	印刷版图书	New York：Penguin Books Ltd.	2014	1
《解密》	*Decoded：A Novel*	Olivia Milburn，Christopher Payne	印刷版图书	London：Allen Lane，an imprint of Penguin Books	2014	67
《解密》	*Decoded：A Novel*	Olivia Milburn，Christopher Payne	印刷版图书	London：Allen Lane	2013	17
《解密》	*Decoded：A Novel*	Olivia Milburn，Christopher Payne	印刷版图书	London：Penguin Books Ltd.	2015	27
《解密》	*Decoded：A Novel*	Olivia Milburn，Christopher Payne	印刷版图书	New York：Picador	2015	33
《解密》	*Decoded：A Novel*	Olivia Milburn，Christopher Payne	印刷版图书	London：Allen Lane	2014	14
《解密》	*Decoded：A Novel*	Olivia Milburn，Christopher Payne	电子图书	New York：Farrar，Straus and Giroux	2014	24
《解密》	*Decoded：A Novel*	Olivia Milburn，Christopher Payne	电子图书	London：Allen Lane，an imprint of Penguin Books	2014	8
《解密》	*Decoded：A Novel*	Olivia Milburn，Christopher Payne	电子图书	London：Allen Lane	2013	1
《解密》	*Decoded：A Novel*	Olivia Milburn，Christopher Payne	电子图书	London：Allen Lane	2013	1
《解密》	*Decoded：A Novel*	Olivia Milburn，Christopher Payne	电子图书	London：Penguin Books Ltd.	2015	8

续表

中文名	外文名	译者	格式	出版社	出版年份	馆藏量（家）
《解密》	*Decoded：A Novel*	Olivia Milburn，Christopher Payne	电子图书	New York：Picador	2015	8
《暗算》	*In the Dark*	Olivia Milburn，Christopher Payne	印刷版图书	London：Penguin Books	2015	63
《暗算》	*In the Dark*	Olivia Milburn，Christopher Payne	电子图书	London：Penguin Books	2015	15
《风声》	*The Message*	Olivia Milburn，Christopher Payne	印刷版图书	London：Head of Zeus	2020	97
《风声》	*The Message*	Olivia Milburn，Christopher Payne	印刷版图书	London：Apollo	2020	15
《风声》	*The Message*	Olivia Milburn，Christopher Payne	印刷版图书	London：MacMillan Ltd	2020	1
《风声》	*The Message*	Olivia Milburn，Christopher Payne	电子图书	London：Head of Zeus	2020	15

https://www.worldcat.org/zh-cn/formats-editions/846545304？limit＝10&offset＝41

统计日期：2022 年 10 月 17 日

附录 B 发表《解密》和《风声》专业读者书评的英美媒体

作品	媒体	书评人	时间
《解密》	《泰晤士文学增刊》	Frances Wood	2014 年 1 月 22 日
《解密》	《星期日独立报》	Anonymous	2014 年 1 月 26 日
《解密》	《观察家报》	Alexander Larman	2014 年 2 月 2 日
《解密》	《独立报》	Edward Wilson	2014 年 2 月 14 日
《解密》	《每日电讯报》	Tash Aw	2014 年 3 月 5 日
《解密》	《泰晤士报》	Megan Walsh	2014 年 3 月 15 日
《解密》	《经济学人》	Anonymous	2014 年 3 月 24 日
《解密》	《金融时报》	David Evans	2014 年 3 月 28 日
《解密》	《卫报》	Isabel Hilton	2014 年 4 月 5 日
《解密》	《经济学人》	Anonymous	2014 年 6 月 12 日
《解密》	《书目》	Bryce Christensen	2013 年 12 月 15 日
《解密》	《出版人周刊》	Anonymous	2013 年 12 月 16 日
《解密》	《华尔街日报》	Anonymous	2014 年 2 月 14 日
《解密》	《纽约时报》	Didi Kirsten Tatlow	2014 年 2 月 2 日
《解密》	《书页》	Emily Bartlett Hines	2014 年 3 月 14 日
《解密》	《新共和周刊》	Jiayang Fan	2014 年 3 月 25 日
《解密》	《芝加哥论坛》	Pauline Chen	2014 年 3 月 28 日
《解密》	《华尔街日报》	Anonymous	2014 年 2 月 14 日
《解密》	Lunch Break 电视栏目	Anna Russell	2014 年 4 月 3 日
《解密》	《纽约客》	Anonymous	2014 年 4 月 7 日

续表

作品	媒体	书评人	时间
《解密》	《书龙》	Anonymous	2014 年 4 月 14 日
《解密》	《华尔街日报》	Clarissa Sebag-Montefiore	2014 年 4 月 25 日
《解密》	《华尔街日报》	Anna Russell	2014 年 4 月 4 日
《解密》	《纽约时报》	Perry Link	2014 年 5 月 2 日
《解密》	"中参馆"	Emily Parker	2014 年 1 月 7 日
《解密》	"地平线上的文字"	Anonymous	2014 年 4 月 30 日
《解密》	"故事的故事"	Anonymous	2014 年 4 月 3 日
《解密》	约克大学网站	Alex Smith	2014 年 9 月 16 日
《解密》	"图书小博客"	Anonymous	2014 年 11 月 23 日
《解密》	《每日电讯报》	Jake Kerridge	2017 年 1 月 6 日
《解密》	企鹅出版社网站	Anonymous	2014
《解密》	"书评大全"	M. A. Orthofer	2014 年 1 月 28 日
《解密》	"喧哗"	Emma Cueto	2014 年 2 月 14 日
《解密》	"犯罪分子"	Richard Z. Santos	2014 年 3 月 18 日
《风声》	《泰晤士报》	Jeremy Duns	2020 年 3 月 2 日
《风声》	《金融时报》	Adam Lebor	2020 年 4 月 12 日
《风声》	"犯罪评论"	Chris Roberts	2020 年 12 月 19 日
《风声》	宙斯之首出版社网站	Anonymous	2020 年 11 月 12 日
《风声》	"水石书店"网站	Anonymous	2020 年 4 月 14 日
《风声》	"凯特的博客"	Becca Kate	2020 年 4 月 13 日
《风声》	"射击杂志"	Gwen Moffat	2020 年 3 月 5 日
《风声》	俄亥俄州立大学网站	Mike Cormack	2020 年 4 月 10 日

后 记

　　麦家的小说对我一直有着极大的吸引力——严密的构思、紧张的气氛、紧凑的情节、天才般的人物、让人唏嘘的结局……每每掩卷，总不免神往半天。2014 年，正值麦家的《解密》英译本在英美同步出版之时，我恰好在美国西俄勒冈州立大学访学。当时，一连串的问题就萦绕在我的心头：译者在翻译《解密》的时候，是否"忠实"于原文？抑或进行了一定程度的"再创造"？"再创造"的原因是什么？这样一部深受中国读者喜爱的作品，西方读者会喜欢吗？他们也同样会因之而温暖而感动吗？或者，他们会获得一些不一样的阅读感受吗？《解密》中吸引他们的是什么呢？或者，又有什么因素会让他们觉得困惑和"不适应"呢？带着这些问题，我开始在大学图书馆对有关《解密》的西方读者的评论进行地毯式的搜索，包括各种西方主流媒体上的评论和图书网站上普通读者的评论。未承想，一年中陆陆续续搜集到了近五万字的读者评论，这些评论的字里行间都体现着西方读者阅读《解密》的热情。我心中不免感慨，《解密》真是中国当代文学"走出去"的又一新标杆啊！继《解密》之后，麦家的《暗算》和《风声》也相继踏上了"异域之旅"。这两部作品也同样吸引了不少西方读者的关注，因而我的"读者评价语料库"也随之更加丰富了。

　　麦家小说英译的译者及读者评价研究是我的博士论文选题，在此，我深深感谢我的导师同济大学陈琳教授。2017 年初，我抱着些许忐忑些许侥幸，给她发去一封邮件，表达我读博的愿望。让我欣喜的是，陈琳教授给予了我这个难得的深造机会，从此我的学术生涯开启了新的征程。读博期间，陈老师深邃洞达的学术思想和严谨细致的学术精神给了我莫大的启发和鼓励。在博士学位论文撰写期间，陈老师总是敦促和教导我，要在琐碎的家庭事务和繁重的工作任务之余，保有学习和研究的热情，这让我丝毫不敢懈怠。当我终于完成论文初稿，发给陈老师后，收到的修改稿中满是陈老师密密麻麻的批注。她给我提出了系统的修改意见，大到理论建构，小到字词标点，无不体现出陈老师对我的殷切期望和细心栽培，也再一次令我为陈老师严肃的学术态度、开阔的学术视野和渊博的学术知识所折服。这是我读博期间最大的收获，也是我最想传承的师门风骨。

感谢我的好朋友、学术路上的引路人——浙江大学邵斌教授。邵斌教授对学术的热忱和痴迷总是让我佩服不已。而我在学术路上的每一次进步，都离不开他的指点和鼓励。还要感谢这些年来一直相伴在旁的朋友们。学术之路，艰辛而漫长，每当心情沮丧，朋友们总能时时陪伴，春风化雨，帮助我一次次走出阴霾，迎接阳光。愿我们友谊长存。

感谢我的家人。感谢先生和女儿，这些年因为工作和学习的缘故，少了很多本该陪伴他们的时间。写作时还常常不能被打扰，有时候心情莫名焦躁，他们已经学会了"察言观色"。感谢爸爸妈妈，为了支持我，他们承担了最重的家务，还总是为我担心。感谢公公婆婆，那些年辛劳地帮我们照顾年幼的女儿。感谢弟弟一家，他们是我们生活中坚实的依靠。还要感谢家乡的亲人们，他们承载了我生命中最初十七年的记忆和感动，让我在之后的岁月里胸怀坚毅同时又心有温暖。

最后，书稿付梓之际，由衷感谢麦家先生和阎颜女士，他们为我的写作提供了珍贵的第一手资料，是我进行研究最可靠的根基。

人生四十，能不惑否？愿自己不枉家人师友的一片深情，在未来岁月里，继续勇敢前行。

2023 年 12 月于西子湖畔